Contratos Chave na Mão (*Turnkey*) e EPC (*Engineering, Procurement and Construction*)

Contratos Chave na Mão (*Turnkey*) e EPC (*Engineering, Procurement and Construction*)

PRIMEIRA APROXIMAÇÃO – CONTEÚDO E QUALIFICAÇÕES

2019

Marcelo Alencar Botelho de Mesquita

CONTRATOS CHAVE NA MÃO (*TURNKEY*) E EPC
(*ENGINEERING, PROCUREMENT AND CONSTRUCTION*)
PRIMEIRA APROXIMAÇÃO – CONTEÚDO E QUALIFICAÇÕES
© Almedina, 2019

Autor: Marcelo Alencar Botelho de Mesquita
DIAGRAMAÇÃO: Almedina
DESIGN DE CAPA: Roberta Bassanetto
ISBN: 9788584934799

Dados Internacionais de Catalogação na Publicação (CIP)
(Câmara Brasileira do Livro, SP, Brasil)

Botelho de Mesquita, Marcelo Alencar
Contratos chave na mão (turnkey) e EPC
(engineering, procurement and construction) :
primeira aproximação : conteúdo e qualificações /
Marcelo Alencar Botelho de Mesquita. -- São Paulo :
Almedina Brasil, 2019.

Bibliografia.
ISBN 978-85-8493-479-9

1. Contratos de construção civil 2. Contratos
de engenharia 3. Construção - Leis e legislação
4. Engenharia - Contratos 5. Projetos de engenharia -
Administração I. Título.

19-25428 CDU-34:69

Índices para catálogo sistemático:

1. Contratos de projetos e obras : Construção civil : Direito 34:69

Iolanda Rodrigues Biode - Bibliotecária - CRB-8/10014

Este livro segue as regras do novo Acordo Ortográfico da Língua Portuguesa (1990).

Todos os direitos reservados. Nenhuma parte deste livro, protegido por copyright, pode ser reproduzida, armazenada ou transmitida de alguma forma ou por algum meio, seja eletrônico ou mecânico, inclusive fotocópia, gravação ou qualquer sistema de armazenagem de informações, sem a permissão expressa e por escrito da editora.

Maio, 2019

EDITORA: Almedina Brasil
Rua José Maria Lisboa, 860, Conj.131 e 132, Jardim Paulista | 01423-001 São Paulo | Brasil
editora@almedina.com.br
www.almedina.com.br

A Maria Lúcia Mazzei de Alencar e
José Ignacio Botelho de Mesquita,
meu mestre e meu autor

NOTA DO IBDIC

O Brasil experimentou, nas últimas décadas, um contundente aumento do nível de complexidade contratual existente no segmento de infraestrutura de construção. Figuras contratuais como as do EPC, do Turnkey, do EPC-M, do DB, do DBB, da Aliança, dentre muitas outras, passaram a povoar o contexto dos grandes projetos.

Junto com essas figuras, adveio uma tecnologia contratual influenciada por modelos internacionais, que chocou e ainda choca o jurista brasileiro que tem de lidar com essa nova camada de complexidade.

Dentro desse imbróglio, terminologia e qualificação jurídica dos contratos de construção se tornaram, de longe, dois dos temas que mais tem gerado polêmicas doutrinárias no âmbito dos contratos de construção de maior complexidade, no Brasil.

Esse embate doutrinário se assenta, em grande medida, no fato de que, no Brasil, o regime jurídico da empreitada, constante no Código Civil de 2002, até então a grande referência legal sobre contratos de construção, pouco contribuiu à evolução dogmática necessária para lidar com o aumento da complexidade contratual experimentada pelo nosso país.

O autor, Marcelo Botelho de Mesquita, faz uma digressão histórica e dogmática profunda para agregar ao debate sobre o tema, realizando um apanhado doutrinário único e minucioso sobre o posicionamento dos principais autores nacionais e estrangeiros que se debruçaram sobre os contratos de construção, e mais especificamente sobre o EPC e o Turnkey, os quais o autor trata como figuras distintas.

Pela qualidade e profundidade da pesquisa realizada, a obra foi fortemente recomendada para publicação na "Coleção Direito da Construção IBDiC".

Leonardo Toledo da Silva
Presidente do IBDiC
Mestre e Doutor em Direito Comercial pela USP.
Prof. do Programa de Mestrado Profissional da FGV Direito-SP.
Advogado e árbitro, sócio de Toledo Marchetti Advogados.

APRESENTAÇÃO

O ordenamento jurídico é composto por normas e por modelos jurídicos – conforme pensamento de Miguel Reale – estes últimos consistindo em estruturas normativas que provém das quatro fontes de produção jurídica: a legislativa, a jurisdicional, a costumeira e a negocial, todas dotadas de prescritividade. A essas fontes se soma a doutrina, no papel de vanguarda, apontando possíveis soluções e assim formando modelos hermenêuticos ou prospectivos.[1]

A obra que Marcelo Botelho de Mesquita, a quem tive do prazer de orientar em sede de mestrado acadêmico (PPGD/UFSC), apresenta à comunidade jurídica logra não apenas desvelar a estrutura do modelo jurídico negocial consubstanciado nos contratos *turnkey* e EPC, mas constrói verdadeiro modelo jurídico doutrinário para apreensão do instituto pelo ordenamento jurídico brasileiro. Estas características, por si só, fazem da obra apresentada uma das referências mais importantes já publicadas sobre o assunto.

Forjado na prática da advocacia, conhecedor das dificuldades empíricas colocadas pela aplicação e interpretação de contratos *turnkey* e EPC, o autor compreendeu muito cedo que o exercício doutrinário vai muito além da explicação do Direito positivo e deve, sobretudo, construir soluções jurídicas úteis à prática[2].

---

[1] REALE, Miguel, Fontes e Modelos do Direito, 1º edição, 2ª tiragem, São Paulo: Saraiva, 1999, p. 107 "Consoante já observei, a doutrina exerce uma função de vanguarda, pois, conforme será logo mais examinado, além de ela dizer o que as normas jurídicas efetivamente significam ou passam a significar ao longo de sua aplicação no tempo, cabe-lhes enunciar os princípios gerais que presidem a vigência e eficácia das normas jurídicas, bem como conceber os modelos hermenêuticos destinados a preencher as lacunas do sistema normativo, modelos esses convertidos em modelos prescritivos graças ao poder constitucionalmente conferido ao juiz"

[2] MARTINS-COSTA, Judith. Autoridade e utilidade da doutrina: a construção dos modelos doutrinários. In. MARTINS-COSTA, Judith. Modelos de Direito Privado. São Paulo: Marcial Pons, 2014, p. 14

A aprofundada pesquisa dogmática realizada pelo autor, valendo-se frequentemente do método comparatista e das clássicas fontes do Direito, foi caminho acertado para a melhor compreensão do Direito Civil Contemporâneo, que não pode ter a sua ínsita complexidade negligenciada por intermédio de uma hermenêutica acrítica e dirigida por fatores axiologicamente alheios ao Direito Civil[3].

Na construção de sua obra, Marcelo Botelho de Mesquita principia por realizar importante resgate histórico das origens e do desenvolvimento dos contratos *turnkey* e EPC, explorando os influxos provenientes da Common Law e dos modelos contratuais ligados a influentes institutos internacionais, além de delinear os limites algumas vezes porosos desses dois modelos negociais.

Ato contínuo, é feita a necessária comparação dos contratos *turnkey* e EPC com os modelos negociais clássicos já tipicamente amparados pelo ordenamento jurídico nacional, com destaque para o contrato de empreitada, na tentativa de encontrar semelhanças e distinções, em necessário exercício de qualificação jurídica. A elasticidade do contrato de empreitada é utilizada como fundamento para a recepção dos novos modelos negociais por este tipo contratual.

Por fim, o autor empreende rico diálogo com a doutrina brasileira, comparando opiniões sobre a qualificação dos contratos *turnkey* e EPC e sublinhando quais são os efeitos concretos das variadas opções interpretativas existentes no cenário doutrinário. A importância prática dos contratos *turnkey* e EPC no atual ambiente internacional, aliada à seriedade científica do trabalho do autor, faz da obra apresentada leitura obrigatória para o civilista contemporâneo.

Florianópolis.

Rafael Peteffi da Silva
Professor Associado da Faculdade de Direito da UFSC

---

[3] RODRIGUES Jr., Otavio Luiz. Direito Civil Contemporâneo: estatuto epistemológico, constituição e direitos fundamentais. 1ª Ed. Rio de Janeiro: Forense Universitária. 2019.

PREFÁCIO

Era véspera de Carnaval de 2019 quando recebi do colega advogado Marcelo Alencar Botelho de Mesquita a missão – dificílima como toda missão tão honrosa – de dialogar, em um prefácio, com as ideias do livro "Contrato Chave na Mão (Turnkey) e EPC (Engineering Procurement and Construction)", agora nas mãos dos leitores, em cuidadosa publicação da tradicional Editora Almedina.

Levei mais de dois meses para me desincumbir da tarefa. Passei semanas sobre os originais e hesitei sobre quais os principais aspectos da reflexão trazida neste livro que deveriam ser colocados em destaque. A responsabilidade era grande e embaraçava-me tanto quanto minha agenda, corrida demais nesse período. Não sabia ao certo por onde começar, muito menos como preparar algo à altura de um obra com tema tão atual e de especial relevância para toda a área de infraestrutura no Brasil.

O livro "Contrato Chave na Mão (Turnkey) e EPC (Engineering Procurement and Construction)" combina a longa experiência profissional e a especial dedicação do autor para a sua dissertação de mestrado de 2017 junto a Universidade Federal de Santa Catarina, sob a cuidadosa orientação do Professor Doutor Rafael Peteffi da Silva. Não é exagero afirmarmos tratar-se de obra há muito aguardada pelos operadores da área de Direito da Construção, a fim de que possamos enfrentar o cipoal de conceitos juridicamente indeterminados, influências estrangeiras explícitas e a pouca direção legislativa e jurisprudencial local sobre o tema.

A qualificação jurídica do contrato "chave na mão" (turnkey) e do chamado engineering, procurement and construction contract (EPC) é um desafio espinhoso. A opção pela atribuição da quase integralidade das atividades necessárias a implantação de contratos de "construções consideráveis" é de complexa operacionalização, exige disciplina e rigor técnico, e não pode ser tratado de forma simplista e inconsequente.

No entanto, como nos alerta o autor, em sua Introdução, desde a adoção do Código Civil de 2002 "o Brasil contou com pequeno número de estudos específicos e, mercê dessa falta de interesse intelectual, seja dos acadêmicos, seja dos juristas que militam na área, deixou-se de formar uma base jurídica sólida sobre o tema".

Sabemos que por meio da hermenêutica o intérprete parte da necessidade de descobrir a vontade do legislador para esclarecer o exato sentido de uma norma jurídica, aplicando-a ao caso concreto. Tema paralelo se propõe na interpretação de disposições contratuais, necessária em face da divergência entre as partes sobre o efetivo sentido de uma cláusula. Sendo ato jurídico, o contrato tem por mola propulsora a vontade das partes. Assim, para esclarecermos o exato sentido de uma disposição contratual, faz-se necessário, em primeiro lugar, verificarmos a intenção comum dos contratantes ao tempo de sua execução.

Assim, com indica o antigo brocardo, "in claris non fit interpretatio", a interpretação de disposições contratuais, porém, oferece dificuldades que a interpretação da norma jurídica desconhece. De fato, enquanto a tarefa do intérprete da lei se circunscreve a eliminar da norma as dúvidas e ambiguidades que a afetam, a interpretação do contrato implica, ainda, esclarecer a vontade concreta das partes.

Em meio a essa falta de propulsão legislativa e estudos doutrinário adequado, coube ao operador do direito da área de infraestrutura buscar alento em publicações estrangeiras e construir pontes entre os conceitos aplicáveis de civil law e common law.

Essa tendência, felizmente, tem sido revertida na última década por força do expressivo aumento de investimentos privados no setor de infraestrutura e, por consequência, a maior exigência de respostas – na maioria das vezes pelas vias da arbitragem ou de dispute boards – aos conflitos havidos nos denominados "contratos de construções consideráveis". Nesse contexto, convida-nos o autor a melhor conhecermos "o conteúdo dos ajustes turnkey e EPC e verificar como e onde se situam no universo do direito contratual".

O Capítulo 1 ("O Contrato EPC: Origem e Desenvolvimento no Common Law e entre os Contratos Internacionais") apresenta-nos uma detalhada perspectiva histórica "das circunstâncias e dos eventos que levam à criação dos contratos turnkey e EPC no common law e no cenário internacional». O autor parte da análise do modelo tradicional de contratação – o denominado Design-bid-build ou DBB – para o enfrentamento de conceitos importantes da common law na sua trajetória em direção aos contratos turnkey e EPC.

PREFÁCIO

Outro aspecto importante do Capítulo 1 é a ênfase dada aos limites e contornos do modelo Design-build ou DB e à sua importância para as exigências específicas de segurança contratual – e de alocação de risco como um todo – de financiamentos no modelo Project Finance. Como bem aponta o autor, "[n]o regime de concessão ou de projeto financiado, o contrato de implantação do empreendimento torna-se de extrema importância, pois configura o meio de obter o principal ativo do projeto."

No Capítulo 2 ("O Contrato EPC e sua Recondução ao Contrato de Empreitada"), muito além de buscar uma "reconciliação" de institutos distintos, o autor, de forma inteligente e didática, propõe-se o caminho da "recondução" entre o Contrato EPC e o Contrato de Empreitada: "[i]dentificada a tendência da indústria da construção de concentrar atividades na pessoa do contratado e isolados os elementos que distinguem o EPC da contratação de simples atividades construtivas, de onde evoluiu, o passo seguinte consiste em examinar se é possível enquadrá-lo ou não no tipo da empreitada".

Como ensina o autor, o Contrato de Empreitada "é um contrato complexo, de estrutura unitária, que alberga em seu conteúdo, como uma unidade, em caráter de interdependência". Portanto, podem estar nele abarcadas "tudo o que se há de reputar necessário para fazer e entregar a obra, isto é, quaisquer atividades que concorram para conclusão perfeita e acabada do empreendimento".

Nesse contexto, ainda que se argumente, com ênfase, os vários elementos potencialmente distintos do Contrato EPC, em especial a sua configuração como "instrumento empresarial com fins produtivos", a verdade, aponta o autor, é que o Contrato de Empreitada, "possui flexibilidade para albergar entre suas atividades instrumentais todas as prestações suplementares que constam de um arranjo global de tipo chave na mão (turnkey) e EPC".

Por fim, no Capítulo 3 ("A Polêmica do Contrato EPC: da Empreitada ao Engineering", o autor finaliza seu estudo com a proposta de compreensão mais detalhada dos contornos do Contrato EPC na common law e em alguns importantes ordenamentos de sistema romano-germânico, mais precisamente – na ordem imposta no livro – temos Reino Unido, Estados Unidos da América, França, Bélgica, Itália, Espanha, Portugal e Argentina.

Em conclusão, aponta o autor a possível aproximação entre, de um lado, o Contrato Chave na Mão (Turnkey) e EPC (Engineering Procurement and

Construction, e, de outro, o Contrato de Empreitada, "com o benefício de conferir linhas integrativas conhecidas aos intérpretes e, ao mesmo tempo, fornecer uma base para futuros estudos acerca da derrogação ou aplicação das normas da empreitada nos contratos turnkey e EPC".

Como apontamos, a literatura jurídica brasileira em matéria de direito da construção carecia de um livro sobre Contrato Chave na Mão (Turnkey) e EPC (Engineering Procurement and Construction) à altura das autorizadas e respeitadas obras internacionais sobre o tema. Parabéns ao autor, à Editora Almedina e, principalmente, ao público leitor que recebe essa obra como mais um impulso para o debate frutífero sobre temas complexos na área de infraestrutura.

Júlio César Bueno
Sócio de Pinheiro Neto Advogados
Presidente da Dispute Resolution Board Foundation – Região 2, Internacional
Presidente da Sociedade Brasileira de Direito da Construção
Fellow da International Academy of Construction Lawyers

LISTA DE SIGLAS

CCI	Câmara de Comércio Internacional
EPC	*Engineering, Procurement and Construction Contract*
FEED	*Front-End Engineering Design*
FIDIC	*Fédération Internationale des Ingénieurs Conseils*
ONU	Organização das Nações Unidas
ORGALIME	*Organisme de Liaison des Industries Métalliques Européennes*
UNCITRAL	*United Nations Commission on International Trade Law*
UNECE	Comissão Econômica para Europa das Nações Unidas

LISTA DE SIGLAS

CCI — Câmara de Comércio Internacional

EPC — Engineering Procurement and Construction Contract

FEED — Front-End Engineering Design

FIDIC — Fédération Internationale des Ingénieurs-Conseil

ONU — Organização das Nações Unidas

ORGALIME — Organisme de Liaison des Industries Métalliques Européennes

UNCITRAL — United Nations Commission on International Trade Law

UNECE — Comissão Econômica para Europa das Nações Unidas

SUMÁRIO

Nota do IBDiC 7
Apresentação 9
Prefácio 11
Lista de Siglas 15

Introdução 21

**Capítulo 1 – O Contrato EPC: Origem e Desenvolvimento no *Common Law*
e entre os Contratos Internacionais** 25

1.1 Conceito Mínimo e Designações 25
    1.1.1 Mínimo Denominador Conceitual 25
    1.1.2 Múltiplas Denominações e Equiparação 26
    1.1.3 Crítica, Distinção e Movimento Histórico 30
1.2 Do Método Tradicional ao *Design-Build* 30
    1.2.1 *Engineering* e *Building* 30
    1.2.2 Contratação Tradicional 33
    1.2.3 *General Contractor* 36
    1.2.4 *Design-build*: Origem e Desenvolvimento 37
    1.2.5 *Design-build*: Principais Características 42
1.3 Do *Design-Build* ao *Turnkey* 45
    1.3.1 *Turnkey*: Origem 45
    1.3.2 *Design-build* e *Turnkey* 47
    1.3.3 Transferência de Tecnologia 49
    1.3.4 *Turnkey*: Formas Extremas 50
    1.3.5 Uso Internacional e Nacionalização 51
    1.3.6 *Turnkey* como Modalidade de *Design-build* 54
1.4 Do *Turnkey* ao EPC 55
    1.4.1 *Project Finance* 55
    1.4.2 EPC e Aleatoriedade 58
    1.4.3 *EPC* como *Turnkey* de Riscos Agravados 63
1.5 O EPC como Evolução do Contrato de Obra 64
    1.5.1 Tendência do Movimento Histórico 64

1.5.2 Evolução do Contrato de Obra 65

1.5.3 Novos Elementos do Contrato de Obras 66

Capítulo 2 – O Contrato EPC e sua Recondução ao Contrato de Empreitada 69

2.1 O Contrato de Obra no Direito Civil Brasileiro.................................... 69

2.1.1 A Empreitada no Direito Civil Brasileiro: Origem e Codificação 70

2.1.2 Empreitada: Conceito e Características Básicas 74

2.2 Os Elementos do EPC e a Empreitada: Projetos 86

2.2.1 Projetos: do *Design-build* ao EPC 86

2.2.2 Projetos: Direito Público 89

2.2.3 Projetos: Notícia Histórica no Direito Privado Brasileiro 90

2.2.4 Projetos: Obra Imaterial... 93

2.2.5 Projetos como Determinação da Obra 95

2.2.6 Projetos: Orientação Moderna.. 96

2.2.7 Projetos na Empreitada: Síntese 98

2.3 Os Elementos do EPC e a Empreitada: Ajuste Global.......................... 98

2.3.1 Ajuste Global: Equipamentos, Tecnologia e Treinamento.................. 99

2.3.2 Ajuste Global: Direito Público.. 100

2.3.3 Ajuste Global: Empreitada e Equipamentos.............................. 101

2.3.4 Ajuste Global: Transferência de Tecnologia 105

2.3.5 Ajuste Global: Formação de Pessoal 109

2.3.6 Ajuste Global: Síntese 110

2.4 Os Elementos do EPC e a Empreitada: Contrato Empresarial.............. 111

2.4.1 Contrato Empresarial: Unificação do Direito Privado 112

2.4.2 Contrato Empresarial: Síntese 114

2.5 Os Elementos do EPC e a Empreitada: Aleatoriedade 115

2.5.1 Aleatoriedade: *Turnkey* e EPC 115

2.5.2 Aleatoriedade: Comutatividade da Empreitada 121

2.5.3 Aleatoriedade: Reintrodução da Álea 126

2.5.4 Aleatoriedade: Contratos Aleatórios e Atipicidade 129

2.5.5 Aleatoriedade: Síntese.. 132

2.6 Recondução do Contrato EPC ao Tipo da Empreitada...................... 133

Capítulo 3 – A Polêmica do Contrato EPC: da Empreitada ao *Engineering* 137

3.1 A Qualificação do *Turnkey* e do EPC no Direito Estrangeiro.............. 137

3.1.1 Grã-Bretanha e EUA... 138

3.1.2 França e Bélgica 142

3.1.3 Itália 145

3.1.4 Espanha.. 152

3.1.5 Portugal 155

3.1.6 Argentina 157

3.1.7 Direito Estrangeiro: Síntese 158

3.2 A Qualificação do EPC no Direito Brasileiro 160

3.2.1 Chave na Mão e EPC como Empreitada 160

3.2.2 Chave na Mão e EPC como Contratos Atípicos 164

3.2.3 Chave na Mão como *Engineering* 174

3.2.4 Da Prescindibilidade do Conceito de *Engineering* 180

3.2.5 Síntese da Qualificação no Direito Brasileiro 182

Considerações Finais 185

Referências 189

Introdução

Tema dos mais obscuros e controvertidos entre os que operam com contratos de "construções consideráveis", para usar a expressão legal do Código Civil quando trata das obras de engenharia pesada (art. 618), é o da qualificação do contrato "chave na mão" (*turnkey*) e do chamado *engineering, procurement and construction contract*, ou EPC. Por meio desses ajustes, atribui-se a um único contratado – ainda que se trate de consórcio de empresas – praticamente a integralidade das atividades necessárias a implantação de certo empreendimento, desde a concepção até sua operação, englobando projetos, aquisição de materiais e de maquinário, construção das obras, capacitação do pessoal da contratante e colocação em funcionamento das instalações.

Utilizados na construção pesada, seja de plantas químicas, geração elétrica, extração e refinamento de óleo e gás, mineração, e para obras de infraestrutura em geral, os contratos chave na mão e EPC divergem da forma clássica ou tradicional de contratar uma obra, em que o dono prepara os projetos e depois escolhe empreiteiro de sua confiança, acompanhando e intervindo decisivamente para o resultado final, e ele próprio (dono) adquire os bens que tenham de equipar a construção.

A atividade construtiva, como é notório, constitui uma das mais importantes da economia nacional. Apesar disso, desde que o País foi dotado de seu primeiro Código Civil, a doutrina nacional pouco produziu acerca dos contratos de construção. Afora manuais de direito civil e algumas obras de importância secundária, durante quase um século o Brasil contou com pequeno número de estudos específicos e, mercê dessa falta de interesse intelectual, seja dos acadêmicos, seja dos juristas que militam na área, deixou-se de formar uma base jurídica sólida sobre o tema.

É nesse contexto que nosso país, no início do século XXI, recebe uma nova codificação, ao mesmo tempo em que se beneficia de expressivo aumento de investimentos em seu setor de infraestrutura, qualificado por maior presença de capital privado. A doutrina brasileira retoma, então, os estudos sobre os contratos de obra motivada pelo crescente número de grandes projetos e pela necessidade de analisar as alterações trazidas pelo – na época – novo Código Civil, momento em que se depara com um cenário de contratação de obras evoluído, que pouco se assemelha àquela forma clássica ou tradicional.

Sem ter acompanhado dogmaticamente a evolução que os arranjos de contratação de obra experimentaram mundo afora, com larga influência da praxe e da ciência jurídica anglo-saxã, o que se verifica em todas as áreas com interação econômica e financeira, o jurista brasileiro passa a ter contato direto e cada dia mais regular com modernos métodos de se implantar um empreendimento, tais como o chave na mão e o EPC.

Ante a natureza de nosso sistema legal e de modo a corretamente aplicar o direito à espécie, nossos estudiosos debruçam-se, assim, sobre o conteúdo dos contratos *turnkey* e EPC, enfrentando o difícil problema de sua qualificação. Neste passo, algumas linhas de pensamento são adotadas: para alguns, mencionados ajustes poderiam enquadrar-se no tipo da empreitada; para outros, reputar-se-iam contratos atípicos, até a ensejar a criação, por influência de parte da civilística italiana, de uma segunda categoria de contratos de obra, chamada de *engineering*.

Longe de ser pacífica, a qualificação dos contratos chave na mão e EPC constitui problema polêmico e de inegável relevância. Guarda em si o potencial de levar o intérprete a diferentes resultados quanto à disciplina aplicável e, por consequência, a decisões divergentes, a depender de como se enquadrem essas operações. A relevância de tal qualificação se tornou ainda maior sob a égide do Código Civil atual, no qual o contrato de empreitada recebeu alterações significativas em seu regime, conferindo direitos ao empreiteiro e ao dono da obra de modo a melhor equilibrar sua relação, em atendimento aos princípios fundamentais da nova codificação. Uma qualificação que não integre o chave na mão e o EPC à empreitada, por exemplo, poderá facilmente afastar esses direitos, pois derivados de normas que não teriam incidência direta; e, vice-versa, caso tais contratos sejam reconduzidos ao tipo da empreitada, serão as regras de seu modelo legal as aplicáveis e que moldarão o negócio em princípio.

Em vista disso, impõe-se conhecer o conteúdo dos ajustes *turnkey* e EPC e verificar como e onde se situam no universo do direito contratual.

INTRODUÇÃO

Desse modo, acreditamos que se poderá melhor estabelecer a disciplina de tais operações e uma base firme para resolver as difíceis questões que suscitam, entre as quais as recorrentes controvérsias sobre a juridicidade da alocação de risco feitas pelos agentes econômicos, seus limites e requisitos.

Nas limitações impostas a este trabalho – sem dúvida uma primeira aproximação ao tema e sem pretensões de esgotá-lo –, adotou-se uma perspectiva interna, que procura, no microcosmo dos contratos de construção, passar em revista os diferentes aspectos que envolvem a qualificação do chave na mão e do EPC, sem prejuízo de futuras análises que partam de visões mais amplas, ligada às grandes teorias que envolvem a causa e o tipo dos contratos.

Como razão de ordem, efetuar-se-á primeiro um levantamento histórico das circunstâncias e dos eventos que levam à criação dos contratos *turnkey* e EPC no *common law* e no cenário internacional. Por meio desse levantamento, torna-se possível divisar como tais ajustes se posicionam na longa linha evolutiva dos arranjos de contratação e as significativas transformações impostas, através dos séculos, à forma clássica ou tradicional de implantar um empreendimento. Como resultado, serão identificados os principais elementos que diferenciam o *turnkey* e o EPC dos demais contratos de obra, inclusive sugerindo, *para fins operativos,* uma distinção entre estes dois últimos ajustes.

O passo seguinte será examinar o contrato de construção por excelência em nosso ordenamento civil, a empreitada, suas características básicas, sua causa, abrangência e notas típicas, para, assim, verificar se aqueles elementos diferenciadores do chave na mão e, principalmente, do EPC podem encaixar-se neste modelo legal ou se, ao contrário, sobejam e desbordam seus limites. Para tanto, referidos elementos diferenciadores serão detalhados e cotejados com o quadro complexivo da empreitada, sem perder de vista o desenvolvimento que este tipo legal vivenciou a partir de sua consagração legislativa nos códigos modernos.

Em terceiro lugar, já com maior compreensão acerca das múltiplas características dos contratos de obra, o olhar se voltará para a polêmica qualificação do chave na mão e do EPC, uma polêmica que não é exclusiva de nossos juristas, estando presente nos mais importantes ordenamentos de sistema romano-germânico. Depois de entender o estado atual da divergência no direito estrangeiro, no momento decisivo deste trabalho, analisar-se-á, ao fim e ao cabo, qual a posição dos estudos brasileiros, assim como as dificuldades e as implicações práticas que decorrem de cada uma das orientações adotadas em nossa terra.

Com essas considerações, esperamos ter traçado em grandes linhas o caminho trilhado nessa primeira abordagem acerca do conteúdo e do enquadramento do EPC, na expectativa de que, dessa maneira, facilite-se a compreensão do tratamento que demos ao tema por aqueles que fizerem uso dos aportes teóricos apresentados neste trabalho.

Capítulo 1 – O Contrato EPC: Origem e Desenvolvimento no *Common Law* e entre os Contratos Internacionais

1.1 Conceito Mínimo e Designações

1.1.1 Mínimo Denominador Conceitual

Para fins operativos, e sem embargo do maior aprofundamento que se efetuará ao longo deste trabalho, define-se o EPC, acrônimo da expressão *engineering, procurement and construction,* traduzida sem maiores qualificações por engenharia, aquisição (de materiais e equipamentos) e construção, como o negócio em que o contratado incumbe-se de todas as atividades desde a concepção de um empreendimento até sua entrega, inteiramente construído, dotado de todo maquinário e demais utensílios, testado e em operação[1].

---

[1] Nesse sentido, cf. Bueno, Júlio César. Melhores práticas em empreendimentos de infraestrutura: sistemas contratuais complexos e tendências num ambiente de negócios globalizado. In: Toledo da Silva, Leonardo *et al.* (Org.). **Direito e infraestrutura**. São Paulo: Saraiva, 2012, p. 66. Esclarece o autor que a expressão EPC designa os limites amplos da atuação do contratado, que se responsabiliza pelo projeto (*engineering*), aquisição dos materiais e equipamentos (*procurement*) e construção (*construction*). Com a mesma orientação, *v.* ainda, Marcondes, Fernando. Peculiaridades a serem consideradas pelos árbitros na análise e interpretação dos contratos de construção. In: Lemes, Selma Ferreira; Balbino, Inez (Coord.). **Arbitragem:** temas contemporâneos. São Paulo: Quartier Latin, 2012, p. 126; Toledo da Silva, Leonardo. Os contratos EPC e os pleitos de reequilíbrio econômico contratual. In: _____ *et al.* (Org.). **Direito e infraestrutura**. São Paulo: Saraiva, 2012. p. 19; Gómez, Luis Alberto *et al.* **Contratos EPC** *Turnkey*. Florianópolis: Visual Books, 2006, p. 10; Olavo Baptista, Luiz. Contratos de engenharia e construção. In: Olavo Baptista, Luiz; Prado, Maurício Almeida (Coord.). **Construção civil e Direito**. São Paulo: Lex Magister, 2011, p. 27; Alcântara Gil, Fabio Coutinho de. **A onerosidade excessiva em contratos de** *engineering*. 2007. 147f. Tese (Doutorado em Direito), Universidade de São Paulo, São Paulo, 2007, p. 36; Uema do CARMO,

Na expressiva maioria dos casos, adota-se no EPC o regime de preço global, em que uma quantia fixa e invariável é paga pela execução dos trabalhos, a fim de conferir maior certeza quanto ao custo total e facilitar o financiamento do projeto[2]. Entre as prestações típicas desse contrato, costumam constar ainda treinamento do pessoal do contratante, atualizações de *know-how*, licenciamento de patentes e outros aspectos tecnológicos do projeto[3].

1.1.2 Múltiplas Denominações e Equiparação

Todos aqueles que se dispõem a estudar o contrato EPC deparam-se com uma dificuldade inicial: a multiplicidade de termos para designar a operação efetuada por meio desse ajuste. Os nomes adotados são vários, empregam-se sem maiores critérios para tratar de ajustes diferentes e não se efetua uma precisa distinção entre eles.

Para designar a operação efetuada por meio do EPC, encontramos na literatura especializada termos como *turnkey, package deal, design-build,* isso para citar aqueles adotados no sistema de *common law*. A esses, acrescem-se *clé en main* e *essemblier,* da língua francesa[4]; *appalto turnkey* ou *chiavi en*

Lie. **Contratos de construção de grandes obras**. 2012. 279f. Tese (Doutorado em Direito), Universidade de São Paulo, São Paulo, 2012, p. 101. Para uma definição na literatura estrangeira, ver Huse, Joseph A. **Understanding and negotiating turnkey and EPC contracts**. 3. ed. Londres: Sweet & Maxwell, 2013, p. ix, 39. Da mesma forma, Bruner, Philip L.; O'connor, Patrick J., Jr. **Bruner & O'Connor on construction law**. Minneapolis: West Law, 2002, v. 2, p. 506-507; Hosie, Jonathan. **Turnkey contracting under the FIDIC silver book**: what do owners want? What do they get? 2007. Disponível em: <http://fidic.org/sites/default/files/hosie06.pdf>. Acesso em: 29 set. 2016; Loots, Phil; Henchie, Nick. **Worlds apart**: EPC and EPCM contracts: risk issues and allocation, 2007. Disponível em: <http://fidic.org/sites/default/files/epcm_loots_2007.pdf>. Acesso em: 14 nov. 2016.

[2] Cf. Marcondes, 2012, p. 127. O autor chama a atenção para a necessidade de preço certo no EPC e a habitualidade com que o empreendimento conta com financiamento. *V.,* ainda, Huse, 2013, p. x; e Olavo Baptista, 2011, p. 26, que indica ser o preço sempre global uma característica do EPC, a diferenciá-lo do *turnkey,* onde não haveria a obrigatoriedade de um valor fixo de antemão (*ibid.,* p. 27). Sobre o preço global em contratos *turnkey* e EPC, ver Capítulo 2, seção 2.5.1.

[3] Huse, 2013, p. x. Sobre os aspectos tecnológicos, em realidade um diferencial dos contratos *turnkey* em relação ao arranjo tradicional e ao *design-build,* ver, neste Capítulo, seção 1.3.2.

[4] Acerca da multiplicidade de termos dados a esse tipo de ajuste, *v.* Hernandez Rodriguez, Aurora. Los contractos internacionales de construcción "llave en mano". **Cuadernos de Derecho Transnacional**, Madrid, v. 1, n. 6, mar. 2004, p. 173 e nota 40. Também, descrevendo

mano, na Itália[5]; e *llave en mano* e chave na mão nos países de língua espanhola e portuguesa[6]. Incluem-se nessa lista ainda as expressões *commercial engineering* e *engineering clé en main*, empregadas em especial por parte das doutrinas italiana e brasileira, questão que se enfrentará adiante, dadas

as múltiplas expressões utilizadas, mas em estudo sobre o contrato *turnkey*, Schneider, Michael E. Turnkey contracts: concept, liabilities, claims. **The International Construction Law Review**, Londres, v. 3, n. 4, jul. 1986. p. 338. Duncan Wallace, Ian. **Construction contracts**: principles and policies in tort and contract. London: Sweet & Maxwell, 1986, p. 403, igualmente, em estudo sobre o *turnkey*, relata que *clé-en-main, package-deal e design-and-build* são todas expressões europeias para designar esse contrato. O termo *package deal* significa o contrato em que o contratado fornece a engenharia básica (*conceptual design*), o projeto executivo e os trabalhos de construção propriamente ditos (*v*. Ferny Hough, Richard. **Is the contractor responsible for design?** 1990. Society of Construction Law. Paper 18, p. 1. Disponível em: <https://www.scl.org.uk/papers/contractor-responsible-design>. Acesso em: 18 jul. 2015). Outra forma de se referir a esses contratos é pela locução *prime contracting* (*v*. Uff, John. **Construction Law**. 11. ed. London: Sweet & Maxwell, 2013, p. 3). Na Alemanha, relacionam Schneider (1986) e Hernandez Rodriguez (2004), nas obras e locais citados, empregar-se os termos *schlüsselfertig, totalunternehmer* e *objektvertrag* para designar esse negócio. Cebriá, Luis Hernando. Una aproximación a los contratos de instalación industrial "Llave en Mano": Marco de la contratación contemporánea. **Anuário de Derecho Civil**, Madrid, v. 56, n. 4, set. 2013, p. 1668, nota 2, também em estudo sobre o *turnkey*, indica que o EPC e o chave na mão têm por objeto a mesma operação e, além das demais expressões citadas, incluem a alemã *industrieanlage* e a francesa *ensemble industriel*.

[5] Cf. Calabresi, Carlotta. **La risoluzione delle controversie nei contratti internazionalli di appalto**: il dispute board. 2009. 208f. Tese (Doutorado em Direito), Università Degli Studi di Firenze, Firenze, 2009, p. 28; e Rubino-Sammartano, Mauro. **Appalti di opere e contratti di servizi (in diritto privato)**. 2. ed. Padova: Cedam, 2006, p. 706.

[6] O termo contrato *llave en mano* é utilizado, por exemplo, na Espanha, como se verifica no artigo de Cebriá (2013) e na obra de Hernandez Rodriguez (2004). É utilizado também na Argentina, servindo de ilustração a obra de Polotto, Ernesto R. B. **Los contratos de construcción bajo la modalidad "llave en mano"**. Buenos Aires: Ábaco Rodolfo Depalma, 2009. Em português, o termo chave na mão encontra-se, por exemplo, na doutrina lusa de Albuquerque, Pedro de; Assis Raimundo, Miguel. **Direito das obrigações**: contratos em especial – contrato de empreitada. 2. ed. Coimbra: Almedina, 2013, p. 151, e na própria tradução oficial da versão de 1999 do mais famoso modelo de EPC editado pela Federação de Engenheiros Consultores Internacionais (FIDIC), chamado de "Condições Contratuais para Projectos Chave na Mão". Cf. Fédération Internationale des Ingénieurs Conseils, (Ed.). **Conditions of contract for EPC turnkey projects**. Disponível em: <http://fidic.org/books/epcturnkey-contract-1st-e-d-1999-silver-book>. Acesso em: 24 out. 2016. A segunda edição deste contrato, lançada pela FIDIC em 2017, ainda não conta com tradução para o português (*v*. **EPC/Turnkey Contract 2nd Ed '2017 Silver Book'**. Disponível em: <http://fidic.org/books/epcturnkey-contract-2n-d-ed-2017-silver-book>. Acesso em: 27 fev. 2018).

CONTRATOS CHAVE NA MÃO (*TURNKEY*) E EPC (*ENGINEERING, PROCUREMENT AND CONSTRUCTION*)

suas implicações conceituais próprias[7]. Não há, assim, designação universal, em prejuízo da exata compreensão do tipo contratual e, sobretudo, da identificação das características e dos elementos que diferenciam esses ajustes entre si e dos demais contratos de obra[8].

No ambiente de *common law* e dos contratos internacionais, onde se situam a origem e o desenvolvimento do *design-build*, do *turnkey* e, finalmente, do EPC, a despeito da multiplicidade de designações, deparamo--nos com autorizadas vozes a equiparar esses termos e contratos, tal como se envolvessem idêntica operação[9]. O EPC, inclusive, em nada diferiria dos contratos chave na mão, representando somente a expressão mais recente para nomeá-los, com o diferencial de salientar que seu objeto inclui projetos, fornecimento de materiais e equipamentos e construção[10]. Tão só em

[7] Nesse sentido, conceitua o EPC como *engineering* parte da doutrina italiana, espanhola, argentina e brasileira (ver Capítulo 3, seções 3.1.3, 3.1.4, 3.1.6 e 3.2.3).

[8] Cf. Hernandez Rodriguez, 2004, p. 163-164. Acerca da dificuldade de definição do tipo em razão das múltiplas designações, ver dessa autora (e obra), p. 174, nota 4.

[9] No sentido de serem intercambiáveis os três termos, *v.* Huse, 2013, p. ix; e Pritchard, Nigel; Scriven, John. **EPC contracts and major projects**: a guide to construction contracts and other projects. 2. ed. London: Sweet & Maxwell, 2011, p. 1. Estes autores afirmam que o EPC é um tipo de *design-build turnkey*. Assim também entende Duncan Wallace, 1986, p. 365, sobre siginificarem o mesmo o *design-build* e o *turnkey*. Calabresi, 2009, p. 17, iguala o *design-build* e o *package deal* ao *turnkey*. Cebriá, 2013, p. 1668, após chamar atenção para o fato de que as nomenclaturas utilizadas são variadas para tratar dos contratos *llave en mano*, indica que esse tipo de ajuste costuma ser designado de *design and build*. A respeito da sinonímia entre *turnkey* e EPC, *v.* ainda Hernandez Rodrigues, 2004, p. 163; Lupton, Sarah. **Corner and Lupton's design liability in the construction industry**. 5. ed. Oxford: Wiley Blackwell, 2013, p. 6; e Hosie, 2007, p. 2.

[10] Sobre contrato EPC ser a designação mais recente para o *turnkey*, assim como para os demais nomes dados a esse último tipo de contrato, *v.* Hernandez Rodriguez, 2004, p. 173 e nota 40. O modelo EPC da FIDIC é, inclusive, frequentemente referido como padrão de *turnkey* (um por todos, Rubino-Sammartano, 2006, p. 708). Em obra específica sobre o contrato *EPC-Turnkey*, onde as expressões já são tratadas como um único tipo, Huse, 2013, p. 39, enfatiza que o termo *turnkey* é geralmente substituído por EPC, com a menção específica de que não se deve colocar muita ênfase, quer no primeiro, quer no segundo; ambos querem significar a mesma coisa: o contratado assumirá total responsabilidade tanto pelos projetos como pela construção. Igualmente, Le Goff, Pierrick. New standard for international turnkey contracts. The FIDIC silver book. **Revue de Droit Des Affaires Internationales**, London, v. 2, n. 2, p. 151-159, fev. 2000. Disponível em: <http://fidic.org/sites/default/files/New%20 Standard%20for%20Inter-national%20Turnkey%20Contracts.pdf>. Acesso em: 17 nov. 2016, p. 1 e nota 7. Há quem considere que os contratos *turnkey* são utilizados para empreendimentos EPC, mostrando que o primeiro termo seria simplesmente o nome jurídico do contrato

estudos mais atuais, é verdade, deparamo-nos com as expressões *turnkey* e EPC adotadas com o mesmo significado, identificação devida, porém, não a qualquer distinção substancial antes feita pelos estudiosos, mas ao fato de que o segundo desses termos ganhou popularidade exclusivamente a partir da década de 1990[11].

Existe, não se pode omitir, quem utilize o termo *turnkey* sem significar um EPC, como ocorre em alguns modelos internacionais voltados a instalações industriais, nos quais as obras civis são deixadas de fora do contrato e ficam a cargo do próprio dono do empreendimento[12]. Trata-se, contudo, de um uso residual da denominação chave na mão, que não impede, como

que envolve engenharia, fornecimento de materiais e equipamentos e construção. Cf. Bailey, Julian. **Construction Law**. London: Informa Law, 2011, p. 38.

[11] Em textos mais antigos sobre o *turnkey*, ainda não se relacionava o contrato EPC como um de seus sinônimos. É o que se observa nos artigos de Schneider (1986) e Duncan Wallace (1986), ambos da década de '80. O termo EPC parece ter granjeado popularidade em tempos recentes, com a publicação pela *Fédération Internationale des Ingénieurs Conseils* (FIDIC) do seu já mencionado modelo contratual *Conditions of Contract for EPC Turnkey Projects* (cf., neste Capítulo, nota 6) Há quem diga, inclusive, que o EPC é expressão cunhada por essa federação com o lançamento de referido modelo em 1999 (cf. Marcondes, 2012, p. 126).

[12] Entre os modelos de *turnkey* que não envolvem obras civis, temos o primeiro padrão chave na mão lançado pela Câmara de Comércio Internacional (CCI), de 2003, elaborado para que o contratado seja responsável por dotar edificações industriais já existentes dos equipamentos necessários ao seu perfeito funcionamento, chamado de **ICC Model Contract for the Turnkey Supply of an Industrial Plant**. Disponível em: <http://store.iccwbo.org/icc-model-contract-for-the-turnkey-supply-of-an-industrial-plant>. Acesso em: 17 nov. 2016. Sobre esse tipo de *turnkey*, com obras civis feitas pelo contratante, ver Boon, Jean-Albert; Goffin, René. **Les contrats "clé en main"**. 2. ed. Paris: Masson, 1987, p. 18; e, detalhadamente, entre os espanhóis, que o nomeiam de *contratos de instalación de una planta industrial*, cf. Cebriá, 2013. Na doutrina italiana, com a designação de *impiantisica industriale eletromeccanica*, v. Rubino-Sammartano, p. 62; Calabresi, 2009, p. 21; e Bortolotti, Fabio. **Il contratto internazionale**: manuale teorico-pratico. Milano: CEDAM, 2012, p. 272 e ss. Ao contrário, o modelo mais atual da CCI para *turnkey*, de 2007, embora voltado para "grandes projetos" e sem a pretensão de substituir por completo o primeiro, contém a execução das obras civis entre o escopo do contratado (cf. **ICC Model Turnkey Contract for Major Projects**. Disponível em: <http://store.iccwbo.org/icc-model-turnkey-contract-for-major-projects>. Acesso em: 17 nov. 2016. Há outros modelos de *turnkey* que conferem bastante flexibilidade quanto às obras civis, podendo ou não estas ser executadas pelo contratado. Esse é o caso da minuta editada pela Orgalime – *Organisme de liaison des industries métalliques européennes* (cf. **Introduction to the Orgalime turnkey contract for industrial works**, [s.d.]. Disponível em: <http://www.orgalime.org/sites/default/files/TurnkeyContractIntro-English>. Acesso em: 01 ago. 2016). Na doutrina, reporta a existência de dois modelos da CCI, com finalidades distintas, Hernandez Rodriguez, 2004, p. 169.

CONTRATOS CHAVE NA MÃO (*TURNKEY*) E EPC (*ENGINEERING, PROCUREMENT AND CONSTRUCTION*)

regra, que a doutrina empregue os termos EPC e *turnkey* (e suas traduções *clé en main, llave en mano, chiave en mano*, etc.) indistintamente[13].

1.1.3 Crítica, Distinção e Movimento Histórico

Em que pese a equiparação desses múltiplos termos, o seu uso indistinto é passível de críticas na medida em que não permite ao intérprete isolar as características particulares dos contratos por eles designados, nem compreender o movimento histórico que conduz a respectiva criação de cada qual pela indústria. Ao conhecer a origem e o desenvolvimento dos contratos *design-build, turnkey* e EPC, no entanto, será possível, ao menos para fins teóricos, distingui-los em alguma medida e fazê-lo reputa-se da máxima importância para compreender o seu conteúdo e verificar como, todos, representam uma evolução do próprio contrato de execução de obra que vem se adaptando ao longo do tempo para incluir novas obrigações a cargo do contratado.

1.2 Do Método Tradicional ao *Design-build*

1.2.1 *Engineering* e *Building*

As múltiplas evoluções que levam ao *design-build* e ao *turnkey*, no ambiente de *common law* – o local de origem e desenvolvimento desses ajustes –, e depois ao EPC, no cenário internacional, remontam aos acontecimentos que dão causa à criação do chamado "arranjo tradicional" e do *general contractor*, no século XIX, e que lançam as bases do movimento de concentração de responsabilidades na pessoa do empreiteiro.

Antes de adentrar a análise histórica que levou ao contrato EPC, importa ter em mente que todo e qualquer empreendimento é implantado, basicamente, pela realização de duas atividades: a concepção da obra (projeto)

---

[13] Cf. Huse, 2013, p. 49 e notas 9 e 10 deste trabalho. Critica o uso do termo *turnkey* no *ICC Model Contract for the Turnkey Supply of an Industrial Plant*, Le Tourneau, Philippe. **L'ingénierie, les transferts de technologie et maîtrise industrielle**: contrats internationaux, contrats clés en main, co-traitance, sous-traitance, joint-venture. 2. ed. Paris: Lexis-Nexis, 2016, p. 227, segundo o qual o título desse contrato é enganoso, pois não há um verdadeiro contrato global, mas somente uma venda com supervisão das instalações.

O CONTRATO EPC

e sua execução (construção)[14]. Com o intuito de eliminar qualquer confusão, registre-se que, para nomear a atividade de elaboração de projetos, se utiliza, no *common law*, a expressão *design*[15].

Apesar de ser costume traduzir o termo anglo-saxão *engineering* meramente por engenharia ou até por elaboração de projetos, *engineering contract* não significa contrato de projetos, mas, sim, o contrato que envolve obra de engenharia pesada, industrial ou de infraestrutura, opondo-se aos *building contracts*, locução utilizada para designar os contratos de obras imobiliárias, grandes ou pequenas, simples ou complexas[16].

A presença da sociedade de engenharia, ou do engenheiro, constitui uma das marcas do *engineering*, ao contrário do *building*, que conta com a figura do arquiteto; só que o construtor não é chamado de *engineer*, mas de *contractor*[17]. Tampouco a expressão *engineering contract* envolve

[14] Cf. Hernandez Rodriguez, 2004, p. 176.

[15] Nos EUA, Sweet, Justin; Schneier, Marc M. **Legal aspects of architecture, engineering and construcion process**. 9. ed. Stanford: Cengage Learning, 2013, p. 161, usam o termo *engineering* para nomear a atividade *engenharia*, mas unicamente para separá-la da arquitetura. Ainda assim, a elaboração do projeto é chamada de *design*. Os autores falam em *"engineering profession"* e, não, em *"engineering contracts" (id.)*. Os trabalhos de projeto, na Inglaterra, são chamados de *"design work"* (Uff, 2013, p. 139).

[16] Uff, 2013, p. 2, separa os tipos de trabalho que podem ser incluídos nos *construction contracts*, que vão do *building work* ao *engineering work*. O contratado será chamado *"building contractor"* ou *"civil engineering contractor"*, de acordo com a natureza dos trabalhos. Igualmente, em função da natureza dos trabalhos, designar-se-á a avença de *"building contract"* ou *"engineering contract" (ibid.*, p. 138). Em um *building contract*, esclarece Uff, o trabalho do projetista e supervisor é desempenhado pelo arquiteto; no *engineering contract* esse papel é desempenhado pelo engenheiro *(ibid.*, p. 139). O uso de um engenheiro para os projetos civil e estrutural em um *building contract* não o torna um *engineering contract*. Similarmente, neste tipo de ajuste *(engineering)*, um arquiteto pode ser utilizado para assistir no *"design of civil engineering works" (ibid.*, p. 139). No mesmo sentido, diferenciando o *building* do *engineering contract* em função do tipo de obra e da participação de um arquiteto ou de um engenheiro como projetista, Keating, Donald; Furst, Stephen; Ramsey, Vivian. **Keating on building contracts**. 7. ed. London: Sweet & Maxwell, 2001, p. 3, 422. Há ainda quem separe em três os tipos de obra, como Ducan Wallace, 1986, p. 434, que em seus textos sobre *turnkey* faz menção a (i) *industrial projects*; (ii) *civil engineering*; e (iii) *building*. Confirmando essa distinção entre os tipos de obra para qualificar o contrato como *building* ou *engineering*, com a especial menção de que ambas essas obras podem ser objeto de um contrato *turnkey* (cf. Hernandez Rodriguez, 2004, p. 174). Faz a separação no sentido do texto, ainda, Calabresi, 2009, p. 16. Em termos legais, do direito aplicável, esclarece Uff, acerca do ordenamento inglês, inexistir diferença entre o *building* e o *engineering contract (ibid.*, p. 266).

[17] Cf. Keating; Furst; Ramsey, 2001, p. 422, esclarecendo que somente nos casos em que desempenhar a função de engenheiro-consultor se utilizará o termo *engineer* ou *consultant engineer*.

necessariamente a elaboração de projetos pelo contratado, e um ajuste com essa denominação pode bem ter a planta das obras elaborada pelo contratante ou pelo contratado[18]. Aquilo que caracterizará o *engineering contract*, portanto, é o tipo de obra que se executará e, não, se a engenharia, os projetos, os desenhos são de responsabilidade do contratado[19].

Não será, contudo, pelo tipo de obra que se identificam os diversos métodos de contratação que resultam no *turnkey* e no EPC, baseados, em realidade, na forma como a indústria da construção atribui ao construtor (contratado) as atividades e as responsabilidades antes incumbidas ao contratante, a principal delas a de elaborar os projetos (*design*)[20].

[18] A propósito, *v.* o modelo internacional alcunhado de *livro vermelho* da Fédération Internationale des Ingénieurs Conseils. **Conditions of contract for construction for building and engineering works designed by the employer**. Disponível em: <http://fidic.org/node/149>. Acesso em: 24 out. 2016. Nesse modelo, destinado tamtanto para obras de *building* ou para obras de *engineering*, caberá ao dono da obra fornecer os projetos para construção. A segunda e mais recente edição deste contrato (2017) continua voltada para ambos os tipos de obra, conforme expressamente em seu título ainda "*conditions of contract for construction for building and engineering works*" (cf. FIDIC. **Construction Contract 2nd Ed '2017 Red Book")**. Disponível em: <http://fidic.org/books/epcturnkey-contract-2nd-ed-2017-silver-book>. Acesso em: 27 fev. 2018).

[19] Na Grã-Bretanha, por exemplo, segundo a classificação oficial de atividades, chamada de Standard industrial classification of economic activities (SIC), *civil-engineering* inclui "*the construction of heavy constructions such as motorways, streets, bridges, tunnels, railways, airfields, harbours and other water projects, irrigation systems, sewerage systems, industrial facilities, pipelines and electric lines, outdoor sports facilities, etc.*", em oposição à atividade de *building construction*, que abrange "*entire dwellings, office buildings, stores and other public and utility buildings, farm buildings, etc.*" (cf. Uk Statistics Authority. Office For National Statistics. UNITED KINGDOM. **Standard Industrial Classification (SIC) 2007**. Disponível em: <http://www.neighbourhood.statistics. gov.uk/HTMLDocs/SIC/data/SICmetadata.html?sic=Fxxxxx&from=F41xxx>. Acesso em: 2 jan. 2017. O mesmo ocorre nos EUA, onde o North American Industry Classification System separa a atividade de *construction of buildings*, compreendendo "*residential building construction, industrial building construction, commercial and institutional building construction*" daquelas nomeadas *heavy and civil engineering construction*, as quais incluem "*water and sewer line and related structures, oil and gas pipeline and related structures, power and communication line and related structures, highway, street, and bridge*" e ainda os "*specialty trade contractors, whose primary activity is the production of a specific component for such projects*" (cf. UNITED STATES. Department of Commerce. **North American Industry Classification System**. Disponível em: <http://www.census.gov/cgi-bin/sssd/naics/naicsrch?chart_code=23&search=2012NAICSSearch>. Acesso em: 2 jan. 2017).

[20] Cf. Hernandez Rodriguez, 2004, p. 176. Há quem entenda que os dois elementos mais importantes de um contrato de construção são o projeto (*design*) e a coordenação dos trabalhos (*i.e.*, não a construção) (cf. Huse, 2013, p. 2).

O CONTRATO EPC

Em suma, o estudioso brasileiro deve ter em mente que a evolução dos métodos de contratação não diz respeito ao tipo de obra, sua complexidade ou natureza, mas às prestações que assume o construtor ao executá-la.

1.2.2 Contratação Tradicional

A análise da evolução histórica dos contratos de construção que culmina no EPC pode ser iniciada pelo chamado arranjo tradicional ou convencional de contratação, também nomeado de *design then build* ou *design-bid-build*, em que primeiro se contrata um projetista e, depois, com os desenhos concluídos, o construtor, sempre por meio de ajustes separados e com pessoas distintas[21]. Trata-se de forma de contratação de obra desenvolvida a partir do século XIX e que mantém a independência e a autonomia do arquiteto ou do engenheiro, conforme o caso, em face do construtor[22]. Os projetos, por esse arranjo, ficam sempre a cargo do contratante.

Segundo historiadores especializados, há grande dificuldade em rastrear a história da construção antes do século XVIII, a partir de quando se possui mais clareza acerca do assunto[23]. Até o século XIX, os arquitetos, então denominados de grandes mestres construtores (*masterbuilders*), por regra, respondiam por toda a implantação das obras, mas sempre do ponto de vista técnico, não desempenhando um papel empresarial de reunir e organizar, sob seu risco, os meios de produção[24]. Os mestres construtores

---

[21] A propósito, Rodriguez, 2004, p. 176-177, e Huse, 2013, p. 2-3. Sobre a designação de "tradicional" desse método na Inglaterra, por todos, ver Keating; Furst; Ramsey, 2001, p. 6. Nos EUA, da mesma forma, referem-se a esse arranjo como o tradicional, Sweet; Schneier, 2013, p. 357-358.

[22] V. Keating; Furst; Ramsey (2001), p. 6, enfatizando que, no método tradicional, para *building works*, normalmente se emprega o *JCT-Standard form of Building Contract* e, para *engineering works*, as *ICE Conditions* (*ibid.*, p. 8). Acerca do arranjo tradicional, *v.*, ainda, Polotto (2009), p. 115, para quem essa forma clássica seria idêntica à empreitada dos países de *civil law*.

[23] Cf. Mainstone, Rowland. Reflections on related histories of construction and design. In: Huerta, Santiago (Ed.). **Proceedings of the First International Congress on Construction History**. Madrid: Instituto Juan de Herrera, 2003. Disponível em: <http://www.sedhc.es/biblioteca/actas/CIHC1_006_Mainstone%20R.pdf>. Acesso em: 17 ago. 2016. p. 49.

[24] Descrevem Bruner, Philip, L.; O'Connor, Patrick J. **Bruner & O'Connor on Construction Law**. Minneapolis: West Law, 2002, v. 1, que, na Antiguidade Clássica, o arquiteto era um *masterbuilder*, encarregado tanto do projeto (*design*) como da construção, sendo responsável pela conclusão bem-sucedida do empreendimento a si confiado (p. 10 e 11). O arquiteto da Antiguidade não era somente o idealizador, mas também o executor do projeto, tido em grande

CONTRATOS CHAVE NA MÃO (*TURNKEY*) E EPC (*ENGINEERING, PROCUREMENT AND CONSTRUCTION*)

aceitavam integral responsabilidade pelo projeto e pela construção, supervisionavam as obras, a aquisição dos materiais e garantiam a performance da construção[25]. Essa figura do mestre construtor dataria de milênios, tendo-se responsabilizado pelas grandes construções mesopotâmias e pelas edificações da época clássica, e continuou presente em épocas medievais até o início da época moderna[26]. Era ainda o contratante, no entanto, quem efetuava a contratação direta da mão de obra e dos materiais. O projetista, por mais que coordenasse todos os aspectos técnicos dos trabalhos, não contraía o risco financeiro e econômico do empreendimento[27].

Com a extinção das corporações de ofício, que até então exerciam o monopólio da atividade construtiva, e por força da Revolução Industrial, importantes modificações teriam ocorrido na maneira como as construções eram realizadas, entre as quais separar, do ponto de vista da responsabilidade, a figura do arquiteto daquela do construtor[28]. Por conta da complexidade dos novos edifícios e instalações, criou-se uma demanda de mercado específica para os projetistas, cada vez mais especializados e possuidores de ciência própria, o que culmina no fortalecimento da posição do profissional da arquitetura e da engenharia[29]. Contribuiu para a separação dessas

consideração no Egito e na Grécia. A respeito, *v.* Rubino-Sammartano, 2006, p. 1. Em igual sentido, Sebestyén, Gyula. **Construction** – Craft to Industry. London: E&Fn Spon, 1988, p. 7, descreve a figura do *master mason* totalmente comprometido com a construção em que estava vinculado, responsável pelos projetos e pelo comando das obras, que em muitos casos chegava a viver no local dos trabalhos.

[25] Segundo Brunner; O'Connor, 2002, p. 69, nota 2, há registros de *masterbuilders* em 1800 a.C. No mesmo sentido, Cushman, Robert; Loulakis, Michael C. **Design Build Handbook**, 2. ed. New York: Aspen Law and Business, 2001, p. 6.

[26] *V.* Brunner; O'Connor, 2002, p. 10-11.

[27] *V.* Powell, Chistopher. Who did what: division of labour construction-related firms. In: HUERTA, Santiago (Ed.). **Proceedings of the First International Congress on Construction History.** Madrid: Instituto Juan de Herrera, 2003. Disponível em: <http://www.sedhc.es/biblioteca/actas/CIHC1_154_Powell%20Ch.pdf>. Acesso em: 17 ago. 2016. p. 1650.

[28] Relata Sebestyén, 1998, p. 10, que a queda do tradicional monopólio das corporações de ofício no fim do século XVIII e no século XIX deu lugar à introdução de novos métodos de construção e às profissões de projetista e de construtor-empreiteiro (*contractors*). Para indicação da Revolução Industrial como marco da separação entre o arquiteto e o construtor no início do século XIX, *v.* Cushman; Loulakis, 2001, p. 7. Também Bruner; O'Connor, 2002, p. 14 e nota 1, sustentam que a separação das profissões de arquiteto e de construtor teve como marco a Revolução Industrial, no início do século XIX.

[29] Cf. Cushman; Loulakis, 2001, p. 7. Segundo os autores, teria sido Leoni Batista o precursor do "movimento separatista", que procurou estabelecer no século XV que o trabalho do

atividades em relação ao construtor, ainda, o crescimento de associações de classe e a ideia de que um arquiteto respeitável não deveria envolver-se em atividades de execução das obras[30]. Com a separação da atuação do projetista daquela do construtor, estava criado o arranjo *design-then-build*.

Esse formato ganha a alcunha de tradicional muito em função da preferência do setor público dos países do *common law*, pois permite que se baseie a concorrência da obra pelo menor preço, com maior objetividade e igualdade, enquanto, para a contratação do projetista, faz-se necessário levar em conta também a qualidade da solução técnica[31]. Afora isso, o sistema *design-then-build* contribuiria para evitar corrupção e favoritismos, aumentaria o número de concorrentes, haja vista a menor sofisticação demandada com os projetos já prontos, e, ainda, asseguraria que soluções de engenharia fossem buscadas sempre no melhor interesse do contratante[32].

---

projetista fosse somente desenhar as obras, deixando para um superintendente da construção a execução dos trabalhos. Essa posição permaneceu minoritária até o começo do século XIX (*id.*).

[30] Relatam Cushman; Loulakis, 2001, p. 7, que o *Institute of British Architects* foi criado em 1834, a *American Society of Civil Engineers*, em 1852 e a *American Institute of Achitects* em 1857. A influência dessas associações é apontada por Willis, Alfred. Design-build and building efficiency in the early twentieth century United States. In: HUERTA, Santiago (Ed.). **Proceedings of the First International Congress on Construction History**, Madrid: Instituto Juan de Herrera, 2003. Disponível em: <http://www.sedhc.es/biblioteca/actas/CIHC1_198_WillisA.pdf>. Acesso em: 17 ago. 2016, p. 2125. Para esse historiador, a associação nacional dos arquitetos nos EUA possui grande crédito pela promoção bem-sucedida do arranjo *design-bid-build*, o qual podia assegurar e manter o poder de seus membros, o que foi feito por meio de leis que impediam a cumulação do projeto com as atividades construtivas ou a dificultavam. Eram leis que exigiam registro prévio para prática da arquitetura e a isso se aliou a ideia de que um arquiteto respeitável não deveria envolver-se em atividades construtivas (*id.*).

[31] Cf. Cushman; Loulakis, 2001, p. 7. Sobre ser o *design-bid-build* a regra nos contratos públicos estadunidenses, ver Peterson, Jason H. The big dig disaster: was design-build the answer? **Suffolk University Law Review**, Boston, v. 40, n. 4, maio 2007, p. 912, nota 24. Bruner; O'Connor, 2002, p. 67 e 69, relatam que somente no século XX o setor público americano começou a empregar outros métodos de contratação utilizados pelo setor privado em função dos benefícios auferidos pelos particulares. Ainda assim, os autores afirmam ser o *design-bid--build* o método mais usado em construções públicas, permitindo mais competição e, portanto, menores preços (*ibid.*, p. 69 e nota 2).

[32] Nesse sentido, Peterson, 2007, p. 913-914.

1.2.3 *General Contractor*

Em paralelo ao desenvolvimento do arranjo tradicional, observa-se outra tendência na forma de contratação de obras, qual seja, a concentração das diversas atividades desempenhadas por artífices especializados na pessoa de um único contratado (*general contractor*). Até o início do século XIX, as construções envolviam múltiplos ajustes, cabendo ao arquiteto, tal qual faziam os mestres construtores, gerenciar os indivíduos envolvidos na obra, todos vinculados ao contratante[33].

A partir de então, os empreendimentos deixam de ser construídos mediante diversos contratos, com força de trabalho e recursos materiais fragmentados, e passam a ser assumidos por grandes contratados, que se responsabilizam pela integralidade das atividades em regime empresarial, exceto pelo projeto[34].

Tal como o arranjo *design-then-build*, a contratação de um único contratado constituiu movimento derivado do aumento de especialização e da complexidade das construções, que passavam a demandar maior e variado número de profissionais, gerando muitas vezes interferências, atrasos e sobrecustos. A solução foi concentrar a responsabilidade por todos os trabalhos construtivos em um contratado único e, com isso, ganhar eficiência e o benefício adicional de que este responderia por itens que o arquiteto, numa contratação múltipla, eventualmente omitisse alocar para esse ou aquele contratado[35].

Com a criação do *general contractor*, de um lado, e a limitação do papel do arquiteto, de outro, respondendo o construtor pelo trabalho dos diversos

[33] Cf. Wermiel, Sara E. Norcross, Fuller, and the rise of the general contractor in the United States in the nineteenth century. In: Dukeld, Malcon (Ed.). **Proceedings of the Second International Congress on Construction History**. Cambridge: Construction History Society, 2006, p. 3297. Disponível em: <http://www.arct.cam.ac.uk/Downloads /ichs/vol-3-3297-3314-wermiel.pdf>. Acesso em: 7 ago. 2016. A construção imobiliária de uma casa na cidade, por exemplo, exigia a celebração de dez a vinte contratos, todos eles gerenciados pelo arquiteto (*id.*).

[34] V. Wermiel, 2006, p. 3298. No mesmo sentido, Powell, 2003, p. 1651, que ressalta que essa contratação do empreiteiro único se dava ainda no arranjo de *design-then-build*. A atividade de projeto era desenvolvida por arquitetos, profissão que se destacou dos construtores e era empregada diretamente pelo contratante (*id.*).

[35] Cf. Wermiel, 2006, p. 3299. Ou seja, podia-se exigir do construtor que fornecesse todos os serviços e materiais, mesmo que não detalhados no contrato.

O CONTRATO EPC

artífices, sempre em busca de eficiência, dá-se importante passo evolutivo, sobretudo no que tange à concentração de atividades na pessoa do empreiteiro, que se converte em coordenador dos recursos de produção e assume uma figura empresarial, em contrapartida ao declínio da figura do arquiteto[36].

Esse era o cenário já consolidado das contratações, tanto no Reino Unido como nos EUA, no início do século XX, com o empreiteiro na função de *general contractor*, a desempenhar um papel de empresário e responsável por todas as atividades construtivas de complexas estruturas, não obstante o arquiteto ainda supervisionasse o cumprimento do projeto por si elaborado[37].

1.2.4 *Design-build*: Origem e Desenvolvimento

Ainda que constituísse real evolução do ponto de vista da eficiência, em especial quando adotado um contratado único (*general contractor*), o sistema tradicional (*design-then-build*) apresentava problemas relevantes[38]. Com um projetista que não conhecesse os aspectos construtivos, este poderia deixar de empregar a melhor técnica e até não levar em conta todos os aspectos necessários na elaboração dos orçamentos[39].

---

[36] A respeito, *v.* Powell, 2003, p. 1652. A fundação dos grandes contratados únicos (*general contractors*) é efetuada por desenhistas, isto é, pelos próprios arquitetos e engenheiros, que deixam seu ofício para se tornarem construtores empresários, reunindo capital e recurso de produção para execução das obras. Não são os construtores que se organizam em sociedades, mas os arquitetos de formação, os desenhistas e os superintendentes de obra (cf. Wermiel, 2006, p. 3305-3308). As firmas de projeto, porém, continuam a existir. Por conta da *expertise* dos novos construtores únicos, os arquitetos passam a deixar nas suas mãos os detalhes construtivos e os aspectos técnicos da construção. A arquitetura pode desenvolver-se mais livremente do ponto de vista artístico; ademais, não só arquitetos que entendessem de construção precisam ser incumbidos do projeto (*ibid.*, p. 3304). Contra, em parte, Sitt, Willian Britton. Corporate Practice of Engineering. **The Business Lawyer**, Chicago, v. 14, n. 4, jul. 1959, p. 971, para quem, embora sem referências históricas, a complexidade das obras levou a uma concentração de funções nas sociedades de engenharia, que gradualmente assumem cada vez mais atividades.

[37] O relato é de Wermiel, 2006, p. 3297. No mesmo sentido, noticiando o panorama inglês e estadunidense do início século XX, *v.* Powell, 2003, p. 1651-1652.

[38] Sobre a insatisfação com o arranjo tradicional e suas recorrentes consequências negativas, ver Hackett, 1998, p. 4.

[39] Segundo Huse, 2013, p. 4, um projetista sem conhecimento de construção podia não ter capacidade de elaborar projetos que levassem em consideração as técnicas construtivas mais avançadas, às vezes até deixando de aproveitar reduções de custos que a experiência

CONTRATOS CHAVE NA MÃO (*TURNKEY*) E EPC (*ENGINEERING, PROCUREMENT AND CONSTRUCTION*)

No que tange à responsabilidade, arquitetos e engenheiros não respondiam pela execução das obras. No final, se um defeito aparecesse, nem o projetista, nem o construtor responderiam por ele, um sempre culpando o outro. O resultado eram disputas complexas, com muitas partes envolvidas[40]. Além disso, em polos distintos, criava-se um clima de confronto entre o construtor e o projetista, aumentando as chances de litígios[41].

Do ponto de vista do planejamento, pelo sistema tradicional, não se iniciava a construção ou as compras de material previamente ao término dos projetos, vez que não se sabia a extensão das obras e serviços, sem o que não se podia contratar o construtor por um preço fixo[42]. Dessa forma, tinha-se dispêndio superior de tempo quando comparado a eventual arranjo em que as obras pudessem iniciar concomitantemente à elaboração dos projetos[43].

A indústria da construção busca, então, novos métodos de contratação em prol de maior eficiência, e entre as formas de isto alcançar está a concentração de maiores responsabilidades na pessoa do empreiteiro, com o que se cria, ao lado de outros regimes, o chamado *design-build*[44]. Por ele,

---

construtiva traria. Esse mesmo projetista, por desconhecer a realidade da construção, poderia efetuar estimativas sem precisão, projetos desatualizados ou impraticáveis, ou que não levassem em conta novos métodos construtivos.

[40] Entre muitos, cf. Sweet; Schneier, 2013, p. 359.

[41] Sweet; Schneier, 2013, p. 359, explicam que, na teoria, o sistema tradicional deveria garantir um projeto e uma construção de maior qualidade, uma vez que cada incumbido (projetista e construtor) é especialista na matéria. Só que arquitetos e engenheiros não assumem erros de construção, por mais que tenham feito o acompanhamento das obras, sem contar o fato de que muitas vezes carecem de conhecimento sobre a construção em si.

[42] Sweet; Schneier, 2013, p. 359, explicam que não só se reduz a possibilidade de adiantar os trabalhos construtivos, mas também se fica exposto a custos adicionais, em caso de inflação.

[43] Conforme registra Huse, 2013, p. 3, o sistema tradicional possui ainda uma tendência a atrasos e uma maior exigência de tempo até que o construtor se familiarize com o projeto. De fato, com atividades em paralelo, o construtor poderá ter mais folga no cronograma, isto é, área de manobra para absorver atrasos ocorridos na fase de concepção dos projetos.

[44] De acordo com Willis, 2003, p. 2019, o *design-build* é introduzido como desafio ao método tradicional de divisão de trabalho entre firmas distintas de arquitetura (engenharia) e construção. Para Sweet; Schneier, 2013, p. 374, visa-se contornar as fraquezas do método tradicional. Como explicam esses autores, entre os novos métodos fundados nas desvantagens do arranjo tradicional também se inclui *construction management* (*ibid.*, p. 358). Keating; Furst; Ramsey, 2001, p. 14, também citam o gerenciamento da construção como um dos arranjos alternativos desenvolvidos para superar as desvantagens do *design-then-build*. Nesse arranjo, tal como no EPC, cabe ao contratado toda a coordenação das interfaces da obra. A diferença do EPC é que, no gerenciamento, o contratado não assume qualquer responsabilidade pelo

O CONTRATO EPC

reúnem-se na pessoa do contratado as atividades de elaboração do projeto e de execução das obras, talvez a maior transformação da indústria da construção nos últimos tempos[45].

Parte da doutrina anglo-saxã considera que esse método de contratação no *common law* teria "ressurgido" a partir de 1960, sobretudo em obras mais simples, não representando senão mera "reencarnação" dos grandes mestres construtores da época clássica[46]. Historicamente, como mencionado, os grandes arquitetos e engenheiros também eram incumbidos da construção das obras, e, por essa perspectiva, então, o *design-build* não seria propriamente novo, em especial se considerado que o método tradicional somente passou a ser utilizado nos últimos séculos, mas se assemelharia às formas de contratação anteriores ao século XIX[47].

Recentes levantamentos históricos, todavia, demonstram que o *design-build* surge antes da década de 1960, logo no início do século XX, e, embora pareça tão velho como a atividade de construção, remetendo-nos

trabalho das empresas contratadas para fazer as atividades propriamente ditas (projeto e obra), agindo como simples intermediário, agente do contratante (cf. Huse, 2013, p. 5). No gerenciamento, portanto, o gerenciador atua como o arquiteto do passado, isto é, antes do século XIX, quando era ainda um *masterbuilder*.

[45] Duncan Wallace, 1986, p. 365, descreve que no Reino Unido o *design-build* também costuma ser chamado de *package deal*. No mesmo sentido, ver Keating; Furst; Ramsey, 2001, p. 10. Sobre a importância do *design-build* para indústria da construção, descrita como a maior mudança nas modalidades de contratação, cf. Nisbet, James. **Fair and reasonable**: building contracts from 1550 – A synopsis. London: Stoke Publications, 1993, p. 97.

[46] Cf. Bruner; O'Connor, 2002, p. 10-11. Bailey, 2011, p. 26 e nota 128, fala em uma reencarnação do *design-build* a partir de 1960, arranjo utilizado na Inglaterra desde o fim da Idade Média. Para Cushman; Loulakis, 2001, p. 8, a partir de 1960 e 1970, há um retorno ao conceito do mestre construtor. Lupton, 2013, p. 5, situa a criação do *design-build* nos anos 1965. Noticiando também o início do uso do *design-build* nos anos '60, na Inglaterra, cf. Nisbet, James. **A turbulent transition**: building contracts 1980 to 2001. London: Stoke Publications, 2003, p. 30. V. Hackett, Jeremy. **Design and build**: uses and abuses. London: Llp, 1998, p. 4, que reporta o início do emprego desse método na Inglaterra em 1970-1980, em projetos mais simples e também em trabalhos com bastante repetição ou elementos pré-fabricados (*i.e.*, similaridade) e daí em diante seu uso teria se disseminado na indústria da construção.

[47] Cf. Duncan Wallace, 1986, p. 401; e Cushman; Loulakis, 2001, p. 6. Esses autores também afirmam que o *design-build* revela uma retomada dos grandes mestres construtores. No mesmo sentido, Brunner; O'Connor, 2002, p. 69, nota 2; e Committee on Construction Law, 2003, Association of the Bar of New York. Alternative methods of public procurement. **The Record**, New York, v. 48, n. 2, mar. 2003, p. 283. Nesta última referência, por se julgar o *design-build* derivado dos antigos mestres construtores, chega-se a afirmar ser esse o verdadeiro método tradicional. Assim também entende Peterson, 2007, p. 914.

a todo o período durante o qual o projetista ainda respondia pela execução das obras, o entendimento atual é que este arranjo não se associa ao ofício dos grandes artífices construtores (*masterbuilders*)[48]. Ao contrário, o *design-build*, desenvolvido a partir de 1900, constituiria a continuidade do mesmo movimento que levou à substituição dos diversos contratados especializados por um único construtor (*general contractor*); um aperfeiçoamento do próprio contrato de obra, em busca de eficiência, viabilizado exatamente por conta da feição empresarial que assumiu o construtor ao coordenar os fatores de produção e responder pelo risco econômico das obras[49]. No *design-build* teríamos, assim, o passo seguinte na evolução dos arranjos contratuais, aliando o arquiteto e o engenheiro ao executor das obras e, não, qualquer "reencarnação" de antigos métodos.

Essa visão evolutiva linear possui a vantagem de não conflitar com o fato de que somente em tempos mais recentes o construtor teria passado a desempenhar um papel empresarial, por meio do *general contractor*, respondendo economicamente pelos meios de produção. A figura do *masterbuilder*, por mais relevante que fosse a assunção de responsabilidade técnica pela perfeição das obras e pela coordenação dos trabalhos, ainda era a do artífice, apenas depois tornado empresário, ao contrair o risco financeiro das obras. Com o contratado único, houve a reunião, na mesma pessoa, das

---

[48] Powell, 2003, p. 1652, aponta a existência de contratos do tipo *package deals*, uma forma de *design-build*, no pós-Segunda Guerra. No mesmo sentido, Willis, 2003, p. 2123, que entende pouco provável que o *design-build* seja derivado de métodos do século XIX ou dos *masterbuilders*. Seus precursores, no início do século XX, não eram herdeiros de grandes mestres construtores (*ibid.*, p. 2124). Ao contrário, o método teria se desenvolvido em um contexto específico que prevaleceu nos EUA a partir de 1900, na busca de maior eficiência e um preço mais justo para as obras, pois se entendia que o arquiteto, ao lado do construtor, poderia reduzir o preço das construções (*ibid.*, p. 2124). Segundo tais registros históricos, o desenvolvimento do método foi feito por "*outsiders*" e não pelos próprios integrantes da indústria da construção (*id.*). Contra, ainda que sem menção a levantamentos históricos, Sitt, 1959, p. 971, indica que, no final das contas ("*eventually*"), as firmas de engenharia acabaram absorvendo as construtoras e estas as firmas de engenharia, indistintamente.

[49] O *design-build* surge, como outros métodos, na procura por meios colaborativos entre todos os envolvidos no empreendimento. Começa-se com a substituição dos diversos contratados especializados por um único construtor (*general contracting*), atuando o arquiteto ainda como um intermediário entre o dono da obra e o empreiteiro (*v.* Willis, 2003, p. 2123). Outra tentativa teria sido o método de *cost-plus*, para se ter maior qualidade das obras. E um terceiro método foi o *design-build*, que pretendia reduzir a ineficiência decorrente do conflito de interesses e falta de cooperação entre arquitetos e engenheiros (*id.*).

O CONTRATO EPC

diversas forças produtivas envolvidas na execução da obra, completada, no arranjo *design-build,* com a absorção do arquiteto e do engenheiro pelo construtor.

É induvidoso, de qualquer maneira, que o *design-build* conquista sua grande popularidade nos anos 1970, como o reconhecem até aqueles que situam sua origem no início do século XX[50]. Seu emprego dali em diante só fez aumentar e, na década de '80, já era conhecido de maneira a suscitar, na Inglaterra, os primeiros modelos institucionais[51]. Inicia-se, então, um período de transição do método tradicional, com vistas a transferir as responsabilidades do contratante e do projetista para o construtor, ingressando o método em 1990 com um futuro promissor, a ponto de se falar em uma explosão de sua adoção e até mesmo na "era do *design-build*"[52].

No presente século XXI, o design-build reputa-se a forma de contratação com maior crescimento, utilizada para todos os tipos de obra, de pequenos domicílios a grandes plantas industriais, e com recorrência tamanha que ameaça o domínio do arranjo tradicional nos EUA e na Inglaterra[53]. No

[50] Cf. Willis, 2003, p. 2019, ainda que conclua o autor que não houve uma novidade em 1970, mas uma retomada do sistema que já desfrutava de relativo sucesso no início do século XX, e, em ambos os períodos, foi uma resposta a pressões por aumento de eficiência (*id.*).

[51] Segundo Lenihan, Martin; Redmond, John. **To "b" our "d" & "b"? design and build in the 90s.** Society of Construction Law, paper 39, 1994. Disponível em: <https://www.scl.org.uk/papers/b-or-d-b-design-and-build-90s>. Acesso em: 18 jul. 2015, p. 3 (segunda parte), o modelo mais conhecido da indústria era o JCT de 1981. Atualmente, o *design-build* conta com diversos modelos feitos por associações de classe (cf. Sweet e Schneier, 2013, p. 375). Como registra Nisbet, em 1992 houve a publicação de um modelo pela ICE (*Institute of Civil Engineers*) e, em 1993, o governo inglês lançou versão de *design-build* tanto para obras imobiliárias (*building*) como para obras de infraestrutura (*engineering*).

[52] Cf. Nisbet, 2003, p. 4. Para Huse, 2013, p. 6, o uso do método *design-build* nos EUA mais do que triplicou entre as décadas de 1980 e 1990. Sweet; Schneier, 2013, p. 374, noticiam que na década de '90 houve uma explosão na utilização desse arranjo. Representa, segundo Willis, 2003, p. 2019, um dos arranjos populares de organização de uma empreitada no século XX. Sobre o prognóstico da era do *design-build, v.* Lenihan; Redmond, 1994, p. 1. A doutrina do *common law* ainda tributa o desenvolvimento do *design-build* à crise econômica do anos 1990, que exigiu uma busca por eficiência e por menores preços. Na Inglaterra, sobre o aumento do uso, ver ainda Hackett, 1998, p. 4; e, nos EUA, Wichern, Stephen. Protecting design-build owners through design liability coverage. Independent construction managers and quality control procedures. **Transportation Law Journal,** Denver, v. 32, n. 1, jan. 2004, p. 35.

[53] Em 2004-2005, segundo Wichern, 2004, p. 37, o *design-build* foi o método que mais cresceu, de 100% a 150% ao ano para grandes estruturas. Sweet; Schneier, 2013, p. 374, relatam seu uso tanto em pequenos domicílios como em grandes plantas petroquímicas e a ameaça

setor privado, representa a forma padrão para grandes contratações, em que raramente se utiliza o método tradicional, enquanto no plano estatal os governos de ambos esses países passam também a se valer do *design-build*[54].

1.2.5 *Design-build*: Principais Características

Nessa digressão histórica que leva ao *design-build* é importante notar como a indústria se desenvolve no sentido de conferir maiores responsabilidades aos construtores, que passam a receber, no próprio contrato de obras, incumbências antes reservadas a outros profissionais, o que também ocorre no *turnkey* e no EPC. Por derivarem do *design-build*, muitas das características presentes nestes últimos arranjos, impõe-se analisá-las com algum detalhe antes de retomar a exposição evolutiva dos contratos de obra.

A primeira característica marcante do *design-build* é a possibilidade de as obras iniciarem antes do término dos projetos, o que, no ambiente de *common law*, chama-se de *fast track*, e levou, no início do século XX, também ao surgimento dos contratos *cost plus fee*, em que se paga o custo dos trabalhos e um percentual sobre ele[55]. O *design-build*, por reunir na

---

ao domínio do método tradicional. No mesmo sentido, registrando uma tendência global em adotar arranjos alternativos, a ponto de não mais ser correto o uso da locução "método alternativo" para designá-lo, cf. Committee on Construction Law, 2003, p. 276-277 e 279. O *design-build* é tido como a *"mainstream of current practice"* (*ibid.*, p. 275).

[54] Em 2010, o arranjo *design-build* é o mais utilizado na Inglaterra para contratação de grandes obras e respondeu por 39% de todos os valores contratados no mesmo ano (cf. Lupton, 2013, p. 5). No século XX, constitui um dos arranjos populares para organizar uma empreitada (*v.* Willis, 2003, p. 2019). No ano 2000, o governo inglês determinou que o método tradicional de execução de obras não fosse mais adotado, passando a escolha a ser, ao menos para obras relativas ao setor imobiliário, a recair sobre as concessões, no *design-build* e no *prime-contracting*, nesta ordem (cf. Nisbet, 2003, p. 8 e 12). Todos os três métodos excluíam a figura do arquiteto/engenheiro, e a responsabilidade pelo *design* e pelo acompanhamento das obras ficava concentrada no construtor (*ibid.*, p. 8). Acerca do uso do *design-build* nos EUA, cf. Committee on Construction Law, 2003, p. 279, em que se recomenda não abandonar o método tradicional, bem como Peterson, 2007, que relata as experiências feitas pelo governo federal e pelos diversos estados da federação que já empregam regularmente o arranjo *design-build* para obras públicas.

[55] Como explicam Sweet e Schneier, 2013, p. 360, o modelo *fast track* constitui o início das obras antes de terminado o projeto. Da mesma forma, Hernandez Rodriguez, 2004, p. 177. Note-se que tanto o *cost-plus* (fruto do *general contractor*) como o *design-build* emergem no fim do século XIX e no início do século XX como respostas da indústria da construção a demandas por mais eficiência e rapidez na execução das obras (cf. Willis, 2003, p. 2123; e, neste trabalho,

O CONTRATO EPC

mesma pessoa a concepção e a execução da obra, possibilita a celebração do contrato antes da finalização dos projetos. Como resultado, o construtor, com o preço estabelecido de antemão, enquanto prepara os desenhos da obra, já inicia sua construção, diminuindo o tempo total de implantação do empreendimento[56]. Essa redução de tempo ocorreria também por conta de uma contratação mais simples, já que há um único instrumento a ser celebrado[57]. Atualmente, estudos comprovam esse aspecto positivo do arranjo *design-build*, de redução do prazo total do empreendimento[58].

nota 49). Wermiel, 2006, p. 3308 e 3309, registra que coube aos contratados únicos (*general contractor*) criar o método de cobrança *cost-plus*, uma abreviação de *cost-plus-fee* (*i.e.*, pagamento de custos mais um percentual). Por ele, é possível começar a construção antes do término do projeto (*id.*). Há também uma maior possibilidade de colaboração entre o projetista e o construtor, já que este último não tem por objetivo simplesmente fazer a obra mais barata possível dentro das especificações (*id.*). É relevante notar que o *fast track*, portanto, não é exclusividade do *design-build*, mas pode ser atingido com o *cost-plus*. Citando, ainda, que o *fast track* pode ser efetuado por meio do contrato de gerenciamento (*project management*), v. Polotto, 2009, p. 118-119.

[56] O *design-build* teria surgido em resposta à tentativa de acelerar a construção de domicílios após a Segunda Guerra Mundial (*v*. Lupton, 2013, p. 5). Considerando o *fast track* um dos grandes atrativos do arranjo *design-build*, cf. Bruner; O'Connor, 2002, v. 2, p. 518. Sweet; Schneier, 2013, p. 374, enfatizam que o método tradicional toma muito tempo, sendo ainda difícil, em muitos casos, ter projetos inteiramente concluídos antes da fase construtiva. A vantagem de reduzir o tempo total de execução do empreendimento é indicada pela generalidade dos autores, como, por exemplo, Keating; Furst; Ramsey, 2001, p. 10; Peterson, 2007, p. 915; Wichern, 2004, p. 35; e Committee on Construction Law, 2003, p. 278.

[57] Cf. Committee on Construction Law, 2003, p. 278. Pelo arranjo tradicional, na melhor das hipóteses, teríamos dois contratos (projeto e construção), isso quando se contar com um contratado único para a fase de execução das obras.

[58] Sweet; Schneier, 2013, p. 378 e nota 103, indicam uma redução de 14% no tempo total de implantação do empreendimento. Os autores citam também levantamentos acerca das vantagens do *design-build* em termos de prazo (e preço) (*id.*). Ver também Bruner; O'Connor, 2002, v. 2, p. 518. Mais recentemente, estudos indicam que o método *design-build* confere um ganho significativo de prazo e reduz variações de tempo e custo de execução em grandes percentuais (v. Hale, Darren R. *et al*. Empirical Comparison of Design/Build and Design/Bid/Build Project Delivery Methods. **Journal Of Construction Engineering And Management**, [s.l.], v. 135, n. 7, p. 579-587, jul. 2009. American Society of Civil Engineers (ASCE). Disponível em: <http://dx.doi.org/10.1061/(asce)co.1943-7862.0000017>. Acesso em: 17 nov. 2016; Moore, Shawn D. **A comparison of project delivery systems on United States federal construction projects.** 1998. 119f. Dissertação (Mestrado em Engenharia) – The Pennsylvania State University, Pennsylvania, 1998; Konchar, M.D.; Sanvido, V.E. A comparison of US and UK project delivery systems. In: cib w55 & w65 joint triennial symposium, 1., 1999, Cape Town. **Customer**

CONTRATOS CHAVE NA MÃO (*TURNKEY*) E EPC (*ENGINEERING, PROCUREMENT AND CONSTRUCTION*)

Outra vantagem do método estaria em que, aliados aos construtores, os projetistas poderiam aproveitar as tecnologias mais avançadas detidas por estes, com ganhos de preço e prazo por conta da incorporação da experiência construtiva nos desenhos, além de viabilizar as contratações em que somente o construtor possua a capacidade para elaborar os projetos[59]. A presença do projetista, atuando em cooperação com o construtor, auxiliaria ainda a própria execução das obras, permitindo maior sinergia entre ambos, mormente nos habituais casos de alterações de escopo[60].

Quando empregado o regime de preço global, como é normal no arranjo *design-build*, o contratante se beneficiaria também de uma maior certeza no preço das obras, com menor probabilidade de mudança, uma vez que o principal fator de alteração costuma residir nas modificações de projeto, aqui concentrado no próprio contratado. Em tese, o contratante ainda se responsabiliza pelas informações e documentos que fornecer, mas as chances de modificação neles são inferiores, pois nunca terão o mesmo detalhamento presente no arranjo tradicional[61].

A última e talvez mais importante característica do *design-build*, pode-se dizer, encontra-se na criação do ponto único de responsabilidade (*single point of responsability*). Por esse método, há significativa concentração das atividades de implantação nas mãos do construtor, que passa a responder

Satisfaction: A focus for research & practice. Cape Town: Bowen, P. & Hindle, R, 1999. Disponível em: <http://www.irbnet.de/daten/iconda/CIB3495.pdf>. Acesso em: 23 jan. 2017.

[59] Cf. Wichern, 2004, p. 37. Keating; Furst; Ramsey, 2001, p. 10, ressaltam a viabilização dos empreendimentos em que o conhecimento técnico reside com o executor das obras. No mesmo sentido, Calabresi, 2009, p. 17. Uma das justificativas do *design-build* seria a intenção de incluir a experiência construtiva do empreiteiro na elaboração do projeto, avalia Lupton, 2013, p. 5. Referindo-se à possibilidade de projetos mais adequados para a construção em si e à criatividade na fase de projeto, ver, respectivamente, Committee on Construction Law, 2003, p. 278, e Peterson, 2007, p. 916. Para Sweet; Schneier, 2013, p. 374, em muitos casos, a mais avançada tecnologia construtiva não é detida pelos arquitetos e engenheiros, mas pelos construtores.

[60] Cf. Lenihan; Redmond, 1994, p. 4, para quem existirá redução de tempo por ter o contratado experiência em projeto e na construção, que são desenvolvidos em conjunto e com sinergia. Acerca da colaboração entre o projetista e o construtor e a maior sinergia entre ambos, ver, ainda, Willis, 2003, p. 2123.

[61] Cf. Bailey, 2011, p. 26. Ainda no sentido de que haverá mais certeza com relação ao preço, *v.* Wichern, 2003, p. 35 e 37. Para Lenihan; Redmond, 1994, p. 6, segunda parte, existirá menor abertura para alteração do preço, que somente ocorrerá na hipótese de as especificações técnicas mudarem (e, não, em caso de simples acréscimos não previstos).

O CONTRATO EPC

tanto pelos projetos como pela execução das obras. Diminui-se o número de contratos e de partes interagindo, para não dizer que são reduzidos ao mínimo, evitando-se dois dos grandes problemas do método tradicional: de um lado, desaparecem as frequentes reivindicações por conta de desenhos incorretos, incompletos ou extemporâneos; e, de outro, resolve-se a dificuldade de identificação do causador de eventuais vícios nas obras, que é mitigada ou eliminada[62].

1.3 Do *Design-build* ao *Turnkey*

1.3.1 *Turnkey*: Origem

Entendido o movimento de concentração de escopo e responsabilidades que vem pautando a evolução dos contratos de obra, cumpre agora conhecer as origens e o desenvolvimento dos chamados contratos chave na mão. Ainda que representasse um grande avanço em relação ao arranjo tradicional, o *design-build* não era o ponto final dessa reunião de atividades no construtor, que foi além, acrescendo-se, além dos projetos, toda e qualquer prestação que venha a ser necessária para que o empreendimento possa funcionar e operar normalmente. É assim que surge, também na primeira metade do século XX, na década de '30, nos Estados Unidos, o *turnkey*[63].

---

[62] Bailey, 2011, p. 25 e nota 123, sublinha ser o ponto único de responsabilidade a maior vantagem do *design-build*, com o registro de que o crescimento desse método alternativo de contratação deu-se não porque os construtores tenham condições de fazer melhores projetos do que arquitetos e engenheiros, mas para se ter uma única parte que responda por qualquer defeito de obra ou intercorrências (*v.g.*, atrasos). Citando o benefício de resolver os dois problemas, de pleitos contratuais e de identificação do responsável por defeitos, cf. Lenihan; Redmond, 1994, p. 5. Igualmente, Uff, 2011, p. 308; Sweet; Schneier, 2013, p. 374 e 378; e Hackett, 1998, p. 4. Referência à diminuição no número de pleitos é ainda feita por Committee on Construction Law, 2003, p. 278; e por Wichern, 2004, p. 35. O ponto único de responsabilidade é tratado também por Peterson, 2007, p. 915. Na doutrina nacional, cf. Bueno, 2012, p. 66.

[63] De acordo com Young, Stephen *et al.* **International market entry and development**: strategies and management. Hertfordshire: Harvester Wheatsheaf, 1989, p. 169, os contratos *turnkey* surgiram nos EUA, na década de 1930. No mesmo sentido, Hernandez Rodriguez, 2004, p. 173; Polotto, 2009, p. 46; e Cebriá, 2013, p. 1667. Também situando a origem nos EUA, mas sem precisar a data, Schneider, 1986, p. 338.

CONTRATOS CHAVE NA MÃO (*TURNKEY*) E EPC (*ENGINEERING, PROCUREMENT AND CONSTRUCTION*)

A compreensão do que constitua o contrato chave na mão é de suma importância para conhecer o contrato EPC, inclusive porque boa parte da doutrina equipara os dois ajustes e não enxerga diferenças entre eles[64]. A despeito de inexistir descrição uniforme para o *turnkey*, o seu conceito básico é o de que o contratado se obriga a entregar uma obra completa e pronta para o uso[65]. Por esse contrato, uma das partes fica incumbida de fornecer os trabalhos, quaisquer que sejam eles, e entregar o objeto avençado em operação e no preço combinado[66].

Paira dúvida se o chave na mão possuiria origem no mercado imobiliário, tendo depois rumado para a indústria de bens de capital, ou o oposto. Há quem explique que se tratava de contrato largamente utilizado no terreno das construções habitacionais americanas, a identificá-lo com o *design-build*, passando sua fórmula depois a ser adotada no domínio industrial e de infraestrutura, no período que sucede a Segunda Guerra Mundial, ante as necessidades urgentes dos países industrializados de aumentar seu parque fabril[67]. Para outros, o *turnkey* teria surgido, sempre nos EUA, entre os fabricantes de equipamentos da indústria de óleo e gás, a fim de aumentar seus negócios, e, em razão do sucesso experimentado, haveria se espalhado para outros setores e para o mercado internacional, notícia que aproximaria sua origem da compra e venda[68].

[64] Cf. neste Capítulo, seção 1.1.2.

[65] Essa a definição de *contratos llave en mano* de Polotto, 2009, p. 114. Também Schneider, 1986, p. 338, enfatiza o que no *turnkey* o contratado é responsável tanto pelos projetos como pela construção de uma instalação, registrando ser essa a definição mais aceita.

[66] Cf. Wöss, Herfired. The ICC model turnkey for major projects. **Construction Law International**. London, v. 3, n. 2, jun. 2008. Disponível em: <http://www.woessetpartners.com/backoffice/mana-ger/pdf/32.pdf>. Acesso em: 17 nov. 2016, p. 7.

[67] Essa a indicação de Boon; Goffin, 1987, p. 15.

[68] Cf. Young *et al.*, 1989, p. 169. Schneider, 1986, p. 338, por sua vez, não faz distinção, situando a origem dos contratos *turnkey* no setor imobiliário e na indústria de óleo e gás americanos. Polotto, 2009, p. 46, também noticiando o surgimento indistinto nesses dois setores, nos EUA, menciona que a adoção do contrato por fornecedores de equipamentos no setor de óleo e gás se deu pela necessidade de promover as vendas, diante da baixa circunstancial da demanda. Para Duncan Wallace, 1984, p. 433, o termo *turnkey* teria também origem nos EUA na indústria do petróleo e, até 1964, não possuía significado em nível internacional, e juristas europeus aparentavam considerar que possuía a conotação de treinamento e transferência de tecnologia após a conclusão das obras. Sobre o emprego do *turnkey* em âmbito internacional, *v.* seção 1.3.5, neste Capítulo.

Essa aproximação do *turnkey* à compra e venda, ainda hoje, pode-se verificar naquelas operações em que cabe ao contratado somente o fornecimento e a montagem de equipamentos eletromecânicos, excluídas as obras civis, muito embora os atuais contratos chave na mão, em sua maioria, sejam utilizados como arranjo global, incluindo a construção civil dos empreendimentos[69].

1.3.2 *Design-build* e *Turnkey*

De maneira semelhante ao *design-build*, nos contratos *turnkey* o construtor também fica obrigado e responsável pelos projetos da obra, motivo por que alguns autores consideraram não passar este ajuste da denominação norte-americana do *design-build*[70]. Nele, haverá também a possibilidade do *fast track* e a existência do ponto único de responsabilidade[71].

Na assunção de responsabilidade completa por projetos e sua execução, sugere-se encontrar o único aspecto no qual existe consenso generalizado acerca do conceito de *turnkey*[72]. Esse contrato se definiria como aquele em que, em troca de um preço, geralmente global, o contratado se obriga a construir e pôr em funcionamento a obra que ele próprio previamente

[69] *V.*, neste Capítulo, seção 1.1.2, especialmente nota 12. Sobre a qualificação desse tipo menos usado de *turnkey*, ver Capítulo 2, seção 2.3.3.

[70] Cf. Capítulo 1, seção 1.1.2. No sentido de que o *turnkey* é simplesmente a designação americana dada ao *design-build*, ver Duncan Wallace, 1986, p. 365. Entende esse autor que a expressão britânica *design-build* é menos ambígua, mas adota o termo *turnkey* em artigos sobre o tema por conta de seu uso internacional arraigado (*ibid.*, p. 434). Ainda assim, julga que o traço distintivo desses contratos seja a responsabilidade pelo projeto e pelas obras por parte do contratado, de onde considerar os dois tipos, *turnkey* e *design-build*, idênticos (*ibid.*, p. 433).

[71] *V.* Huse, 2013, p. 6 e 20, sobre a redução do prazo contratual no EPC e no chave na mão ante o emprego do *fast track*. Consoante explica o autor, usufrui-se, também no *turnkey*, das vantagens do ponto único de responsabilidade, notadamente por assumir o contratado a garantia de resultado, a qualidade dos projetos e a performance do empreendimento, o que não acontece quando um terceiro os elabora (*ibid.*, p. 18). Além disso, há o conceito de *fit for purpose*, pelo qual o contratado deve garantir o resultado mesmo se as especificações forem omissas, ao que se alia o menor número de pleitos, já que não há muitas interfaces a serem gerenciadas (ou melhor, o contratado é responsável por todas elas), bem como pela eficiência em descobrir erros com antecedência e projetos menos difíceis de serem executados (*ibid.*, p. 20). De acordo com Cebriá, 2013, p. 1673, os contratos chave na mão incluem entre as prestações do contratado o desenho da instalação, em conformidade com os termos contratuais e os acordos efetuados entre as partes.

[72] Nesse sentido, Hernandez Rodrigues, 2004, p. 174.

projetou[73]. Nele, além de toda a atividade material de execução, direta e indireta, necessária para execução do empreendimento, o contratado assumiria a integralidade das atividades intelectuais de engenharia[74].

Conquanto exista quem considere o *turnkey* um tipo puro de *design-build*, podemos encontrar no chave na mão uma evolução, um desdobramento, deste último, no sentido de concentrar maior responsabilidade nas mãos do construtor, pois caberá ao contratado entregar o empreendimento todo equipado, testado (comissionado) e pronto para uso[75]. Em caso de instalações industriais ou empreendimentos de infraestrutura que envolvam processamento, o contrato *turnkey* incluirá a aquisição e a instalação dos equipamentos e maquinário exigidos para operação da planta. A expressão chave na mão, assim, quer significar que o contratado assumirá todas as atividades necessárias para a colocação do empreendimento em funcionamento. Diferente do *design-build*, portanto, no *turnkey* há a responsabilidade de entrega da construção completa, equipada e operacional, bastando "virar a chave" para que tudo funcione[76].

É importante considerar que o traço distintivo do contrato *turnkey* não se encontra nas cláusulas, ainda que habituais, exigindo do contratado a execução de obras e o fornecimento de bens implícitos, sem alterações no preço. Esse tipo de condição pode estar presente mesmo quando o construtor não se responsabilize pela elaboração dos projetos[77]. O que diferencia o chave na mão é a obrigação explícita de o contratado responder pela execução global de um conjunto de prestações que façam o

---

[73] V. Hernandez Rodrigues, 2004, p. 174.

[74] Cf. Cebriá, 2013, p. 1674.

[75] Cf. Lenihan; Redmond, 1994, p. 3, que, entre os tipos possíveis de arranjo *design-build*, citam o puro, assim entendido o *turnkey*.

[76] Para Bailey, 2011, p. 37-38, há no *turnkey* uma avença na qual o contratado assume integral responsabilidade pelo projeto, construção, comissionamento e entrega de um bem, e o adimplemento é marcado no momento em que a chave pode ser virada e tudo estará pronto para o uso. O mesmo entendimento registram Bruner; O'Connor, 2002, p. 70, no sentido de que, até a chave ser virada, todas as obrigações e todos os riscos cabem ao contratado, devendo a instalação ser entregue completa (*v.* ainda, destes mesmos autores, 2002, v. 2, p. 507). Lupton, 2013, p. 6, explica que no *turnkey*, normalmente, praticado por preço global, o contratado projeta e constrói o empreendimento e o entrega totalmente equipado, testado e pronto para operar. No mesmo sentido, Cebriá, 2013, p. 1674; Huse, 2013, p. 365; e Sweet; Schneier, 2013, p. 373.

[77] Hernandez Rodriguez, 2004, p. 186. Sobre itens não explícitos, ver Polotto, 2009, p. 79.

O CONTRATO EPC

empreendimento tornar-se realidade, desde a fase de projeto até a conclusão do objeto contratual e seu perfeito funcionamento[78].

1.3.3 Transferência de Tecnologia

As diferenças entre o *design-build* e o *turnkey* são postas em relevo quando se emprega este último arranjo para obras industriais que englobem soluções de engenharia avançadas. Nesse caso, haverá no chave na mão transferência de tecnologia, não com a revelação dos processos sigilosos para que se replique o empreendimento, mas com a incorporação de recursos tecnológicos nos instrumentos e equipamentos necessários à operação das instalações[79]. No contrato *turnkey* estaria implícita a incorporação do conhecimento exigido à exploração da planta; um *plus* intelectual, constituído pelo saber tecnológico a que o dono da obra, mesmo sem dominar, poderá ter acesso e, mais importante, ter autonomia na sua utilização[80]. Nas hipóteses em que os equipamentos, os maquinários ou a instalação fabril têm peso muito grande no projeto ou incorporam tecnologia inédita e exclusiva, a opção pelo *turnkey* considerar-se-ia até inevitável[81].

Para garantir a referida autonomia na exploração da tecnologia adquirida, costumam integrar o *turnkey* obrigações como treinamento de pessoal, partida assistida das instalações, entrega de manuais de operação e manutenção, assistência técnica e fornecimento de sobressalentes. A despeito de existir quem aponte que essas atividades não seriam notas típicas desse tipo de contrato, pois podem constar de outras avenças celebradas para implantação de obras, a expressão "chave na mão" plasma a ideia

---

[78] Hernandez Rodriguez, 2004, p. 186 e 195.

[79] Enfatiza Bailey, 2011, p. 39, que o *turnkey* usualmente regula a construção de um bem que envolve tecnologia industrial protegida (patenteada), pelo que o contrato tratará de sua transferência. Também trata da alta tecnologia no *turnkey* Duncan Wallace, 1986, p. 401.

[80] Para Cebriá, 2013, p. 1673, 1676 e 1687, no *turnkey* estaria implícita a incorporação de um saber tecnológico e técnico necessário à operação do empreendimento, estando o contrato então marcado por um *"plus* intelectual", seja tecnologia, recursos técnicos ou experiência empresarial, a que o contratante terá acesso independentemente de prévio domínio.

[81] Cf. Duncan Wallace, 1986, p. 438. Ressalta o autor que, se não há projetistas disponíveis no mercado para determinado trabalho, como ocorre com a fabricação de maquinário de alta tecnologia, a necessidade de sua incorporação ao empreendimento acaba por impor a contratação do *turnkey* quando seu detentor somente aceitar transferi-la em um contrato que elabore os desenhos e execute os trabalhos construtivos (*ibid.*, p. 405-407).

de que o contratante operará as instalações por si mesmo, pelo que não poderiam ser consideradas eventuais nesse negócio[82].

Em suma, seguindo a tendência de concentração de atividades na pessoa do empreiteiro, para além da responsabilização do construtor pelos projetos da obra, o que já se havia alcançado com o *design-build*, constata-se no *turnkey* a introdução de outras prestações no contrato de obras, sobretudo aquelas ligadas ao provisionamento de todos os materiais, equipamentos e itens necessários para que a instalação atinja sua fase operacional, inclusive com a incorporação de tecnologia e de todos os conhecimentos envolvidos para regular exploração do empreendimento. A adição dessas novas prestações leva a se considerar este contrato um instrumento produtivo, de industrialização e de transferência de tecnologia[83].

1.3.4 *Turnkey*: Formas Extremas

Podem fazer parte do contrato *turnkey*, no que se define ser sua forma mais extrema, também a aquisição de terras onde se implantará o empreendimento e a assistência na obtenção de recursos para o projeto, quando não um pacote completo de financiamento[84]. Constituem estas, entretanto, prestações pouco usuais e que, embora listadas por alguns autores, não costumam fazer parte do *turnkey*, como se observa nas principais minutas-

---

[82] A opinião de que essas obrigações acessórias de treinamento, fornecimento de sobressalentes, *know-how*, ainda que comumente presentes no *turnkey*, podem estar presentes em outros contratos, como no arranjo tradicional, é de Ducan Wallace, 1986, p. 419-420. Contrariamente, Cebriá, 2013, p. 1673 e 1675, nota 19, explica que a necessidade de o contratante ser capacitado para operar o empreendimento, até como a própria designação do contrato chave na mão sugere, torna essas obrigações incorporadas ao tipo.

[83] Cf. Polotto, 2009, p. 104, para quem o contrato chave na mão é um instrumento produtivo e abarca duas facetas: a industrialização e a transferência de tecnologia.

[84] V. Sweet; Schneier, 2013, p. 374; e Lupton, 2013, p. 6. Relatam estes autores que a aquisição de terras e a obtenção de financiamento para as obras podem integrar o *turnkey*. Bruner; O'Connor, 2002, p. 70, consideram a compra da propriedade pelo contratado a forma mais extrema desse tipo de contrato (ver, ainda, destes autores, 2002, v. 2., p. 507). Ainda considerando uma das características do *turnkey* a aquisição de terra, inclusive a diferenciá-lo do EPC, o que o assemelharia ao *build to suit*, v. Kelley, Gail. S. **Construction Law**: an introduction for engineers, architects and contractors. New Jersey: Wiley & Sons, 2013, p. 47. Schneider, 1986, p. 339, indica, como um dos traços do *turnkey* o fato de, em regra, os contratantes exigirem do contratado pelo menos alguma assistência no financiamento do projeto ou até um pacote completo de financiamento.

-padrão desse contrato disponíveis no mercado. Nenhuma delas inclui tais obrigações entre as do contratado, salvo aquelas gerais de cooperação, do que se pode concluir não se reputarem típicas desse modelo[85].

1.3.5 Uso Internacional e Nacionalização

Com o *turnkey*, os arranjos contratuais do *common law* passam a ser adotados internacionalmente, e o que era antes uma forma de contratação anglo-saxã torna-se um padrão para exportação de serviços de engenharia, para depois ser usado também em ajustes locais. O modo como o *turnkey* vem empregado no mercado externo, com seu uso arraigado mundo afora, liga-se, acima de tudo, à sua feição de instrumento produtivo, em que o construtor assume a obrigação de entregar uma instalação completa, com tecnologia incorporada, e conferir ao dono da obra autonomia em sua operação.

Esse uso internacional inicia-se perto dos anos 1960 e, no fim dessa década, o chave na mão é encontrado em várias operações para promoção do parque industrial e da infraestrutura de países em desenvolvimento, primeiro no Leste Europeu e, em seguida, na África e na América do Sul. A partir da década de '70, o chave na mão considera-se já um verdadeiro instrumento de globalização, costumeiramente encontrado em projetos de grande porte, envolvendo infraestrutura, geração de energia e processamento industrial[86].

---

[85] A propósito, os modelos de EPC e *turnkey* mais importantes contêm cláusula em sentido oposto, permitindo ao contratado exigir que o contratante prove deter recursos financeiros suficientes ou arranjos com financiadores que garantam o pagamento do preço contratual, como é o caso daqueles editados pela FIDIC e pela CCI (cf. Huse, 2013, p. 122-123). Esses padrões, assim como o chamado *ENAA Model Form*, modelo pioneiro de *turnkey* editado pela Engineering Advancement Association of Japan, contam com cláusulas prevendo a obrigação do dono da obra de providenciar e dar acesso ao local das obras (*ibid.*, p. 115-116).

[86] Bailey, 2011, p. 38, indica um primeiro precedente no qual o termo é empregado, na Inglaterra em 1956; esclarece, porém, que não se tratava ainda de expressão com significado jurídico. Segundo Young *et al.*, 1989, p. 169, internacionalmente, os primeiros *turnkey* surgem em 1960. No fim dessa década, passam a ser usados em várias operações em países em desenvolvimento (*id.*). Com o aumento do preço do óleo na década seguinte ('70), viu-se a consagração do uso do *turnkey* na indústria petrolífera para a implantação de complexos industriais (*id.*). Para Hernandez Rodriguez, o emprego do chave na mão foi frequente nos anos '60 em países do Leste (Europeu) e nos anos '70 como importante instrumento para desenvolvimento industrial e tecnológico, principalmente nos países da OPEP. Sobre a trajetória internacional do *turnkey*, cf. Polotto, 2009, p. 46. A respeito dos projetos em que é

CONTRATOS CHAVE NA MÃO (*TURNKEY*) E EPC (*ENGINEERING, PROCUREMENT AND CONSTRUCTION*)

Tudo se passa como se a industrialização não dependesse de prévia conquista tecnológica, que é adquirida em conjunto com a planta industrial. O *turnkey* se mostra a escolha recomendável para contornar o problema de falta de conhecimento e saber fazer (*know-how*). Dada a carência de capacidade do receptor (Estado ou empresa em país de terceiro mundo), pode-se optar por operações globais, unindo a construção de unidades industriais e a aquisição da tecnologia necessária para a sua exploração. O contrato chave na mão figura, assim, como mecanismo de desenvolvimento e de transferência de tecnologia, mediante o qual os países em desenvolvimento podem aproveitar os próprios recursos naturais e promover a industrialização de sua economia. Por essa perspectiva, é que se diz serem os contratos *turnkey* o cimento (fundação) da infraestrutura industrial de países em desenvolvimento, sem que sejam necessários prévio conhecimento e capacidade tecnológica[87].

De grande relevância para a utilização do contrato chave na mão como mecanismo de investimento e de desenvolvimento foram os guias lançados pela Organização das Nações Unidas (ONU) para auxiliar a redação de contratos de implantação de obras industriais (nas décadas de 1950 e 1960) e pela *United Nations Commission on International Trade Law* (UNCITRAL), em 1987. Outros documentos foram ainda editados com esse propósito, como o "Guia para Grandes Trabalhos Industriais" da Comissão Econômica para Europa das Nações Unidas (UNECE), de 1973, e um documento

utilizado internacionalmente, ver Lupton, 2013, p. 6. Schneider, 1986, p. 338, relata que, na Grã-Bretanha de 1980, o termo já era empregado em uma variedade de relações contratuais, prevalecendo a incerteza quanto à precisa definição do *turnkey*.

[87] Cf. Hernandez Rodriguez, 2004, p. 165, 167 e 173 (nota 39). No mesmo sentido, Hernando Cebriá, 2013, p. 1667, segundo o qual o *turnkey* foi usado como meio para o investimento em países em desenvolvimento. De acordo com Duncan Wallace, 1986, p. 419, em países em desenvolvimento é natural que não exista a tecnologia a ser implementada com o projeto. A falta dela faz com que seja difícil conseguir consultores locais para a implantação do projeto (*id.*). Daí o cabimento de operações globais, com o projeto e outras prestações após a conclusão dos trabalhos de construção, como treinamento dos futuros operadores, fornecimento de peças de reposição (sobressalentes), fornecimento contínuo de *know-how*, licenças de patente ou outras tecnologias. Ainda acerca do uso do *turnkey* em países em desenvolvimento, *v.* Schneider, 1986, p. 339; Calabresi, 2009, p. 44; e Blakeney, Michael. **Legal aspects of the transfer of technology to developing countries**. Oxford: Esc Publishing, 1989, p. 43.

técnico de 1983, também da ONU, especialmente voltado para o uso de contratos *turnkey* em países em desenvolvimento[88].

Logo ficou evidente, no entanto, que sem conhecimentos tecnológicos prévios do receptor o *turnkey* era insuficiente para aquisição de uma maior capacidade industrial, e, assim, o emprego desse contrato como instrumento de desenvolvimento, relata-se, fracassou e foi abandonado[89]. Isto porque a assistência técnica e mesmo o treinamento após a obra eram obrigações residuais e não garantiam propriamente a capacitação do receptor[90]. Da mesma forma, o só fato de o dono da obra ter acesso aos projetos também não. Em tudo isso, haveria certa transferência de tecnologia, é inegável, mas somente dela tiraria proveito quem já possuía capacidade técnica. Por essa razão, a despeito de ter sido acolhido em diversos países em desenvolvimento, afirma-se ser o chave na mão um meio inconcluso de aquisição de tecnologia, pois o seu aproveitamento depende de estar preparado para tanto o contratante receptor[91].

O fracasso da realização desses fins desenvolvimentistas, contudo, não fez declinar o uso dos contratos *turnkey*, que se consolidou no meio da construção internacional, em especial pelos benefícios que a maior concentração de responsabilidade produz e a facilidade de obtenção de financiamento das obras, como veremos a seguir[92]. Ao lado disso, o chave na mão, já acolhido em diversos países em desenvolvimento, sofre um processo de nacionalização, com a especialização produtiva e tecnológica que marca os

---

[88] Sobre os documentos de entidades internacionais em prol do desenvolvimento, ver Cebriá, 2013, p. 1672; e Hernandez Rodrigues, 2004, p. 165 e ss.

[89] Cf. Hernandez Rodrigues, 2004, p. 167. Blakeney, 1989, p. 45, relata a pouca possibilidade de desenvolvimento da capacidade tecnológica local quando o contratado seja responsável pela integralidade da implantação do empreendimento, como no *turnkey*.

[90] V. Hernandez Rodrigues, 2004, p. 183.

[91] Cf. Polotto, 2009, p. 46 e 66. Cebriá, 2013, p. 1677-1678, registra que o *turnkey* não serve como panaceia para todos os males, pois pode dar origem a posteriores controvérsias sobre a utilização dos equipamentos pelo pessoal do contratante carente de capacitação técnica. A ligação com a empresa fornecedora ou contratada, alerta, poderia criar dependência com relação à reposição de peças, atualização de tecnologia ou manutenção da planta (*id.*). Sobre as inconveniências do *turnkey* como instrumento de desenvolvimento, ver também Rubino-Sammartano, 2006, p. 706.

[92] Cf. Hernandez Rodrigues, 2004, p. 183.

tempos modernos e com o movimento de levar as empresas de engenharia construtivas a assumir cada vez mais obrigações[93].

A tecnologia passou a fazer parte também do panorama interno do mercado da construção e a favorecer a concentração de atividades e uma gestão global do empreendimento[94]. No âmbito do desenvolvimento industrial e da própria infraestrutura nacional, então, o contrato *turnkey* torna-se um dos principais mecanismos para potencializar investimentos e conferir segurança jurídica aos operadores econômicos[95].

1.3.6 *Turnkey* como Modalidade de *Design-build*

Pelas características expostas, verifica-se constituir o *turnkey* em aperfeiçoamento e até superação do *design-build*, ao mesmo tempo em que se considera um instrumento produtivo, de industrialização e de transferência de tecnologia. Daí parecer mais correto ser entendido como modalidade, aperfeiçoamento do *design-build*, ou melhor, como contrato nele baseado[96]. Neste trabalho, portanto, a designação *turnkey* ficará reservada àqueles contratos *design-build* em que se deseje, ao final, contar com uma instalação equipada e em funcionamento, ou seja, um tipo avançado de *design-build*.

---

[93] Segundo Polotto, 2009, p. 47-48, a atual complexidade das obras, a imponência das estruturas por realizar, a alta tecnologia e as dimensões cada vez maiores dos empreendimentos exigem prestações especializadas e integração de competências entre os setores de engenharia, arquitetura, construção e urbanismo. O autor também aponta a nacionalização do chave na mão (*ibid.*, p. 47-48). Acerca da acolhida no mercado interno dos países em desenvolvimento, ver Rubino-Sammartano, 2006, p. 707. Consoante explica Huse, 2013, p. 497, a eficiência e a produtividade do empreendimento normalmente irão exigir o emprego de tecnologia e de *know-how* desde a concepção do projeto até a sua execução (construção).

[94] *V.* Reig Fabado, Isabel. **El contrato internacional de ingeniería.** Valencia: Tirant lo Blanch, 2008, p. 63.

[95] Cf. Cebriá, 2009, p. 1667.

[96] Na doutrina nacional, *v.* Bueno, 2012, p. 62. Entre os estudos estrangeiros, Bruner; O'Connor, 2002, p. 70, e Lupton, 2013, p. 6, consideram o *turnkey* uma modalidade ou uma variação do *design-build*. Sobre ser o *design-build* a base do chave na mão, mas que este tem substância própria, ver Polotto, 2009, p. 66. Cf., ainda, Uff, 2013, p. 267, com o entendimento de que haveria uma reciclagem do *design-build*. O próprio Duncan Wallace, 1986, p. 433, que defende serem idênticos o *design-build* e o *turnkey*, registra que os primeiros dicionários americanos a definir o verbete indicam, sem muita propriedade técnica, que a característica principal estaria na entrega de um empreendimento completo e pronto para uso.

1.4 Do *Turnkey* ao EPC

1.4.1 *Project Finance*

Todas as peculiaridades do *design-build*, como o ponto único de responsabilidade, e também do *turnkey*, um ajuste global para a integral implantação do empreendimento, estão presentes no contrato EPC, que reúne, no contratado, as atividades de projeto, fornecimento de todos os materiais e equipamentos e a construção das obras, havendo a incorporação de tecnologia, caso se lide com soluções avançadas de engenharia, e os meios necessários para que o dono da obra opere o empreendimento de forma autônoma. Essa a razão pela qual, como mencionado inicialmente, o *turnkey* e o EPC podem-se considerar um único tipo de contrato[97]. Não obstante, é possível efetuar alguma distinção entre ambos os modelos, para o que se necessita compreender o ambiente em que o EPC surge, ligado à nova forma de executar obras de infraestrutura, não mais assumidas pelo Poder Público, mas, sim, pelos particulares.

A partir das décadas de 1960 e 1970, passa a vigorar internacionalmente a tendência de viabilizar empreendimentos não somente sem prévio conhecimento tecnológico, mas também sem o capital necessário, recorrendo-se a financiadores dispostos a prover os recursos para sua construção[98]. Essa tendência foi incrementada com as crises do petróleo em '70 e '80, que tornaram imprescindíveis elevadas somas de recursos financeiros para implantação de novas plantas de extração e processamento, em que se investia toda a capacidade e tecnologia de engenharia existente[99]. Hoje, a mesma tendência é potencializada com o movimento de substituição do

---

[97] Cf. neste Capítulo, seção 1.1.2.

[98] Consoante explicam Boon; Goffin, 1987, p. 16, o desenvolvimento de plantas industriais de grande porte e de empreendimentos de infraestrutura depende, em primeiro lugar, da acumulação do capital para realização dos investimentos correspondentes, capital esse que demorou a ser reunido nos países desenvolvidos. Naqueles países em que havia demanda de industrialização e de infraestrutura, cria-se, então, a necessidade de adquirir tecnologia e explorar os recursos naturais, mesmo sem o prévio acúmulo de capital, devendo os valores para implantação do empreendimento ser obtidos de sua própria exploração, pelo menos em parte (*id.*).

[99] Cf. Boon; Goffin, 1987, p. 16.

CONTRATOS CHAVE NA MÃO (*TURNKEY*) E EPC (*ENGINEERING, PROCUREMENT AND CONSTRUCTION*)

Poder Público na implantação de infraestrutura[100]. Assim, a construção de grandes obras, antes baseada em uma contratação pelo método tradicional e com recursos do contribuinte, passa a ser custeada pelos próprios particulares, em regime de concessão, objetivando o retorno dos investimentos, ou seja, lucro[101].

Com a necessidade de inversão de recursos financeiros muitas vezes não disponíveis para construção de plantas industriais e empreendimentos de expressiva dimensão, parte-se para modelos chamados de *project finance*, que podem ser conceituados como "projetos (auto)financiados". A esse tipo de contrato recorrem os concessionários de obras públicas e aqueles que irão desenvolver obras industriais[102]. Os empreendimentos têm, então, de gerar seu próprio capital, ao menos em parte, devendo ser financeira e economicamente viáveis de forma independente, a fim de pagar os financiadores e ainda prover benefício econômico aos desenvolvedores[103].

[100] A tendência internacional de substituir a implantação de infraestrutura pelo Poder Público, baseada na contratação pelo método tradicional, por um regime de concessão é descrita por Sandberg, Agne. A contractor's view on FIDIC conditions of contract for EPC turnkey projects. **The International Construction Law Review** (ICLR), London, v. 16, n. 1, jan. 1999. Disponível em: <http://oldwebsite.fidic.org/resources/contracts/icla_v16/sandberg. html>. Acesso em: 17 nov. 2016, p. 1. Segundo Le Goff, 2000, p. 1, internacionalmente, há ainda uma onda de liberalização de certas economias, sobretudo na Ásia e na América Latina, no setor elétrico, onde a desregulação e a privatização permitiram a entrada de produtores independentes no mercado, daí a criação de um número significativo de projetos de construção de usinas financiadas com recursos privados em países em desenvolvimento.

[101] *V.* Sandberg, 1999, p. 1.

[102] Uff, 2013, p. 3, relata a mudança de paradigma dos projetos que passam a "projetos financiados" (*project finance*), assim entendida a concessão que o dono da obra dá a terceiros para construir, deter, operar e depois transferir (chamada de *build, own, operate and transfer* – BOOT ou *build, operate and transfer* ou PFI – *Private Finance Initiative*). No sentido de ser o recurso a financiamentos a tendência, sentida tanto em obras públicas como em obras particulares, ver Wade, Christopher. The silver book – The reality. **International Construction Law Review**, London, v. 18, n. 3, jan. 2001. Disponível em: <http://fidic.org/sites/default/files/THE%20 SILVER%20 BOOK%20Re-ply.pdf>. Acesso em: 17 nov. 2016.

[103] Consoante explica Huse, 2013, p. 43 e 45, em um modelo de *project finance*, os financiadores entendem que os ativos e a sua geração limitada de recursos são as fontes para o pagamento da dívida. Só subsidiariamente se recorreria aos bens dos proprietários (sócios) do negócio, o que exige dos financiadores garantias de o próprio empreendimento ser financeiramente capaz de gerar recursos disponíveis para quitar o empréstimo (*id.*). A respeito do *project finance*, consulte-se, na doutrina nacional, Toledo da Silva, 2012, p. 22; Bueno, 2012, p. 63; Marcondes, 2012, p. 127; e, detidamente, Pinesi, Paulo Henrique Signori. **O regime jurídico do contrato de EPC (Engineering, Procurement and Construction) no financiamento de**

O CONTRATO EPC

No regime de concessão ou de projeto financiado, o contrato de implantação do empreendimento torna-se de extrema importância, pois configura o meio de obter o principal ativo do projeto. O seu preço representa, não raro, o maior investimento a ser feito, e a construção da obra o principal ponto de risco para o sucesso do negócio[104]. Dada essa importância, investidores e financiadores prestam especial atenção no ajuste a ser celebrado, havendo até casos em que a alocação de riscos é definida pelas próprias instituições financeiras responsáveis por prover os recursos para as obras[105].

É nesse contexto que se intensifica o uso dos contratos *turnkey*. Com um instrumento que englobe todas as prestações e concentre a integral responsabilidade na figura do contratado, confere-se maior segurança de que a obra será concluída no preço e no prazo estipulados, atingindo a qualidade e a performance esperadas[106]. Quanto melhor o contrato, mais

projetos **(Project Finance).** 2015. 120f. Dissertação (Mestrado em Direito) – Universidade de São Paulo, São Paulo, 2015. Igualmente, Nunes Pinto, José Emilio. O contrato de EPC para construção de grandes obras de engenharia e o novo Código Civil. **Revista Jus Navigandi**, Teresina, ano 7, n. 55, 1º mar. 2002. Disponível em: <https://jus.com.br/artigos/2806>. Acesso em: 22 out. 2015, item 3.

[104] Cf. Cazalet, Bruno de; Reece, Rupert. The new FIDIC EPC BOT Contract. **Project Finance International**, London, v. 180, n. 1, nov. 1999. Disponível em: <http://fidic.org/sites/default/files/The%20new%20FIDIC 20EPC%20BOT%20contract.pdf>. Acesso em: 17 nov. 2016. Para os autores, a viabilidade da concessão e o seu sucesso econômico, isto é, a possibilidade de as taxas cobradas garantirem retorno ao investimento, dependem muito de o preço do contrato das obras manter-se inalterado ou ao menos que se limite às hipóteses de sua alteração.

[105] *V.* Cazalet; Reece, 1999; e Toledo da Silva, 2012, p. 19. Segundo Huse, 2013, p. 50-51, o modo de alocação de riscos no contrato das obras é estabelecido prioritariamente pelos financiadores em um *project finance*. As exigências sobre o contratado diminuem se houver garantia por parte dos proprietários da nova instalação quanto a aumentos de custo da obra ou falta de receita da instalação por atrasos na sua conclusão (*id.*). Quando essa assunção de risco não é efetuada pelos proprietários da instalação, os financiadores exigirão que esses riscos sejam cobertos por meio de contrato de obras com maior rigidez (*id*).

[106] Cf. Sandberg, 1999, p. 1, enfatiza a limitação de capital para investimento e a necessidade de ser lucrativo, ao contrário do projeto público, razão pela qual se exige um contrato que tudo englobe, justo para conferir maior segurança aos contratantes. Ver Wade, 2001, p. 4, acerca das diferentes exigências para se ter um projeto com recursos públicos e com financiamento privado, em que os financiadores demandam que o empreendimento seja financeiramente viável de forma independente e que haja segurança de retorno financeiro. Para utilização do *turnkey*, sobretudo nessa fase em que o Poder Público concede à iniciativa privada a operação de uma infraestrutura cujos investidores e financiadores têm interesse em ver construída com um único ponto de responsabilidade, em que todos os riscos são alocados ao contratado, cf. Calabresi, 2009, p. 28-29.

garantia haverá em relação ao sucesso da concessão e à possibilidade de quitação do financiamento[107], e o *turnkey*, como modalidade de *design-build*, oferece garantias adicionais ao concentrar, na mesma pessoa, a integral responsabilidade por entregar o empreendimento em fase operação, pois diminui a probabilidade de intercorrências a serem administradas pelo contratante[108]. Daí se dizer que tanto o *design-build* como o *turnkey* são usualmente empregados e preferidos em casos de concessão e de projetos financiados, conferindo maior certeza a investidores e financiadores quanto à conclusão das obras[109].

1.4.2 EPC e Aleatoriedade

Apesar das maiores garantias que um ajuste global do tipo *turnkey* traz para os investidores de um projeto, julga-se não serem elas suficientes em um ambiente de financiamento. A necessidade de ter um empreendimento autossuficiente do ponto de vista econômico, permitindo o pagamento dos financiadores e a obtenção de lucro, demandaria novas condições, não exigidas, por exemplo, em contratos chave na mão de infraestrutura com

---

[107] Cf. Cazalet; Reece, 1999, p. 1.

[108] Cf. Huse, 2013, p. 6. Consoante explicação do autor, no *turnkey* também há as vantagens do ponto único de responsabilidade, notadamente pelo fato de o contratado assumir a garantia do resultado, a qualidade dos projetos e a performance do empreendimento, o que não se dá quando um terceiro os elabora (*ibid.*, p. 18). Além disso, há o conceito de *fit for purpose*, no sentido de que o contratado deve garantir o resultado, mesmo se as especificações forem omissas, ao que se alia, ainda, o menor número de pleitos, já que não há muitas interfaces a serem gerenciadas, ou melhor, o contratado é responsável por todas elas (*id.*). Por outro lado, conta-se com a eficiência em descobrir erros com antecedência e projetos menos difíceis de serem executados (*ibid.*, p. 20). Na doutrina nacional, *v.* Toledo da Silva, 2012, p. 23.

[109] Sobre a preferência pelo arranjo *design-build* em empreendimentos financiados (*project finance*), ver Uff, 2013, p. 308. Quanto à preferência pelo *turnkey*, cf. Bailey, 2011, p. 38. Huse, 2013, p. 49, também afirma que os financiadores, exigindo certeza da exposição e procurando retirar os riscos da construção do contratante financiado, exigem o uso de um contrato *turnkey*, com preço global, em que seja atribuído ao contratado toda responsabilidade e riscos inerentes à construção. Ainda, indica Huse que financiadores como o Banco Europeu para Desenvolvimento e Reconstrução, regra geral, exigem a adoção de um contrato chave na mão por preço global, ante o argumento de que o ponto único de responsabilidade e o preço global diminuem os riscos de não conclusão e dão maior certeza à exposição financeira (*ibid.*, p. 19-20).

recursos públicos[110]. Enquanto o Poder Público, como principal desenvolvedor da infraestrutura, atua sem visar lucro e possui maior facilidade de obter recursos adicionais do contribuinte, para os investidores em um regime de concessão, a certeza no preço final se revela essencial ao negócio, que não se viabiliza monetariamente se houver necessidade de aportes maiores do que o previsto[111].

Depois de atribuídas ao construtor praticamente todas as atividades de implantação do empreendimento, busca-se agora que ele responda por maiores riscos, de modo a proteger ao máximo o contratante (e os financiadores) e eliminar, tanto quanto possível, variações no preço e no prazo, ou a falta de desempenho das obras. O contratado, em vista disso, é chamado a assumir não só uma avença que tudo englobe, como no *turnkey*, mas um ajuste com riscos agravados, surgindo, assim, o EPC[112]. O preço e o prazo imutáveis seriam exigências de mercado, e o EPC a resposta às tendências de desenvolvimento de instalações e de infraestrutura por meio de projetos financiados (*project finance*), representando uma evolução dos contratos chave na mão, com todas as suas prestações, mas diferente alocação de riscos[113].

---

[110] Le Goff, 2000, p. 1, explica que a implantação de infraestrutura no regime de concessão demandaria condições específicas de contrato, que não seriam exigidas em contratos *turnkey* de infraestrutura com financiamento público.

[111] Registra Wade, 2001, p. 4, que os requisitos para se ter um projeto com financiamento ou recursos privados são diferentes daqueles que contam com recursos públicos. Os financiadores privados exigem que o empreendimento seja financeira e economicamente viável de forma independente e que haja segurança de retorno financeiro por parte do projeto (*id.*). Se houver um acréscimo dos custos orçados, as contas não serão sustentáveis, o mesmo valendo para o tempo da obra (*id.*).

[112] Segundo Sandberg, 1999, p. 1, o limite de capital para o investimento exige um contrato que tudo englobe e inclina-se a uma natural assunção de maiores riscos pelo contratado, de forma a garantir que, afinal, haja um retorno financeiro dos recursos aportados ao projeto (ao contrário do que se passa com o projeto público). Daí a criação do EPC, decorrente da tendência internacional de substituir a implantação de infraestrutura pelo Poder Público, baseada em um esquema de concessão com financiamento privado (*id.*). Cazalet; Reece, 1999, p. 2, também anotam que, no ambiente voltado para concessão, o contratado é chamado a assumir riscos adicionais.

[113] Sobre o preço e o prazo imutáveis como exigência de mercado, ver Hosie, 2007, p 2. Huse, 2013, p. 39 e 52, afirma que o EPC seria um contrato efetuado para projetos financiados ("*project finance construction contract*"). Goff, 2000, p. 1, concorda com essa afirmação. Na doutrina nacional, considerando o EPC uma clara preferência dos financiadores, ver Toledo da Silva, 2012, p. 22-23; Nunes Pinto, 2002, itens 12 e 34; e Lopes Enei, José Virgílio. A atividade de

Essa evolução encontra-se retratada fielmente nas minutas-modelo da *Fédération Internationale des Ingénieurs Conseils* (FIDIC) editadas a partir dos anos 1990. Com a popularidade do chave na mão, empregado mundialmente, referida entidade, que até então elaborara padrões contratuais para execução de obras civis e obras eletromecânicas, mas sob o arranjo tradicional, lança, em 1995, seu primeiro modelo *turnkey*, abrangendo todas as atividades para entrega de um empreendimento completo e em operação, todavia ainda sem o agravamento de riscos do EPC[114]. No final da década de '90, novos modelos são desenvolvidos com significativa alteração de estrutura. Doravante, não mais são pautados no tipo de obra (obras civis ou eletromecânicas) e, sim, no arranjo contratual: tradicional, *design-build* e EPC-*turnkey*[115].

Elaborado por um time de engenheiros consultores de diversos países, ou seja, uma avença sem origem imediata no *common law*, mas internacional, o modelo EPC – criado pela FIDIC – traz nova e especial alocação de riscos[116].

construção em grandes projetos de infraestrutura no Brasil e o contrato de aliança: evolução ou utopia? In: Toledo da Silva, Leonardo da *et al.* (Org.). **Direito e Infraestrutura**. São Paulo: Saraiva, 2012, p. 110.

[114] O modelo *turnkey* de 1995 da *Fédération Internationale des Ingénieurs Conseils* (FIDIC) possui a alcunha de *"orange book"* e a designação oficial de *"Conditions of Contract for Design-Buid and Turnkey"*, reputando-se o primeiro modelo dessa instituição sem o arranjo tradicional (cf. Huse, 2013, p. vii; e Nisbet, 2003, p. 30). Os modelos FIDIC eram baseados no tipo de trabalho (obras civis – *"red book"*; obras eletromecânicas – *"yellow book"*), com os projetos sempre fornecidos pelo dono da obra (*v.* Huse, 2013, p. 31). Em tal *"orange book"*, relata Sandberg, 1999, p. 7, o contratado deveria, depois de celebrada a avença e antes de começar os trabalhos, notificar a existência de erros eventualmente encontrados nas especificações e nos desenhos do contratante, o que ensejaria revisões de preço e prazo. No atual EPC, o empreiteiro é privado desse direito, como se verificará adiante. Em idêntico sentido, ver Huse, 2013, p. 221.

[115] Cada um desses modelos recebe uma cor, como os anteriores, mas agora em função do tipo de arranjo contratual. O método tradicional é objeto do livro vermelho (*"red book"*); o *design--build*, do livro amarelo (*"yellow book"*) e o EPC-*Turnkey*, do livro prateado (*"silver book"*), não importando mais o tipo de obra a ser executada, civil, eletromecânica, imobiliária (*building*), industrial ou de infraestrutura (*engineering*). Ressaltando a mudança de critério da FIDIC, cujos modelos passam a se pautar não mais pelo escopo (obras civis ou eletromecânicas), mas sim pelo tipo de arranjo (*design-bid-build* e *design-build*), cf. Bunni, Nael G. **The FIDIC Forms of Contract**. 3. ed. Oxford: Blackwell, 2005, p. 488. Sobre a diferença entre *engineerig* e *building*, ver, neste Capítulo, seção 1.2.1. As novas edições dos contratos FIDIC de 2017 mantêm a mesma divisão, pelo tipo de arranjo e não pelo tipo de obra.

[116] Segundo noticia Wade, 2001, p. 6, o comitê incumbido da preparação dos contratos FIDIC em 1999, incluído aí o EPC, foi composto de um único advogado, vale dizer, trata-se de um contrato feito por engenheiros. Esse panorâma não mudou siginificativamente com a edição

O CONTRATO EPC

Por conta da tendência de financiamento de projetos, relacionada à concessão de obras de infraestrutura, incluem-se duas condições direcionadas a dotar o dono da obra de maior certeza de que preço e prazo não serão majorados[117].

A primeira das mencionadas condições consiste na exigência de que o contratado se responsabilize pela acuidade dos dados, informações e até projetos iniciais apresentados pelo contratante[118]. Além disso, insere-se no EPC uma segunda condição especial, a assunção de riscos imprevisíveis, em relação, por exemplo, à materialização de condições geológicas não detectadas ou não detectáveis pelas partes[119]. Com esses agravamentos de riscos, objetiva-se fechar ainda mais as portas para eventuais excludentes de responsabilidade pela falta de desempenho ou funcionalidade do empreendimento, o que se daria com o construtor apontando que as falhas derivam dos dados de origem recebidos do dono da obra, ao mesmo tempo em que se elimina a possibilidade de acréscimos de preço ou de prazo com fundamento em situações não previstas inicialmente pelas partes[120].

das novas versões FIDIC em 2017, que contaram sobretudo com engenheiros entre os redatores, ainda que um número de advogados maior tenha sido consultado ao longo da preparação das minutas-modelo (cf. EPC/Turnkey Contract 2nd Ed '2017 Silver Book', cit.). As minutas FIDIC, assim, reputam-se ainda textos da autoria de engenheiros.

[117] O modelo de *turnkey* da FIDIC até então, como reportado notas atrás, era o *"orange book"*, que não continha a alocação de risco agravada presente no modelo EPC.

[118] Sandberg, 1999, p. 2 e 7, explica que a grande diferença no que se refere ao projeto, em relação ao modelo *design-build* da FIDIC (*"yellow book"*) e sua minuta-padrão de EPC-*turnkey* (*"silver book"*), reside em que, no primeiro, há a obrigação de eventualmente concluir o projeto do contratante (se algum), mas não de assumir erros nesses projetos; enquanto no segundo essa responsabilidade existe, devendo o contratado checar e responder por erros nos documentos fornecidos pelo dono da obra. Henchie, 2004, p. 4, considera típico do EPC, criado para atender projetos financiados por fundos privados, em que o financiador exige maior certeza sobre o custo e o prazo do empreendimento, a correção dos projetos e das informações recebidas do contratante. Sobre a necessidade de garantir os dados do próprio contratante, ver, ainda, Huse, 2013, p. 38 e 219, e Toledo da Silva, 2012, p. 26, que registra a obrigação de o contratado validar os projetos recebidos para executar a obra.

[119] Goff, 2000, p. 2, indica, entre as cláusulas especiais do EPC (que o diferenciariam dos *turnkey* em geral), a alocação de riscos de imprevistos geológicos, de modo a tornar o preço e o prazo o mais correto possível. No mesmo sentido, Sandberg, 2000, p. 2-3, e Henchie, 2004, p. 3-4, concordam que a assunção de riscos imprevisíveis é uma característica do EPC, aí incluídos os geológicos.

[120] Conforme explica Huse, 2013, p. 53-55, instituições financeiras, agindo na qualidade de financiadores em um projeto de infraestrutura, geralmente exigem um ponto único de responsabilidade para a concepção e construção das obras, com preço global para assegurar a certeza do preço final, e a assunção de risco de variações de preço, pela falta de performance do

Segundo registra a doutrina especializada, tais condições agravadas – uma inovação se comparadas com os contratos *design-build* ou *turnkey* – desconsideram o princípio fundamental dos contratos equilibrados, em que cada parte assume os riscos sobre os quais tem mais controle[121]. De fato, minutas-padrão *turnkey*, como aquelas recentemente editadas pela Câmara de Comércio Internacional (CCI) e pelo *Organisme de Liaison des Industries Métalliques Européennes* (ORGALIME), não preveem aquelas condições especiais de alocação de risco[122]. Nelas, o dono da obra, e não o construtor, é quem assume riscos imprevisíveis que alterem os trabalhos, como também eventuais alterações necessárias para fazer frente a erros em suas próprias informações e projetos[123].

No modelo EPC, a assunção desses riscos específicos traz como consequência um elemento de aleatoriedade ao ajuste, a ponto de a própria entidade que elaborou seu principal modelo sugerir a restrição de sua utilização aos casos em que o dono da obra esteja disposto a pagar um valor

próprio projeto, assim como de condições imprevistas que tragam atrasos e custos adicionais. É comum, diz o autor, financiadores de uma concessão demandarem que um contrato EPC seja utilizado para construção do empreendimento (*ibid.*, p. 8 e 10).

[121] Sandberg, 1999, p. 3 e 4, considera o EPC, ao menos aquele editado pela FIDIC, um *design-build*, apenas com maiores riscos transferidos ao contratado. Para Bunni, 2005, p. 581, o EPC distingue-se por uma desbalanceada alocação de riscos, com a transferência de ampla variedade deles ao construtor contratado.

[122] Segundo Wöss, 2008, p. 8, o modelo de *turnkey* da *International Chamber of Commerce* (ICC), datado de 2007 e designado *Model Turnkey for Major Projects*, estipula que o contratado não é responsável por erros nos projetos e informações recebidos do contratante. Erros nos dados informados pelo contratante podem ensejar variação de preço e prazo em benefício do contratado (*ibid.*, p. 9). De fato, segundo prevê o modelo da ICC, salvo em caso de culpa do contratado, mudanças nos trabalhos provocarão ajuste de preço (cf. *Model Turnkey for Major Projects*. Cláusula 35). O mesmo se passa com o modelo de *turnkey* editado pela Orgalime, de 2003, que não onera o contratado com os riscos financeiros de uma variação ou correção das exigências do contratante para assegurar o desempenho das instalações. Ao contrário, variações de extensão e tipo que não poderiam ser previstos ficam de fora das responsabilidades financeiras do contratado (cf. Organisme de Liaison des Industries Métalliques Européennes-Orgalime, *cit.*, [s.d.]). No mesmo sentido, quanto à alocação de riscos no modelo Orgalime, *v.* Henchie, Nick. The Orgalime Turnkey Contract for industrial works: An alternative to Fidic's Silver Book? **The International Construction Law Review** (ICLR), London, v. 21, n. 1, p. 67-82, jan. 2004. Disponível em: <http://docslide.us/documents/article-differences-fidicorgalime.html>. Acesso em: 17 nov. 2016, p. 16.

[123] O modelo *turnkey* da ENAA – *Engineering Advancement Association of Japan*, chamado de *International Contract for Process Plant Construction (Turnkey Lump-sum Basis)*, de 2010, também não possui a mesma alocação agravada de riscos que o EPC (*v.* Huse, 2013, p. 222).

O CONTRATO EPC

adicional em contrapartida à cobertura de incertezas que o contratado efetua[124]. Seria essa cobertura extraordinária de riscos o grande diferencial do EPC frente aos demais arranjos contratuais praticados até então e que se constituiria mais um passo adiante na concentração de responsabilidades na pessoa do contratado.

1.4.3 *EPC* como *Turnkey* de Riscos Agravados

Como ressaltado desde o início, parte da doutrina julga não existir diferenças relevantes entre os contratos *turnkey* e EPC, utilizando as expressões até como sinônimos. Se alguma distinção pode ser feita entre esses dois modelos, encontra-se no fato de o EPC ter sido elaborado para o âmbito de financiamento de projeto, a exigir maior certeza quanto ao atendimento de preço, prazo e desempenho ajustados. Na assunção de riscos adicionais e na eventual aleatoriedade daí derivada, pode-se dizer, encontra-se singular característica do EPC, a diferenciá-lo do *design-build* e – ao menos para fins operativos – até do *turnkey*. Essa nova característica faz do EPC não um contrato diferente dos modelos retrocitados, mas evolução deles, contendo todas as suas características com um *plus* de agravamento de riscos. Será essa a noção adotada neste trabalho para diferenciar o EPC dos demais contratos que serviram de base para o seu desenvolvimento.

Ainda que as condições do modelo EPC tenham sido elaboradas inicialmente para trabalhos em ambientes de financiamento de projeto, é certo que esse modelo ganhou popularidade, haja vista a grande vantagem, buscada por todos os donos de obra, de ter superior previsibilidade quanto ao valor final do empreendimento[125]. Hoje, modelos EPC com maior alocação de riscos sobre o construtor são utilizados indiscriminadamente, sempre que o contratante busque uma solução global com garantias de que preço, qualidade e prazo serão atendidos[126].

---

[124] Cf. Huse, 2013, p. vii, sobre os casos em que se deve usar o EPC-*Turnkey* elaborado pela FIDIC. Contra, Toledo da Silva, 2012, p. 28, entendendo que não há aleatoriedade, pois, segundo seu entendimento, riscos imprevisíveis não seriam alocados ao construtor no EPC.

[125] Huse, p. 17 e 20, chega a afirmar que o EPC-*turnkey* tornou-se popular para projetos de infraestrutura entre contratantes e financiadores, a ponto de se dizer que esse tipo de contrato está "na moda".

[126] Para Wade, 2011, o EPC pode ser usado sempre que o contratar buscar segurança com relação a prazo e preço da obra. A própria FIDIC, porém, recomenda o uso restrito do EPC,

1.5 O EPC como Evolução do Contrato de Obra

1.5.1 Tendência do Movimento Histórico

A evolução dos métodos de contratação no *common law* possui como *leitmotiv* e linhas condutoras duas importantes tendências. A primeira é o declínio de importância de arquitetos e engenheiros, que perderam gradualmente suas atribuições: de grandes mestres construtores até o século XIX, tiveram seu ofício reduzido ao de projetistas, para depois, com o *design-build*, reputarem-se "supérfluos e sem responsabilidade", "uma barreira desnecessária entre o contratante e o construtor", e, afinal, acabarem absorvidos por este último[127].

O engenheiro e o arquiteto, nessa nova fase, deixaram o papel de profissional autônomo para associar-se com o construtor, isso quando não assumiram o cargo de empregados da sociedade de construção, que se torna presente desde o projeto das obras[128]. Nos modelos contratuais, quer no *design-build*, e com mais ênfase no *turnkey* e no EPC, não mais se possui o arquiteto ou o engenheiro como figura independente, como é típico de contratos do arranjo tradicional, mas tão só como agente do contratante,

---

somente quando se verificarem as condições necessárias para tanto, como o financiamento de projeto e o pagamento de um valor adicional pela aleatoriedade, isto é, pelos riscos adicionais assumidos (cf. Fédération Internationale des Ingénieurs Conseils (Ed.). **Introductory Note to EPC Turnkey**. Disponível em: <http://fidic.org/books/epcturnkey-contract-1st-ed-1999-silver-book-general-conditions-training-purposes-only#introductory note to first edition>. Acesso em: 20 dez. 2016). Essa recomendação é ainda mais enfática nas notas introdutórias à versão de 2017 deste contrato (*v.* EPC/Turnkey Contract 2nd Ed '2017 Silver Book', cit.).

[127] As palavras são de Nisbet, 2003, p. 4 e 8, ao relatar a transição do método tradicional a partir dos anos 1980 e a reorganização da indústria, sempre no sentido de excluir a figura do arquiteto e do engenheiro. A tendência é sentida igualmente nos contratos internacionais de construção, como registra Young *et al.*, 1989, p. 172-173.

[128] Cf. Polotto, 2009, p. 114. Segundo Hackett, 1998, p. 4, os construtores empregam arquitetos em suas próprias empresas ou fazem parcerias, notícia que também trazem Sweet; Schneier, 2013, p. 375, registrando que não é comum uma firma de projetos (*design*) subcontratar uma construtora para as obras, mas sim o oposto, dada a necessidade de capital para as atividades de construção. Há também a possibilidade de se estabelecer um consórcio entre o projetista e a construtora (*id.*).

e até com a designação de mero "representante", eclipsando, assim, sua qualificação profissional[129].

A segunda tendência, talvez a mais relevante a se notar nessa digressão histórica, é a nítida e estável transferência, através dos tempos, de responsabilidades para o construtor, que não é mais mero artífice, mas empresário, responsável pelos meios de produção, respondendo, para além dos riscos técnicos, por riscos econômicos da implantação do empreendimento. Ao adotar a função de contratado único no século XIX, o construtor passa a gerenciar o trabalho de todos os profissionais da obra, para depois absorver o projetista.

Ao longo do século XX, longe de ter parado no *design-build*, esse movimento de concentração avançou, resultando no *turnkey*, que reúne no construtor tudo quanto necessário, inclusive tecnologia, para a entrega do empreendimento em operação. Mais recentemente, esse avanço rumou no sentido de exigir do construtor a assunção de riscos adicionais, visando garantir maior certeza acerca do preço, do prazo e da qualidade das obras, o que se materializou com o contrato EPC[130]. A ampliação das prestações do contrato de obra, quer do ponto de vista qualitativo, quer daquele quantitativo, passa a ser julgada útil pelo contratante e também pelo construtor, o mais apto a executá-las com economia e eficiência ante suas capacidades técnicas, organizacionais e empresariais, o qual as recebe visando executar operações de maior complexidade e obter maiores lucros[131].

1.5.2 Evolução do Contrato de Obra

Aqueles que se deparam pela primeira vez com o *turnkey* e com o EPC, sem conhecer esse movimento histórico da indústria da construção no ambiente de *common law,* assim como a criação internacional do EPC,

---

[129] Lenihan; Redmond, 1994, p. 4, segunda parte, já apontavam que, na década de 1990, o modelo mais conhecido de *design-build* (JCT 1981) não possuía um engenheiro independente ou arquiteto, valendo-se o contratante somente de um representante (*agent*).

[130] A respeito desse movimento histórico, ver Moscarini, Lucio Valerio. Il contratto di appalto e le figure affini. In: Cuffaro, Vincenzo (Org.). **I contratti di appalto privato**. Torino: Utet, 2011, p. 46, que indica a tendência, presente no cenário internacional, de envolver o executor material das obras na elaboração dos projetos, mesmo nos próprios estudos de viabilidade do empreendimento.

[131] Cf. Marinelli, Fabrizio. **Il tipo e l'appalto**. Padova: Cedam, 1996, p. 63.

podem supor que, em tempos modernos, a operação de implantação de um empreendimento não esteja centrada no contrato de construção e tenha sido transferida para outro tipo de ajuste, em que prestações complexas das mais variadas sejam assumidas.

O desenvolvimento que leva ao EPC, entretanto, sugere que o próprio contrato de execução de obra e o construtor, através dos séculos, receberam novas obrigações e responsabilidades, como projetos (no *design-build*), o fornecimento de equipamentos, incorporando tecnologia e treinamento (no *turnkey*) e depois a assunção de maiores incertezas (traço característico do EPC). Todas essas atividades e riscos foram paulatinamente acrescidos ao próprio contrato de obra e atribuídos ao construtor em sua nova feição empresarial.

Essa evolução do contrato de obras foi inclusive objeto de recente registro, por estudiosos do contrato de empreitada no sistema romano--germânico, que indicam a tendência, materializada no chave na mão, de "simultânea simplificação externa e complexificação interna" dos ajustes de obra, decorrente da "expansão do objeto do contrato", tendência essa que se insere em um contexto de aumento da capacidade das empresas de fornecer serviços abrangentes frente às inovações tecnológicas, à interdisciplinaridade e à assunção de maiores riscos demandada para construção das grandes obras[132].

1.5.3 Novos Elementos do Contrato de Obras

Ao identificar a origem e o desenvolvimento dos modelos de contrato no ambiente de *common law* e em contratações internacionais, foi possível isolar os elementos que constam do contrato EPC, em comparação com o contrato de construção clássico, de onde evoluiu, passando pelo *design-build* e pelo *turnkey*, a saber: a) a elaboração dos projetos da obra; b) o fornecimento dos equipamentos, da tecnologia e do treinamento para

---

[132] Sobre a complexificação interna e simplificação externa, cf. Albuquerque; Assis Raimundo, 2013, p. 151-152. Anotam os autores que esse movimento é completado com a prática de adotar modelos mais desenvolvidos de contrato de obra. A tendência à expansão do objeto do contrato de obra é identificada por Marinelli, 1996, p. 204. Embora originada nas grandes obras, sugere-se que se evidenciará nas de menor porte, na medida em que a necessidade de tecnologia sofisticada e de conhecimentos integrados se faz mais e mais presente na atualidade (*ibid.*, p. 206). Em detalhes, ver no Capítulo 3 os itens 3.1.3 e 3.1.5.

operar empreendimentos; c) a feição empresarial, encerrando o ajuste um instrumento produtivo; e, por último, d) o elemento aleatório, decorrente dos riscos adicionais contraídos.

Com isso, já é possível verificar se, no ordenamento jurídico brasileiro, esses elementos podem ou não ser enquadrados no contrato de obras típico, qual seja, a empreitada, de modo a saber se com ele se compatibilizam tais traços do EPC ou se tal moderno ajuste seria, em nosso cenário jurídico, um tipo contratual distinto.

Capítulo 2 – O Contrato EPC e sua Recondução ao Contrato de Empreitada

2.1 O Contrato de Obra no Direito Civil Brasileiro

No direito privado brasileiro, a execução de obras encontra-se disciplinada em dois textos legais: o Código Civil, que rege o contrato de empreitada, e a Lei de Incorporações Imobiliárias, cujos artigos contêm particularidades acerca da construção imobiliária de edificações em condomínio[133]. É no primeiro, porém, que encontramos o regramento principal e básico que regula a realização de qualquer obra entre particulares. Para contratações públicas, muito embora sua análise não constitua o escopo do presente trabalho, são outras e bem particularizadas as regras, como teremos a chance de tratar incidentalmente.

Identificada a tendência da indústria da construção de concentrar atividades na pessoa do contratado e isolados os elementos que distinguem o EPC da contratação de simples atividades construtivas, de onde evoluiu, o passo seguinte consiste em examinar se é possível enquadrá-lo ou não no tipo da empreitada, o contrato de obras por excelência do ordenamento jurídico brasileiro. Para tanto, como razão de ordem, cada uma das características do EPC que superam o contrato de simples construção terá sua análise aprofundada e cotejada com o regime jurídico da empreitada, mas não sem antes entender as feições básicas desse tipo legal, sua origem e seu desenvolvimento.

---

[133] Lei n. 4.591, de 16 de dezembro de 1964.

2.1.1 A Empreitada no Direito Civil Brasileiro: Origem e Codificação

Considerado como daqueles contratos comuns a todos os povos, pois nascido das necessidades mais básicas da vida humana, o negócio jurídico da empreitada, nos termos em que se encontra hoje positivado em nosso país, lança raízes no direito romano[134]. Descende da chamada *locatio conductio*, surgida no fim da República (509 a.C. – 27 d.C.), quando locar significava oferecer publicamente[135]. Os autores mais antigos consideram a empreitada, de modo unânime, fundada na *locatio conductio operis*, uma das três modalidades desse contrato nominado (as outras duas são *rei* e *operarum*)[136]. Estudos mais recentes, entretanto, indicam que a distinção de três tipos de *locatio conductio* decorre dos trabalhos dos glosadores e da pandectística, e não das fontes romanas propriamente ditas, que não os separavam[137]. De acordo com levantamentos históricos, o contrato de

---

[134] Para uma retrospectiva histórica do contrato de empreitada, consulte-se Bayard, Joséphine. **Le contrat de louage d'ovrage au XVIIIe siècle**: aux origines du contrat d'entreprise: le contrat de louage d'ovrage de Domat au Code Civil. Saarbrücken: Éditions universitaires européennes, 2014. São de Clamageran as considerações de encontrar-se o contrato de obras entre as primeiras relações humanas e, segundo Domat *apud* Bayard (*ibid.*, p. 6), decorrente do fato de que todos não poderiam ter todas as coisas de que necessitavam.

[135] Cf. por todos, Costa Sena. **Da empreitada no direito civil**. Rio de Janeiro: Gráphica São Jorge, 1935, p. 7-8.

[136] *V.* Miranda Carvalho, E. V. de. **Contrato de empreitada**. Rio de Janeiro: Freitas Bastos, 1953, p. 12; Almeida Paiva, Alfredo de. **Aspectos do contrato de empreitada**. 2. ed. Rio de Janeiro: Forense, 1997, p. 2-3; Serpa Lopes, Miguel Maria de. **Curso de direito civil**. 4. ed., atualizada por José Serpa Santa Maria. Rio de Janeiro: Freitas Bastos, 1993, v. 4, p. 190. Entre a doutrina nacional mais recente, cf. Ancona Lopez, Teresa. **Comentários ao Código Civil**: parte especial: das várias espécies de contrato. Junqueira de Azevedo, Antônio (Coord.). São Paulo: Saraiva, 2003, v. 7. Na literatura estrangeira, consulte-se Romano Martinez, Pedro. **Direito das obrigações**: parte especial: contratos. 2. ed. Lisboa: Almedina, 2003, p. 345. A *locatio conductio* era um dos quatro contratos nominados conhecidos pelos romanos, ao lado da venda, do mútuo e do mandato (cf. Bayard, 2014, p. 7).

[137] Cf. Sole Resina, Judith. **Arrendamiento de obras o servicios**. Valencia: Tirant Lo Blanch, 1997, p. 13-14. Segundo explica esta autora, a doutrina romanista mais atual sustenta a teoria da unidade da *locatio conducto* e critica a tripartição tradicional (*ibid.*, p. 15). Esse registro também se encontra em Rubino, Domenico, **L'appalto**. 4. ed. Torino: UTET, 1980, p. 6 (nota 1) e em Stolfi, Mario. Appalto. In: Calasso, Francesco (Coord.). **Enciclopedia del Diritto**. Varese: Giuffrè, 1958, v. II, p. 629. Para uma análise aprofundada do assunto, *v.* Albuquerque; Assis Raimundo, 2013, p. 17 e ss.

O CONTRATO EPC E SUA RECONDUÇÃO AO CONTRATO DE EMPREITADA

empreitada teria se desenvolvido primeiro no direito público e daí influenciado idênticas operações entre particulares, a denotar que a empreitada pública, em sua estrutura, nunca se distinguiu expressivamente daquela de direito privado[138].

Quando em causa estivesse a execução de certa obra, o empreiteiro (*conductor*) punha-se ao dispor, como se coisa fosse, ainda que em um contrato pessoal[139]. Caso incumbisse terceiro da construção, inexistia *locatio*, mas *stipulatio*, conquanto nada impedisse o *conductor* de sublocar os trabalhos, permanecendo responsável por eles, ponto que garantia abertura econômica ao ajuste[140]. O *opus*, no direito romano, é quase sempre uma casa, referida por *insula*, por *domus* ou por *villa*, embora o contrato também fosse usado para culturas e empreendimentos agrícolas, drenagens de alagadiços; desde sempre, portanto, de larga abrangência[141]. O preço da empreitada, certo, sério, poderia consistir em dinheiro ou em uma quota variável ou invariável sobre os frutos produzidos pela coisa locada, mas o

[138] *V.* Romano Martinez, 2003, p. 345. Também indica que as origens da empreitada vinculam-se à empreitada pública, Costa Sena, 1935, p. 8; e Abello, Luigi. Appalto. In: D'Amelio, Mariano (Coord.). **Nuovo Digesto Italiano**. Torino: UTET, 1937, v. I, p. 526 (nota 2). A regulação da empreitada particular com as regras da construção pública, como faz-se em Portugal, ponto adiante verificado, portanto, não é verdadeira novidade (ver Capítulo 3, seção 3.1.5).

[139] Na empreitada, existe uma inversão da palavra *locator*, que passa a ser usada para designar o dono da obra, enquanto o empreiteiro é chamado de *conductor*. Especificamente sobre essa inversão, cf. Costa Sena, 1935, p. 24; Romano Martinez, 2003, p. 347; e, com ampla notícia histórica, Labarthe, Françoise; Noblot, Cyrill. **Le contrat d'entreprise**: In: Ghestin, Jacques (Coord.). Traité de droit civil. Paris: LGDJ, 2008, p. 6.

[140] *V.* Miranda Carvalho, 1953, p. 13, para quem, a não ser que fosse pactuada *intuitus personae*, podia o *conductor* executar a obra por meio de outras pessoas. Explica o autor, ainda, que esse era um traço distintivo entre a empreitada e a *locatio conductio operarum* (prestação de serviços), em que o próprio contratado deveria prestar (*ibid.*, p. 93). Em igual sentido sobre a possibilidade mandar fazer, Costa Sena, 1935, p. 11-12; e Rubino, Domenico; Iudica, Giovanni. **Commentario del Codice Civile Scialoja-Branca**: obbligazioni: dell'appalto. Bologna: Zanichelli Editore, 2007, v. 4, p. 2. Serpa Lopes, 1993, p. 190, registra que a *stipulatio* era uma modalidade da *locatio operis*, em que havia o mandar fazer e a execução da obra por terceiros. Esta figura seria precursora da moderna empresa, por haver um negócio de especulação (*id.*). Romano Martinez, 2003, p. 348-349, contudo, explica que a *stipulatio* era cláusula acessória, mera promessa de mandar executar, ainda que o resultado fosse um "mandar fazer".

[141] Sobre o tipo de obra e o preço, *v.* Romano Martinez, 2003, respectivamente, p. 348 e 350.

mais comum era estipulá-lo por *aversione*, uma quantia total, ou *in pedes mesurasve*, por medidas ou unidades efetuadas[142].

É com essa feição romana da *locatio conductio* que o contrato de obra atravessa os tempos. Sem sofrer maiores alterações, é positivado no Código de Napoleão, a mais importante entre as primeiras codificações civis modernas, com poucas evoluções advindas do costume e da jurisprudência[143].

Em nosso país, a empreitada, ingressa entre as codificações já no Código Comercial de 1850, ainda como "locação mercantil" (arts. 226 e ss.), para depois alcançar o Código Civil de 1916, também sob o signo do contrato de locação, mas já com sua designação atual, derivada da influência portuguesa sobre o nosso legislador[144]. O Código Civil de 1916 recebe a empreitada com praticamente a mesma feição e regras dadas pelas codificações oitocentistas, como a italiana de 1865, a portuguesa de 1867 e a espanhola de 1889; todas, de modo geral, reproduzindo a mesma disciplina do *Code Civil* francês, fonte primordial para essa relação jurídica[145].

---

[142] Cf. Miranda Carvalho, 1953, p. 12. A possiblidade de receber frutos como pagamento pela construção é hoje um dos traços típicos relacionados pela doutrina italiana para caracterizar o contrato de *engineering* (ver Capítulo 3, seção 3.1.3).

[143] Cf. Costa Sena, 1935, p. 13. Em sentido análogo, sobre a falta de transformações do contrato nas legislações modernas, *v.* Almeida Paiva, 1997, p. 3. Relata Rubino-Sammartano, 2006, p. 6, que as disposições francesas sobre a empreitada são fruto da obra de Pothier sobre a locação em seu *Traité du contrat de louage*.

[144] Consoante explica Costa Sena, 1935, p. 14, nas ordenações, pouco se dispunha sobre essa relação jurídica, deixada para o direito comum, a *ratio scripta*, com o que a *locatio operis* se mantém íntegra. Miranda Carvalho, 1953, p. 14, também esclarece que a legislação civil do velho direito luso pouco se preocupou com a empreitada. Como refere Romano Martinez, 2003, p. 355, nas ordenações, a empreitada não possuía autonomia em relação à prestação de serviços ou em relação à compra e venda, quando há fornecimento dos materiais pelo construtor. A regra é serem as obras executadas sob a autoridade direta daquele a quem se destinam, característica que a doutrina reflete ao não separar os contratos no século XIX (*id.*).

[145] Sobre a influência marcante do *Code Civil* na disciplina da empreitada consulte-se, em relação ao *Codice Civile* italiano de 1865, Stolfi, 1958, p. 629; Rubino, 1980, p. 7; e Rubino; Iudica, 2007, p. 2. No direito português, Romano Martinez, 2003, p. 355, explica que a autonomia da empreitada frente ao contrato de prestação de serviços só ocorre com a maior especialização das obras. É com o Código Civil de 1867 que a empreitada ganha regulação específica, não obstante aproximada à prestação de serviços, como nas ordenações, mas com conteúdo baseado no Código Civil francês (*ibid.*, p. 358). Acerca da inspiração clara do direito francês pelo Código Civil espanhol, *v.* Sole Resina, 1997, p. 50. A influência do *Code Civil* com relação à empreitada no Brasil pode ser vista na doutrina de Costa Sena, 1935, *passim* (em especial,

O CONTRATO EPC E SUA RECONDUÇÃO AO CONTRATO DE EMPREITADA

A evolução legislativa segue, então, ao longo do século XX, com a promulgação dos códigos privados de segunda geração, nos quais a empreitada recebe novo e avançado tratamento, como, por exemplo, no *Codice Civile* italiano de 1942 e no Código Civil português de 1966, modificando-se importantes características desse negócio jurídico, como, por exemplo, sua aleatoriedade acidental, tema acerca do qual teremos a oportunidade de aprofundar[146].

É sob a influência do desenvolvimento da empreitada nessa última geração de códigos que se elabora, em nosso país, o projeto de nova codificação, nos idos da década de 1970, iniciativa vitoriosa, que depois vem a se tornar o novo Código Civil de 2002. Nele, positivam-se as inovações alcançadas por via jurisprudencial e parte daquelas adotadas pelos códigos mais recentes para o contrato de empreitada, ainda que se tenha utilizado de base o texto da legislação revogada[147].

Ponto relevante a atentar é que, embora com algumas diferenças, a atual disciplina desse contrato nos códigos francês, espanhol e brasileiro continua bastante similar, reproduzindo a feição constante originalmente do *Code Civil*. Em sua essência, essa feição está também preservada nos mais modernos ordenamentos, caso do italiano e do português, pelo que

p. 62). Mas há, no primeiro Código Civil brasileiro, a tripartição entre locação de coisas, de serviços e empreitada (locação de obra), influenciada pela padectística alemã e pelo código germânico (BGB), não presente no *Code Civil* (acerca dessa tripartição, ver Rubino, 1980, p. 7, nota 4). Há, em nosso país, influxo também do direito português, que designa o contrato de execução de obra de empreitada e não de locação de obra (*v.* nota abaixo).

[146] Abandona-se por completo a vinculação à locação, dada a grande diferença que há entre uma coisa (*res*) e o trabalho humano, e a empreitada ganha definitiva autonomia (cf. Rubino; Iudica, 2007, p. 3). No direito português, essa autonomia em relação à locação já existia, ainda que o Código de 1867 tenha se inspirado no direito francês, pois nele a empreitada já era regulada com a prestação de serviços, dela se automizando (*v.* Romano Martinez, 2003, p. 357).

[147] Sobre a preservação do texto do Código Civil de 1916 como princípio pelo qual se guiaram os redatores do Código atual, cf. Moreira Alves, José Carlos. A unificação do direito privado brasileiro. In: Junqueira de Azevedo, Antônio; Taveira Tôrres, Heleno; Carbone, Paulo (Coord.). **Princípios do novo Código Civil brasileiro e outros temas**: homenagem a Tulio Ascarelli, 2. ed., São Paulo: Quartier Latin, 2010, p. 388. Acerca da influência do *Codice Civile* italiano de 1942 sobre os elaboradores no Código Civil de 2002, consulte-se Duclerc Verçosa, Haroldo Malheiros. **Curso de direito comercial**: fundamentos da teoria geral dos contratos. São Paulo: Malheiros, 2011, v. 4, t. I, p. 36. Também ressalta a manutenção do regime anterior, Lopes Enei, 2012, p. 102.

CONTRATOS CHAVE NA MÃO (*TURNKEY*) E EPC (*ENGINEERING, PROCUREMENT AND CONSTRUCTION*)

muitas das análises doutrinárias desses países podem ser aproveitadas para a compreensão do tipo legal brasileiro da empreitada[148].

2.1.2 Empreitada: Conceito e Características Básicas

Segundo sempre alertaram os estudiosos do tema, conhecer os elementos típicos da empreitada é relevante, pois, apesar de autônomo e *sui generis*, esse contrato guarda íntima relação com outros e pode facilmente provocar a designação errada[149]. Diferente de certos ordenamentos, o direito brasileiro não possui um conceito legal de referido negócio, ficando a cargo da doutrina sua exata definição[150]. Considera-se empreitada o contrato em que uma parte obriga-se a executar certa obra, determinada ou determinável, com independência econômica e sob seu próprio risco, mediante

[148] Ainda que se trate de prática comum do raciocínio luso-brasileiro o recurso a estudos estrangeiros como fonte direta para produção de soluções domésticas, aqui esse emprego é efetuado com verificação prévia e em função de os regimes relativos à empreitada nos ordenamentos e países citados possuírem efetivamente traços muito similares, dada a sua fonte comum, o *Code Civil*, a permitir que se lance mão de doutrina estrangeira naqueles casos em que essa mesma similaridade esteja presente. A respeito da prática de usar o direito estrangeiro, cf. Peteffi da Silva, Rafael. **Responsabilidade civil pela perda de uma chance**: uma análise do direito comparado e brasileiro. 3. ed. São Paulo: Atlas, 2013, p. 257.

[149] Cf. Miranda Carvalho, 1953, p. 16.

[150] Exemplo de ordenamento que conceitua a empreitada temos no português, que, em seu código civil vigente (1966), traz a noção de que "empreitada é o contrato pelo qual uma das partes se obriga em relação à outra a realizar certa obra" (art. 1.207º) (cf. Portugal. **Código Civil Português** (Actualizado até à Lei 59/99, de 30/06). Decreto-lei n. 47.344, de 25 de Novembro de 1966. Uma definição já constava do antigo código civil português (1867), que enunciava: "[d]á-se o contrato de empreitada, quando algum, ou alguns indivíduos se encarregam de fazer certa obra para outrem, com materiais subministrados, quer pelo dono da obra, quer pelo empreiteiro, mediante certa retribuição proporcionada à quantidade de trabalho executado" (art. 1.396º) (*v.* Cunha Gonçalves, Luiz da. **Tratado de Direito Civil**: em comentário ao Código Civil Português. Coimbra: Coimbra Editora, 1933, v. VII, p. 606. Igualmente, o *Codice Civile* italiano de 1942 anuncia uma definição de empreitada (*appalto*): *"L'appalto e' il contratto col quale una parte assume, con organizzazione dei mezzi necessari e con gestione a proprio rischio, il compimento di un'opera o di un servizio verso un corrispettivo in danaro."* (art. 1665) (*v.* Itália. **Codice Civile 1942**. Disponível em: <http://www.normattiva.it/uri-res/N2Ls?urn:nir:stato:decreto.regio:1942-03-16;262!vig=>. Acesso em: 15 dez. 2016). O Código Civil brasileiro, nesse aspecto, seguiu o modelo francês, que não possui uma definição no *Code Civil* (*v.* FRANÇA. **Code Civil**. Disponível em: <https://www.legifrance.gouv.fr/affichCode.do?cidTexte=LEGITEXT000006070721>. Acesso em: 15 dez. 2016).

O CONTRATO EPC E SUA RECONDUÇÃO AO CONTRATO DE EMPREITADA

remuneração da outra[151]. O empreiteiro aceita a encomenda, fornece os meios, corre os riscos, dirige e assume a responsabilidade do trabalho alheio e apresenta o resultado[152]. Essa é a definição da quase unanimidade da doutrina brasileira e também dos estudos estrangeiros, invariavelmente centrada na execução de certa obra[153].

Em paralelo a essa definição centrada na obra, por força de preceitos legais afetos aos contratos administrativos e à incorporação imobiliária, estabeleceu-se em nosso país o entendimento de que a empreitada seria mera modalidade de contratação; vale dizer, espécie do gênero "contratos de construção", que poderiam ser também pactuados por administração, em oposição à construção por empreitada[154]. O termo empreitada, nessa

[151] V. Pontes de Miranda, Francisco Cavalcanti. **Tratado de direito privado**. 3. ed. São Paulo: RT, 1984, v. 44, p. 376. Em igual sentido, Costa Sena, 1935, p. 17; Miranda Carvalho, 1953, p. 16; e Almeida Paiva, 1997, p. 5. Entre os manuais e comentários, consulte-se, por todos, Serpa Lopes, 1993, p. 188; e Gomes, Orlando. **Contratos**. Atualizado por Junqueira de Azevedo, Antônio; Crescenzo Marino, Francisco Paulo de. Rio de Janeiro: Forense, 2008, p. 362. E entre a doutrina brasileira mais moderna, ver Ancona Lopez, 2003, p. 245; e Andrighi, Nancy; Beneti, Sidnei; Andrighi, Vera. **Comentários ao novo Código Civil**: das várias espécies de contratos, do empréstimo, da prestação de serviço, da empreitada, do depósito. Rio de Janeiro: Forense, 2008, v. IX, p. 277.

[152] Cf. Costa Sena, 1935, p. 29.

[153] Para uma definição no direito estrangeiro, unânime no sentido de que a empreitada é o contrato para realização de uma obra, ver, acerca do ordenamento português, Cunha Gonçalves, Luiz da. **Tratado de Direito Civil**: em comentário ao Código Civil português. Coimbra: Coimbra Editora, 1933, v. VII, p. 610; Romano Martinez, 2003, p. 361; e Lima, Pires; Varela, Antunes. **Código Civil anotado** (artigos 762º a 1250º). 4. ed. Coimbra: Coimbra Editora, 1997, v. II, p. 863. Como disse em estudo recente Brito Pereira, Jorge de. O conceito de obra no contrato de empreitada. **Revista da Ordem dos Advogados**, Lisboa, v. 54, n. 2, 1994, p. 575-576, a realização de uma obra é a obrigação típica do contrato empreitada. No direito francês, consulte-se Bayard, 2014, p. 17; e Cayol, Amandine. **Le contrat d'ouvrage**. Paris: IRJS, 2012, p. 23 e ss. e 283. No direito italiano, v. Abello, 1937, p. 526; Stolfi, 1958, p. 629; e Rubino, 1980, p. 5. Para uma definição no direito espanhol, não destoando desses termos, cf. Fernandez, Francisco Lucas. **Comentarios al Código Civil y Compilaciones Forales**: articulos 1.583 a 1.603 del Código Civil. Madrid: Edersa, 1986, v. 2, t. XX, p. 172 e ss.

[154] Nesse sentido, o Decreto n. 2.300, de 21 de novembro de 1986, que regia as contrações públicas até a promulgação da atual Lei de Licitações e Contratos Administrativos (Lei n. 8.666, de 21 de junho de 1993), permitia a execução das obras por "administração contratada", reputando-se empreitada somente quando se contratava a obra ou o serviço por preço certo e total ou por preço certo de unidades determinadas (cf. art. 5º, VI, "a" a "c"). A atual Lei de Licitação e Contratos Administrativos, ainda que tenha banido o sistema de administração contratada, continua a indicar que empreitada cuida-se de um "regime" de contratação (cf.

acepção publicista ou ligada às incorporações de edifícios, considerar-se-ia, assim, modalidade, "regime" (para usar a expressão legal) de contratação e, não, o contrato de obra em si[155].

Em sua acepção civil, porém, empreitada não quer significar qualquer espécie ou categoria de contrato de construção, mas o próprio negócio jurídico em que há a obrigação de construir e entregar uma obra, perfeita e acabada. A construção de certo *opus* em contrapartida a um preço seria sempre empreitada, mesmo naqueles contratos em que fossem mitigados os riscos econômicos, quando se ajustasse, por exemplo, a forma de pagamento em função da administração da obra[156].

art. 6º, VIII). Segue a linha de considerar a empreitada mera modalidade de contrato de obra, o chamado Regime Diferenciado de Contratação (Lei n. 12.462, de 4 de agosto de 2011), que prevê ser a empreitada um regime, ao lado de outros, como a contratação integrada (art. 8º). Da mesma forma, o novo estatuto jurídico das empresas públicas e da sociedade de economia mista também prevê a empreitada como um dos "regimes" de contratação de obras e serviços (Lei n. 13.303, de 30 de junho de 2016, art. 43). Com relação à incorporação imobiliária, a Lei n. 4.591, de 16 de dezembro de 1964, prevê a construção *por* empreitada ou *por* administração, ambas, na dicção legal, "regimes" da construção de imóveis (art. 48).

[155] *V.* Viana, Marco Aurélio S. **Contrato de construção e responsabilidade civil**: teoria e prática. 2. ed. São Paulo: Forense, 1981, p. 1; e Meirelles, Hely Lopes. **Direito de construir**. 11. ed. Atualização de Abreu Dallari, Adilson *et al.* São Paulo: Malheiros, 2013, p. 236 e 263. Esses autores, influenciados pela Lei de Incorporação Imobiliária (Lei n. 4.591/1964) e pela legislação de obras públicas, julgam que a empreitada é uma modalidade do contrato de construção, que pode ser também pactuada por administração (em oposição à empreitada). Em doutrina recente, Marcondes, 2012, p. 130, separa a empreitada do contrato por administração.

[156] Acerca da empreitada com preço por administração (e não contrato de construção por administração), *v.* Costa Sena, 1935, p. 49; Almeida Paiva, 1997, p. 22; Serpa Lopes, 1993, p. 202, inclusive ressaltando a obrigação de entregar uma obra perfeita; Chaves, Antônio. **Tratado de direito civil**. 3. ed. São Paulo: Revista dos Tribunais, 1984, v. 2, t. 1, p. 839; e mais recentemente Andrighi; Beneti; Andrighi, 2008, p. 287; Ancona Lopez, 2003, p. 255; e Lopes Enei, 2012, p. 102. No direito comparado, especialmente na Itália, a doutrina já se orientou no sentido de que o fato de as despesas serem pagas pelo dono da obra, tanto de mão de obra como de materiais e equipamentos, por si só, não desnatura a empreitada (cf. Rubino; Iudica, 2007, p. 20; e, ainda, Marinelli, 1996, p. 174 e ss., especificamente sobre a empreitada *cost-plus*). Ao contrário, inexistirá empreitada se aquele que se encarregar da construção não tiver autonomia, atuando como mero gestor da obra, hipótese que não se trata de modo de determinação do preço, mas de mudança estrutural do negócio jurídico e da posição das partes, deixando de se aplicar, por exemplo, a perda da remuneração por se deteriorar a coisa antes do recebimento (*ibid.*, p. 226; e, sobre a perda da remuneração, *v.* Rubino, 1980, p. 860). Poderá haver empreitada mesmo se a direção dos trabalhos for do próprio dono da obra, contanto que se não elimine por completo a autonomia do empreiteiro, o que o tranformaria em *nudus minister* (cf. Stolfi, 1958, p. 643; e Rubino-Sammartano, 2006, p. 9). O contrato,

O CONTRATO EPC E SUA RECONDUÇÃO AO CONTRATO DE EMPREITADA

Na empreitada, e aqui se encontra uma de suas mais importantes notas distintivas, não atua o construtor com subordinação nem está vinculado a instruções que lhe retirem a independência[157]. O servir, da locação de servo, da *locatio servi*, é exercido com autonomia, e as instruções do dono da obra não podem eliminá-la, pois a independência do construtor caracteriza o tipo e o distingue da prestação de serviços[158]. O empreiteiro deve

nesse último caso, que entre os italianos se denomina de *appalto a regìa*, passa a ser de meio (*v.* Rubino-Sammartano, 2006, p. 21). O direito português, por sua vez, conhece a empreitada por percentagem, na seara pública, e não se veem dificuldades em que seja efetuada remuneração até pelo tempo, nem há desfiguração do tipo legal no que designam de "empreitada por administração" ou de "administração co-interessada", em que se pode prever inclusive um valor fixo pelos trabalhos de administração desenvolvidos, hipótese na qual todos os serviços continuam secundados pela obra e haverá sempre empreitada (cf. Romano Martinez, 2003, p. 396-397). Sobre a possibilidade de remuneração pelo tempo ou outros fatores e a liberdade das partes para ajustar diferentes modalidades de fixação do preço, *v.* Lima; Varela, p. 864 e 874. Já no direito português anterior ao Código Civil vigente, Cunha Gonçalves, 1933, p. 614, indicava que a empreitada podia ser por administração, o que os franco-belgas designavam o contrato *en régie*, cujo benefício do empreiteiro se calcula, no final, em função dos materiais e da mão de obra nela incorporados. Este autor traz ainda a notícia histórica de que a popularização do método de pagamento em que o empreiteiro recebe um percentual sobre os custos advém da influência americana, pois usado pela administração de suas tropas durante a Primeira Grande Guerra (1914-1918), chamado de sistema americano, ainda que usado em Portugal antes disso (*id.*). A notícia confirma o surgimento do *cost-plus-fee* como método relativamente recente para ganhar eficiência na execução das obras (cf., neste trabalho, seções 1.2.4 e 1.2.5, em especial notas 49 e 55). No direito espanhol, também se entende que a empreitada pode ser contratada em função da mera administração da obra (*v.* Fernandez, 1986, p. 221). Na Argentina, comentando o *"sistema de ejecución a coste y costas"*, enquadrado no tipo da empreitada, *v.* Polotto, 2009, p. 145.

[157] *V.* Almeida Paiva, 1997, p. 16; e Pontes de Miranda, 1984, p. 376. Mais recentemente, cf. Andrighi; Beneti; Andrighi, 2008, p. 278. No direito comparado: Lima; Varela, 1997, p. 864; Stolfi, 1958, p. 630; e Marinelli, 1996, p. 11.

[158] Cf. Pontes de Miranda, 1984, p. 377. Para Meirelles, 2013, p. 241, somente há autonomia na construção por empreitada, e, não, na construção por administração, daí também por que o autor não considera a construção por administração verdadeira empreitada, já que o construtor ficaria na dependência das deliberações do dono da obra. É preciso diferenciar: se não há autonomia mínima, não há responsabilidade e não é de empreitada que se trata; ao invés, se há responsabilidade pela perfeição das obras, deve haver um mínimo de autonomia, podendo ser reduzido o risco econômico, e haverá empreitada (cf. nesta seção, nota 156). Contra Meirelles, 2013, p. 262, para quem o administrador, mesmo que não considere haver empreitada, tem também responsabilidade profissional e responde pela perfeição das obras. A respeito da *locatio servi*, em que o objeto era o aluguel de escravo, como a raiz e o modelo da prestação de serviços e do contrato de trabalho dos homens livres, *v.* Bayard, 2014, p. 8.

ser livre para escolher as formas e os métodos de organização do trabalho que realizará para atingir o resultado contratado, reputando-se esse um dos traços essenciais da empreitada[159].

Como corolário da autonomia do empreiteiro, fazem parte do contrato de empreitada os riscos jurídico, econômico e técnico. O primeiro, entendido como o risco de perda da remuneração ou até dos bens enquanto não entregue a obra, em caso de perecimento destes ou de não se conseguir atingir o resultado. O segundo, econômico, considera-se a álea normal de execução dos trabalhos, incluindo o fato de nem sempre se saber o seu custo exato no momento em que se celebra o contrato, assim como o risco das dificuldades supervenientes de executar os trabalhos. E o terceiro, técnico, alude à responsabilidade pela entrega de um *opus* perfeito, que atenda à funcionalidade desejada e não contenha defeitos[160].

A extensão do que seja fazer a obra, em uma empreitada, é *lata*: pode consistir em criar, modificar, aumentar, diminuir ou destruir algum bem ou

---

[159] Marinelli, 1996, p. 11. Segundo o autor, constitui a organização dos meios importante traço (elemento) distintivo da empreitada, significando toda organização produtiva, quer com relação a pessoas, bens e, consequentemente, responsabilidade (*ibid.*, p. 33). A atividade do empreiteiro se concretiza no dirigir e coordenar os trabalhos, obter o capital e os materiais necessários, no angariar o pessoal, no implantar o canteiro, no supervisionar os trabalhos e em manter as relações com terceiros (*ibid.*, p. 34).

[160] *V.* Costa Sena, 1935, p. 28, para quem "trata-se na empreitada, de fazer certo trabalho em determinado tempo, riscos por conta do empreiteiro". A doutrina brasileira, quando trata dos riscos, costuma centrar-se no de perda, deixando os demais para o momento em que cuidará do preço e da responsabilidade pela perfeição, como se verifica em Almeida Paiva, 1997, p. 18, 25 e 31; Serpa Lopes, p. 206, 217 e 220; e Andrighi; Beneti; Andrighi, 2008, p. 297 e ss. e 329. Na doutrina estrangeira, sobre o risco econômico e as diversas situações em que se caracteriza, cf. Rubino; Iudica, 2007, p. 19-21, devendo-se lembrar que, no direito italiano, o risco de execução da obra é elemento do conceito legal do tipo da empreitada (*v.*, nesta seção, nota 150). *V.*, ainda no direito peninsular, Marinelli, 1996, p. 11 e 37, que ressalta residir o risco econômico na busca por executar a obra por um valor inferior àquele do preço pactuado. Por sua vez, indicam que o empreiteiro contrai o risco econômico, mas só quando há empreitada (e não administração), Viana, 1981, p. 6; e Meirelles, 2013, p. 241. Na empreitada por administração, porém, há risco de perda da remuneração se a obra não é perfeita, ou de ação *quanti minoris*, a que estariam sujeitos todos os empreiteiros (cf. Rubino; Iudica, *op. cit.*, p. 21). Para uma listagem dos riscos, consulte-se também Stolfi, 1958, p. 641, e Rubino-Sammartano, 2006, p. 6-7. Para uma visão dos riscos no direito italiano anterior, cf. Abello, 1937, p. 534. Considerando que somente o risco técnico é essencial, e não o econômico, *v.* Polotto, 2009, p. 154.

O CONTRATO EPC E SUA RECONDUÇÃO AO CONTRATO DE EMPREITADA

parte dele[161]. Isso será feito mediante serviços, mas como meios necessários para o resultado final, de tal modo que a prestação devida é a obra e não o servir, os serviços, nem quaisquer das demais atividades efetuadas para consecução do objetivo perseguido[162]. As atividades desempenhadas são consideradas no seu resultado e não em relação à quantidade de trabalho[163]. O que se prometeu e o que se deve é o *opus consummatum et perfectum*.

O objeto que se quer ver criado pode ser móvel ou imóvel[164]. Há divergência se a obra, no contrato de empreitada, também pode ser imaterial. Admite-o, em sua maioria, a doutrina tradicional; mas o repele a mais moderna, não, porém, quando os trabalhos intelectuais forem desenvolvidos como meio para o atingimento do fim que é a entrega da obra, quando então ficam secundados por ela[165].

Com uma definição tão larga, de tal forma a ser a empreitada designada de *contratto-madre* ou *contrat impérieux*, adentraria no seu tipo não só a construção, mas o transporte e outras obras, como as artísticas, cujas particularidades ensejam a criação de categorias distintas pelo legislador e a aplicação de regras próprias[166]. Por conta dessa abrangência, a doutrina

---

[161] Cf. Pontes de Miranda, 1984, p. 375. No mesmo sentido, Pires; Varela, 1997, p. 865; Rubino; Iudica, 2007, p. 116.

[162] Segundo Gomes, 2008, p. 363, prestam-se serviços, trabalhos, mas com a finalidade de entregar a obra. Igualmente, Almeida Paiva, 1997, p. 8, registra ser o objeto da empreitada a obra a ser feita, não o trabalho humano em si mesmo, mas seu resultado final prático. Em sentido similar, *v.*, ainda, Pontes de Miranda, 1984, p. 375. No direito estrangeiro, o entendimento é semelhante: o objeto do negócio é a entrega da obra e não a prestação de um trabalho, como se vê da obra portuguesa de Lima; Varela, 1997, p. 863-864. No direito espanhol, consulte-se Sole Resina, 1997, p. 142; e Fernandez, 1986, p. 174. No direito italiano, explica-se igualmente que sobressai a obra, o resultado, e não o tempo do trabalho (por todos, cf. Stolfi, 1958, p. 629-630).

[163] *V.* Stolfi, 1958, p. 629-630. Como dizia Costa Sena, 1935, p. 28, na empreitada paga-se o produto do serviço.

[164] Nesse sentido, Ancona Lopez, 2008, p. 247. No direito estrangeiro, *v.* Cunha Gonçalves, 1933, p. 612; Stolfi, 1958, p. 635; Abello, 1937, p. 530, Rubino-Sammartano, 2006, p. 61. O direito português, inclusive, contém regra expressa em seu Código Civil vigente sobre a empreitada de bens móveis (art. 1212º) (cf. Portugal. **Código Civil português**, *cit.*).

[165] Acerca da admissibilidade da obra intelectual como parte da empreitada, cf. detidamente, neste Capítulo, seção 2.2.1.

[166] Cf. Pontes de Miranda, 1984, p. 377. Ainda sob o *Codice Civile* italiano de 1865, Abello, 1937, p. 526, anotava que o termo *appalto* era usado para se referir a ampla gama de obras. Nas origens clássicas, a empreitada também era usada para obras diversas, incluindo pintura de quadros, esculturas e outros contratos artísticos (*v.* Costa Sena, 1935, p. 7). Marinelli, 1996,

que se dedicou a estudo específico das feições tipológicas da empreitada a considera um tipo amplo e elástico, como a compra e venda e a locação, utilizável para uma série de operações jurídico-econômicas que tendem a escapar de uma definição precisa ou a uma classificação específica[167]. Dada a elasticidade da empreitada, inclusive, seria possível a modificação de alguns dos elementos do tipo sem desnaturá-la, permitindo a aplicação das regras típicas naquilo que as partes não tenham disposto em sentido contrário[168].

A construção, de todo modo, sempre se reputou a mais importante atividade subsumida no tipo da empreitada, não tendo em mente os legisladores de diversos países, ao regrarem esse negócio jurídico, outras operações econômicas senão a execução de obras de engenharia, o que ocorre também em nosso ordenamento[169].

p. 51, julga tão amplo e compreensivo o tipo da empreitada a ponto de abranger outros tipos (*"compreensive di tipologie diverse"*). Contra: Ancona Lopes, 2003, p. 247-248, cuja opinião é a de que somente obras de construção e demais obras materiais encaixam-se na empreitada, um tipo, portanto, menos amplo. Também Lima; Varela, 1997, p. 865, entendem preferível deixar as outras operações para serem reguladas como prestação de serviços, e a empreitada, com autonomia, centrada na realização de certa obra, como a construção de um edifício. Sobre a designação de *contratto-madre*, que poderia ter por conteúdo diversas operações, cuja autonomia econômica fatalmente leva o legislador a positivar novos contratos com "independência jurídica", como seria o contrato *d'opera*, em que entram as intelectuais, na Itália, quando então as regras da empreitada passam a aplicar-se somente por analogia, *v.* Rubino, 1980, p. 20. Entre os franceses, a designação *contrat impérieux* vem exatamente das numerosas aplicações do contrato de empreitada (cf. Bayard, 2014, p. 6). No Brasil, podemos citar, como exemplo de contrato que se desprende da empreitada, o transporte.

[167] Cf. Marinelli, 1996, p. 12, 13 e 209, para quem o tipo da empreitada é tão amplo que pode abranger todas as obrigações de fazer para as quais a lei não disponha de disciplina diversa (*ibid.*, p. 86).

[168] V. Marinelli, 1996, p. 18, que registra como é pouco provável a coincidência perfeita entre o tipo legal e o contrato concretamente pactuado entre as partes. Para o autor, não é suficiente modificar o tipo, demandando-se uma substituição completa de seus elementos para evitar sua recondução ao enquadramento legal (*ibid.*, p. 208)

[169] V. Cunha Gonçalves, 1933, p. 610. Acentua o autor que a construção é a empreitada por excelência, contratada quase sempre por um engenheiro, arquiteto, mestre de obras ou construtor civil ou sociedade de engenheiros (*id.*). Segundo o autor, os legisladores de diversos países, incluindo Portugal, costumam só regrar a construção de edifícios, ainda que a empreitada possa ser de navios e mesmo de móveis, simples trabalhos mecânicos ou braçais, como remoção de terras, perfuração de túneis, reparação de estradas, drenagem de pântanos, dentre outros exemplos (*ibid.*, p. 612). Ainda no direito português, em idêntico sentido, Romano Martinez, 2003, p. 317, inclusive sobre a operação econômica imobiliária ser objeto

O CONTRATO EPC E SUA RECONDUÇÃO AO CONTRATO DE EMPREITADA

Há no tipo da empreitada sempre uma obrigação de fazer, nesse contrato das mais acentuadas, marcado pela *necessitas faciendi* e pelo resultado[170]. Isso se dá ainda que o empreiteiro forneça os materiais, pois não são eles o objeto do contrato, senão a matéria trabalhada pelo homem[171]. A transferência da *res nova*, isto é, a obrigação de dar, representaria simples corolário da obrigação principal, de fazer[172].

É indiferente, assim, para tipificar o contrato como empreitada, se os materiais, os bens, com que a obra é executada sejam entregues pelo empreiteiro ou pelo dono da obra, segundo prevê a própria lei[173]. A prestação tocante à entrega de materiais, quando o empreiteiro se obrigue a fornecê-los, é desempenhada como a de um vendedor, porém há o *plus*, que

principal do legislador do Código Civil de 1966. Cf., igualmente, Brito Pereira, 1994, p. 590, para quem a regulamentação do contrato de empreitada é centralmente dirigida aos casos em que está em causa construção de imóveis, cuja importância econômica e social tornam-na paradigma implícito do tipo. O mesmo registro faz Fernandez, 1986, p. 215, esclarecendo que o legislador espanhol se ateve à construção de edifícios, ainda que ressalve ser indubitável que o objeto da empreitada pode ser muito variável. Para o direito brasileiro, indica a preocupação do legislador só com o contrato de construção Ancona Lopez, 2003, p. 247-248. Mais modernamente, as legislações já tratam da empreitada de coisa móvel (ver, neste trabalho, nota 164). Ainda assim, como indica Rubino-Sammartano, 2006, p. 3, na linguagem corrente, o termo empreitada (*appalto*) tornou-se sinônimo de construção de obra de engenharia civil.

[170] Nesse sentido, *v.* Costa Sena, 1935, p. 18 e 29. Como diz o autor, é obrigação *faciendi* das mais acentuadas (*ibid.*, p. 35). Igualmente, Gomes, 2008, p. 365. Na doutrina estrangeira, cf. Rubino; Iudica, 2007, p. 112; Stolfi, 1958, p. 640; e Abello, 1937, p. 528. Contra, Ancona Lopes, 2003, p. 243 e 249, que julga concentrar-se o contrato no *dar* ou *entregar*, ainda que registre, em outra passagem, que o principal objeto da empreitada "sempre constituirá um fazer" (*ibid.*, p. 253). Com essa última orientação, consulte-se Cayol, 2012, p. 390, que, em recente tese francesa sobre o contrato *d'ouvrage*, concluiu encerrar a empreitada um tipo especial de obrigação dual, alheio às classificações tradicionais, no qual o *faire* e o *donner* seriam estruturalmente indivisíveis.

[171] *V.* Serpa Lopes, 1993, p. 191, segundo o qual a obrigação será inalteravelmente de fazer, enquanto a entrega da coisa reputa-se somente consectário lógico do *facere*. Igualmente, Rubino; Iudica, 2003, p. 45.

[172] Cf. Stolfi, 1958, p. 635; e Marinelli, 1996, p. 51, ambos ressaltando que a obrigação de dar é instrumental e secundária. Para este último autor, a causa do contrato de empreitada é o "fazer" contra o pagamento de um preço (*do ut facias*) (*ibid.*, p. 22). Essa sua função econômico-social (*id.*). Contra, Cayol, 2012, p. 390-391, para quem o contrato de empreitada não é simplesmente um fazer, mas um fazer para dar, daí considerar uma obrigação dual estruturalmente indivisível.

[173] A previsão legal de entrega de materiais consta do art. 610 do Código Civil, correspondente ao art. 1.237 do código revogado.

é a mão de obra[174]. Os materiais não são entregues ao contratante, como o seriam a quem os encomenda na compra e venda, mas incorporados à obra como um meio para executá-la[175].

Daí se dizer que a atuação do empreiteiro é complexa e que a empreitada é um contrato complexo, de estrutura unitária, que alberga em seu conteúdo, como uma unidade, em caráter de interdependência, tudo o que se há de reputar necessário para fazer e entregar a obra, isto é, quaisquer atividades que concorram para conclusão perfeita e acabada do empreendimento[176]. Igualmente, complexa constitui a série de relações que o contrato de empreitada regula[177]. Pode ser necessário o emprego de ferramental específico, de simples ou avançadas máquinas, e também a execução de trabalhos preparatórios, provisórios ou instrumentais, como instalação de canteiros, abertura de estradas e até de obras transitórias, mesmo que nem sempre incorporadas ao empreendimento, assim como o transporte de bens e a fabricação de materiais, entre outras incumbências[178].

Todas essas atividades, tais como os serviços e os bens empregados para execução das obras, incorporadas nelas ou não, reputam-se acessórias, instrumentais e subordinadas ao objeto do contrato, que é a entrega do resultado, do *opus*[179]. É perfeitamente admissível e consentâneo com o contrato de empreitada, portanto, que prestações características de outros tipos contratuais sejam parte dele, permanecendo, porém, em posição secundária, porque servem somente para tornar possível a plena consecução da obrigação principal. Reputam-se, assim, absorvidas pelo chamado *quadro complessivo* da empreitada, ao menos no que toca à qualificação do contrato e à disciplina a ele cabível[180]. Tal não impede, entretanto, a incidência e a aplicação de regras de outros tipos cujas prestações se incluam na operação, mas desde que essas mesmas regras não conflitem com aquelas da empreitada[181].

---

[174] Cf. Pontes de Miranda, 1984, p. 384-385.

[175] Nesse sentido, *v.* Ancona Lopez, 2003, p. 253.

[176] Cf. Pontes de Miranda, 1984, p. 397. Sobre a complexidade da atividade do empreiteiro, *v.*, ainda, Rubino; Iudica, 2007, p. 150; Moscarini, 2011, p. 18 e 55. Considerando a empreitada um contrato historicamente complexo, dotado de múltiplas facetas, *v.* Bayard, 2014, p. 14.

[177] *V.* Viana, 1981, p. 6.

[178] Cf. Rubino; Iudica, 2007, p. 245.

[179] Cf. Stolfi, 1958, p. 635; e Moscarini, 2011, p. 55.

[180] Cf. Rubino, 1980, p. 49.

[181] *V.* Rubino, 1980, p. 49. Segundo anota esse autor, não obstante a disciplina unitária, será possível aplicar a algumas prestações as regras particulares que as disciplinam quando

O CONTRATO EPC E SUA RECONDUÇÃO AO CONTRATO DE EMPREITADA

A obra a cargo do empreiteiro, coerentemente, é indivisível e o adimplemento do contrato não pressupõe o mero cumprimento das atividades instrumentais, nem de parte das obras às quais se encarregou o construtor, mas depende da entrega do resultado final, unitário, completo, ainda que o pagamento se efetue por partes[182]. Isso não elimina que o empreiteiro possa se responsabilizar tanto pela obra inteira como somente por partes dela, designando-se empreiteiro geral e empreiteiro especial, respectivamente[183]. Essa indivisibilidade decorre não só da própria natureza do contrato, já que sua obrigação principal é de fazer, mas sobretudo do fato de ter destinação e escopo unitários e independentes das diversas atividades desenvolvidas[184].

O preço pode ser fixado de diferentes maneiras: global (*per aversionem*, à *fortait*); unitário (por medida); determinável no futuro, com cláusula de preço máximo; misto (parte global, parte unitário); por administração; e até ter sua determinação deixada a arbitradores[185].

A empreitada não é, em princípio, *intuitu personae*, reputando-se desnecessário que o empreiteiro faça pessoalmente a obra[186]. Isso é impor-

---

constituam obrigação principal do contrato, ou seja, regras de outros tipos, cujas prestações se incluam na empreitada, mas desde que essas mesmas regras não conflitem com as desse negócio jurídico (*id.*).

[182] Sobre a indivisibilidade, consulte-se Costa Sena, 1935, p. 41; Almeida Paiva, 1997, p. 12; Serpa Lopes, 1993, p. 193; Ancona Lopez, 2003, p. 250; Andrighi; Beneti; Andrighi, 2008, p. 281; Rubino; Iudica, 2007, p. 149; Moscarini, 2011, p. 48 e ss. Note-se que, nos termos legais, a divisibilidade serve para fins de verificação (medição) com vistas ao pagamento (Código Civil, art. 614). Diferente é a entrega da obra, que somente se terá com ela concluída (Código Civil, art. 615).

[183] A nomenclatura é utilizada por Rubino, 1980, p. 142, ainda que ressalve ser a denominação empírica, considerando-se juridicamente relevante, na verdade, a obra objeto do contrato e, aí, sempre um todo unitário e indivisível, conquanto, do ponto de vista técnico, possa fazer parte de um empreendimento maior.

[184] Cf. Ghironi, Andrea. L'obbigazioni di compiere l'opera o il servizio: sua indivisibilitá. In: Luminoso, Angelo (Org.). **Codice dell'appalto privato.** Milano: Giufrrè, 2010, p. 250.

[185] Consulte-se, por todos, Pontes de Miranda, 1984, p. 392-393. Sobre a possibilidade de ser deixada a fixação do preço por arbitradores, *v.* Miranda Carvalho, 1953, p. 72. Acerca da empreitada por administração, cf. nota 156, acima.

[186] Mesmo sob o código antigo, em que julgava extinto o contrato de empreitada com a morte do empreiteiro, regra alterada no Código Civil de 2002, explicava Costa Sena, 1935, p. 18, não importar, salvo pacto em contrário, quem fará o empreendimento. A execução pelo próprio empreiteiro seria exceção (*id.*). Miranda Carvalho, 1953, p. 19 e 94 e ss., julgava a empreitada personalíssima por se extinguir com a morte do empreiteiro, mas registrava não desnaturar o

CONTRATOS CHAVE NA MÃO (*TURNKEY*) E EPC (*ENGINEERING, PROCUREMENT AND CONSTRUCTION*)

tante com relação ao contrato de construção, que é empreitada mesmo se o incumbido nenhum trabalho pessoal prestar[187]. Não se exclui que possa ser contrato personalíssimo quando assim se estabelecer, como nas hipóteses em que se exige que determinado arquiteto ou construtor seja o responsável pelas obras[188].

As regras do tipo legal da empreitada sempre foram consideradas insuficientes para regular as complexas atividades que uma obra envolve[189]. Essa crítica, longe de ser nova ou sinal evolutivo da complexidade que marca o cenário hodierno, era feita desde os primeiros estudos dedicados ao tema em nosso país, que postulavam maior minudência do legislador em razão da importância do instituto, e foi esse um dos motivos pelos quais, em outros países, os códigos mais recentes houveram por bem dar maior detalhamento ao modelo legal da empreitada[190].

Atribui-se ainda a essa insuficiência e também ao imobilismo dos códigos a atual tendência, antes peculiar do *common law* e agora presente nos países de sistema romano-germânico, de substituição do modelo legal da empreitada por modelos sociais, mediante o emprego de minutas-padrão de entidades de classe, nacionais ou internacionais, como se dá na França, ou com o emprego de regras do setor público em contratações privadas, praxe na Alemanha e em Portugal, também noticiada na Itália, com a consequência

---

contrato o fato de o empreiteiro mandar executar a obra. No mesmo sentido, Almeida Paiva, 1997, p. 12-13; e Gomes, 2008, p. 341.

[187] Cf. Pontes de Miranda, 1984, p. 378.

[188] *V.* Pontes de Miranda, 1984, p. 376. No mesmo sentido, Costa Sena, 1935, p. 43, para quem a empreitada pode ser personalíssima, como se dá nas obras de arte.

[189] Cf. Viana, 1981, p. 1, que propunha uma disciplina própria para o contrato de construção.

[190] Costa Sena, 1935, p. 15 e 111, ainda na década de '30 do século passado, na primeira obra dedicada exclusivamente à empreitada de que se tem notícia após a promulgação do Código Civil de 1916, se queixava das lacunas deixadas e da imprevidência legislativa. Miranda Carvalho, 1953, p. 12, acusa o Código Civil de lacunoso quanto ao tema. Recentemente, registra a falta de atualidade do modelo legal da empreitada, mesmo com as inovações trazidas pela codificação de 2002, que não teria acompanhado as particularidades e práticas modernas dos contratos de construção, Toledo da Silva, Leonardo Toledo. **Contratos de aliança**: direito empresarial e ambiente cooperativo. 2014. 384f. Tese (Doutorado em Direito) – Curso de Direito, Universidade de São Paulo, São Paulo, 2014. A doutrina estrangeira, dos países que se pautaram no *Code Civil*, como na Itália, registra a mesma insatisfação. Rubino, 1980, p. 7, por exemplo, indica que o *Codice Civile*, de 1942, serve para modernizar a disciplina baseada no antigo direito francês, a que faltava quase tudo.

O CONTRATO EPC E SUA RECONDUÇÃO AO CONTRATO DE EMPREITADA

de se criar o que a doutrina estrangeira já designou de *self-made law industry*[191]. Tratar-se-ia, para alguns, até de um cenário de crise da lei, derivado da decadência da autoridade suprapolítica da jurisprudência como formadora de normas e da falta de unidade e de sistematicidade do ordenamento estatal[192].

Com esse breve *excursio*, conclui-se constituir a empreitada a operação criadora do engenho humano, visando à obra concluída e perfeita, com autonomia e assunção de riscos[193]. Essa sua função socioeconômica e subjacente. De notável amplitude, acentuada elasticidade e de primária importância, na empreitada há os serviços, há o trabalho e pode haver outras atividades e prestações, como a entrega de materiais, que serão sempre instrumentais para se alcançar o resultado, que é o objeto do

---

[191] A respeito dessa tendência de substituição dos modelos legais por modelos sociais, em Portugal, *v.* Albuquerque; Assis Raimundo, 2013, p. 225, nota 894, que criticam a falta de renovação do regime codificado, julgando esse imobilismo um problema geral das nações que adotam o sistema romano-germânico e que, naquele País, leva as partes à peculiar solução de adotar normas atinentes a obras públicas, como adiante tratado (ver Capítulo 3, seção 3.1.5). Na França, o mesmo imobilismo é noticiado, a ponto de se dizer que a parte geral do código fez mais pelo contrato de empreitada do que a parte especial, ao mesmo tempo em que se atribui à falta de atualidade das regras, pouco alteradas desde 1806, à prática de se recorrer a *contrats-types* e a normas editadas pela Association Francaise de Normalisation – AFNOR (*v.* Labarthe; Noblot, 2008, p. 17 e 287). Na Alemanha o costume é utilizar regras padrão elaboradas para contratação de obras públicas, designadas de VOB/B, que, embora não se reputem lei, têm emprego compulsório em contratos administrativos e são largamente utilizadas em ajustes privados (cf. Grosshans, Annemarie. An introduction to German Construction Law. **Construction Law Journal**, London, v. 27, n. 8, 2007, p. 582; e, ainda, Alcântara Gil, 2007, p. 22). Igualmente, Calabresi, 2009, p. 67, reporta a existência de normas estatais sempre arcaicas sobre o contrato de empreitada italiano, em função do que as partes criam uma *"self-made law industry"* para superar as lacunas deixadas pelo legislador e dar conta da complexidade dos empreendimentos atuais. Sobre a aplicação, na Itália, das particularidades dos contratos de empreitada pública pelos particulares em contratos eminentemente privados, *v.* Marinelli, 1996, p. 11, nota 20, e 170. Nesse sentido, para um entendimento do que seja hoje considerado o *ius ingenierum* ou *lex constructionis*, nascidos da elaboração de modelos contratuais por associações de profissionais do ramo da engenharia, e também sobre e criação dessa *"self-made law industry"*, consulte-se Cebriá, 2013, p. 1669.

[192] *V.* Polotto, 2009, p. 128. Para o autor, a impossibilidade de encontrar nos ordenamentos positivos uma disciplina própria da engenharia de construção teria deixado um importante espaço para a predisposição, geralmente unilateral de amplos e detalhados capítulos contratuais, mas também de modelos contratuais uniformes (*ibid.*, p. 103).

[193] Sobre função da empreitada ou seu *"rôle causal décisif"* de criação pelo engenho humano de uma obra, *v.* Cayol, 2012, p. 390.

CONTRATOS CHAVE NA MÃO (*TURNKEY*) E EPC (*ENGINEERING, PROCUREMENT AND CONSTRUCTION*)

contrato[194]. Todas as atividades do empreiteiro são interdependentes e subordinadas a esse objeto; remanescem, porém, em segundo plano: a obra sobressai[195]. Na empreitada, temos, então, como elemento primordial do tipo, a obrigação de atingir certo resultado materializável contra o pagamento de um preço, mediante a execução autônoma que efetua o empreiteiro em favor do dono da obra[196].

Quando houver uma obrigação de fazer proeminente, com obrigação de dar instrumental, em que a responsabilidade organizativa fique a cargo do contratado, assim como os riscos do negócio, de empreitada se tratará[197]. Esse complexo de elementos constitui o tipo da empreitada civil e nele se incluem todos os contratos que, mesmo apresentando aspectos diferentes ou outro nome, tiverem estrutura correspondente a essa descrição e que atenderem a essa causa[198].

2.2 Os Elementos do EPC e a Empreitada: Projetos

2.2.1 Projetos: do *Design-build* ao EPC

Definidos os elementos caracterizadores do tipo da empreitada, torna-se possível verificar em que medida aquelas notas distintivas do EPC – e que extrapolam o contrato em que ao empreiteiro não se atribui mais do que a operação construtiva da obra – se conformam ou não com ele, a começar pela elaboração de projetos, uma atividade com viés marcadamente intelectual.

A reunião das atividades de elaboração do projeto e de construção da obra na pessoa do empreiteiro, tivemos já a oportunidade de salientar, não é uma particularidade do contrato EPC, nem do chave na mão, mas

---

[194] Segundo explica Almeida Paiva, 1997, p. 18, o fornecimento dos materiais contribui da mesma forma como a mão de obra, no intuito de levar a bom termo o objeto do contrato, que é a execução da obra, esta, sim, de importância capital.

[195] Costa Sena, 1935, p. 43, entretanto, adverte que não se pode incluir na empreitada toda e qualquer prestação, pois, assim, seria impraticável diferenciar a empreitada de muitos contratos sempre que as atividades fossem efetuadas para alcançar um resultado.

[196] O conceito é do jurista luso Brito Pereira, 1994, p. 590, adotado pela precisão e em tudo aplicável ao nosso ordenamento.

[197] Cf. Marinelli, 1996, p. 51.

[198] V. Marinelli, 1996, p. 24 e 51.

O CONTRATO EPC E SUA RECONDUÇÃO AO CONTRATO DE EMPREITADA

do arranjo *design-build*, de onde estes últimos parecem desdobrar-se[199]. No *turnkey* e no EPC, porém, o contratado tende a assumir a integralidade das atividades intelectuais de engenharia, nisso havendo um diferencial em relação ao *design-build*, que não pressupõe que o contratado responda pelo projeto como um todo[200]. Na assunção completa dos projetos, inclusive, encontrar-se-ia o único diferencial do chave na mão para os demais contratos de obra, os quais, de ordinário, já encerram a obrigação de entregar uma obra completa, em condições plenas de funcionamento[201].

Nos arranjos *design-build*, em um extremo, poderá o contratado elaborar todos os planos construtivos e, em outro, ficar incumbido somente do projeto executivo, não respondendo pelos projetos preliminares da futura obra[202]. É comum, inclusive, e não desnaturaria o *design-build*, o fato de parte do projeto ser elaborada pelo contratante, depois se exigindo que o contratado assuma os planos já desenvolvidos, método chamado de *bridging*, ou até que substitua o próprio contratante no contrato com o arquiteto ou engenheiro, passando a ocupar sua posição, operação designada de *novation*[203].

---

[199] Sobre se considerarem o *design-build*, o *turnkey* e o EPC o mesmo contrato, ver, no Capítulo 1, seção 1.1.1.

[200] Cf. Cebriá, 2013, p. 1674.

[201] *V.* Hernandez Rodriguez, 2004, p. 173-174, que considera a obrigação de entrega da obra completa, pronta para uso, traço comum de todos os contratos ordinários de construção, residindo na assunção integral dos projetos o único diferencial do *turnkey* a respeito do qual há consenso generalizado.

[202] Cf. Nisbet, 2003, p. 30.

[203] Sobre não desnaturar o arranjo *design-build* e a elaboração de uma parte do projeto pelo contratante, o que ocorreria em diversos casos, embora, a depender das cláusulas contratuais, isente a responsabilidade do contratado pela parcela que não elaborou, *v.* Lupton, 2013, p. 5. Existiria, portanto, um *design-build* puro quando o contratado fosse encarregado de todos os projetos e uma mistura do método tradicional com esse arranjo, chamada de *bridging*, nas hipóteses em que o contratante primeiro contrata o projetista para um projeto esquemático (entre nós, o projeto básico) e depois lança convites e efetua a contratação em que os desenhos executivos e a construção das obras ficam a cargo do empreiteiro (cf. Sweet e Schneirer, 2013, p. 376). Pontuam esses autores que a diferença do *bridging* para o *design-build* puro é que não são dadas simples instruções acerca da performance, mas especificações de projeto, podendo implicar garantias de conformidade e funcionalidade destes documentos e especificações pelo contratante e, em alguns casos, até atrair para este a responsabilidade por defeitos nas obras (*id.*). Há quem seja hostil a esse tipo de arranjo, como o Design-Build Institute of América – DBIA, por entender que retira a autonomia do contratado, autonomia essa que traria grandes benefícios para o método, além de restringir a inovação e tornar incerta

CONTRATOS CHAVE NA MÃO (*TURNKEY*) E EPC (*ENGINEERING, PROCUREMENT AND CONSTRUCTION*)

O turnkey e o EPC, ao invés, são voltados para que o contratado efetue todo o projeto das obras. Quando isso não ocorre, ao menos nos ajustes EPC, deverá o construtor validar as informações, especificações e desenhos recebidos, a fim de responder pela sua exatidão[204]. Esses tipos de ajuste, de toda maneira, não teriam sido elaborados para que o contratante detalhasse especificações técnicas ou incluísse projetos pormenorizados no contrato, e sim para que indique somente exigências funcionais e de performance[205]. Por isso, entre as suas características, incluem-se certa indeterminação do *opus*, objeto do negócio, e a consequente amplitude de faculdades do contratado[206].

O contratante, nos contratos chave na mão e EPC, portanto, não precisará providenciar o mesmo nível de detalhamento nem possuir o mesmo nível de expertise para implantar o empreendimento, traço que facilitaria o seu uso como mecanismo de desenvolvimento[207]. Sua participação pode, assim, ser reduzida e se limitar à realização de mero estudo de viabilidade e também ao levantamento dos custos da futura obra[208]. Para evitar a perda de ingerência ou até a baixa qualidade da obra, em caso de construtores

---

a responsabilidade e, mais importante, evitar que, desde logo, o construtor entre na obra (cf. Bruner; O'Connor, 2002, v. 2, p. 518). Bailey, 2011, p. 26, registra também que, normalmente, o contratante elabora o projeto até certo ponto, de modo a ter maior conhecimento das obras e melhor orçar o preço, para depois repassar o contrato com o projetista para o construtor, no método chamado de *novation*.

[204] Cf. Huse, 2013, p. ix. Consoante explica esse autor, o contratante pode apresentar projetos preliminares (*Front-End Engineering Design* – FEED), ainda que caiba ao contratado assumir a responsabilidade pelo conteúdo de tais documentos (*id.*). O FEED é um projeto básico com algum aprofundamento adicional, mas não se confunde com o projeto executivo. Acerca da extensão do FEED, que pode abranger aspectos econômicos do negócio, opções técnicas, tecnológicas, de produção e de impacto ambiental, consulte-se, Cebriá, 2013, p. 1688-1689. Sobre o *turnkey* contar com aspectos do projeto no próprio contrato e até um projeto preliminar como anexo, sem excluir a responsabilidade do contratado por essas informações e documentos, *v.* Schneider, 1986, p. 339. Essa responsabilidade por projetos é discutida mais à frente em detalhes, neste Capítulo, na seção 2.5.1.

[205] A propósito, *v.* Cazalet; Reece, 1999, p. 2.

[206] Cf. Polotto, 2009, p. 117.

[207] Cf. Huse, 2013, p. ix. Sobre o *turnkey* como instrumento de desenvolvimento, ver Capítulo 1, seções 1.3.3 a 1.3.5.

[208] Relatando o papel reduzido do contratante, limitado, em termos de planejamento e projeto, ao estudo de viabilidade, *v.* Rubino-Sammartano, 2006, p. 709. Como explica Huse, 2013, p. 6, no *turnkey* há considerável redução das intervenções do contratante nos processos de projeto e construção se comparados com outros métodos, e seu papel consistirá, proeminentemente,

O CONTRATO EPC E SUA RECONDUÇÃO AO CONTRATO DE EMPREITADA

que visem maximizar seus lucros, as instruções do contratante, normalmente, ultrapassam meras indicações e contêm todo um detalhamento da performance e da qualidade esperadas[209]. Não são incomuns requisitos até meticulosos, com desenhos e critérios detalhados, de modo a definir o projeto e a construção a serem executados[210].

2.2.2 Projetos: Direito Público

A fusão das missões de concepção e de execução da obra em uma só pessoa, característica do *design-build*, do *turnkey* e do EPC, em suas diferentes intensidades, não é desconhecida do direito público brasileiro, tampouco se constitui uma novidade no âmbito administrativo. Desde a década de 1960, quando ainda se exigia a contratação pelo método tradicional, sendo o projetista e o construtor empregados por meio de ajustes independentes, previam-se regras excepcionais para obras de arte destinadas a entes públicos, que podiam valer-se da contratação única, tanto para aliar as expertises do projetista e do construtor, como por se julgar essa a melhor forma de implantar construções de maior vulto[211].

na administração contratual, podendo incluir, revisões ou aprovações do projeto, mas sempre com menor nível de ingerência.

[209] *V.* Sweet; Schneier, 2013, p. 373, em lição sobre o *design-build*, mas em tudo aplicável ao chave na mão e ao EPC. O nível de especificação, porém, não poderá chegar a ponto de desvirtuar o *design-build* e retirar a autonomia do contratado em relação aos projetos e métodos, sob pena de se desvirtuar o arranjo e torná-lo um *design-then-build*, isto é, o arranjo tradicional. Como explica Uff, 2013, p. 306-307, ainda que o comum seja o contratante incluir especificações em seu pedido de cotação e o contratado submeter sua proposta considerando tais especificações, este último tem sempre de manter algum nível de discricionariedade e a possibilidade de escolha em relação a detalhes não especificados, ou seja, possuir a prerrogativa de obter economias nos trabalhos. Constitui, inclusive, como tratado adiante, um abuso do *turnkey* que o contratante faça indicações detalhadas das obras e, ao mesmo tempo, não se responsabilize pela qualidade destas ou pelos orçamentos delas decorrentes (ver, neste trabalho, seção 2.5.1 e nota 329).

[210] Cf. Huse, 2013, p. 7. Para tanto, o dono da obra terá consultores que darão a ele um esboço do futuro projeto (*v.* Duncan Wallace, 1986, p. 365). Ao mesmo tempo em que se exige contratantes mais preparados do que no método tradicional, os interessados em ser contratados sob o regime EPC podem ter de providenciar projetos de nível avançado para o empreendimento na fase de proposta, que exigirá estudos extensos do local das obras e das necessidades do contratante (cf. Huse, 2013, p. x).

[211] Encontra-se regulação sobre a contratação única (*design-build*), por exemplo, nos anos 1960, para execução de obras de arte especiais, em cujo contrato poder-se-ia incluir o projeto, desde

Em decorrência do protagonismo estatal na industrialização e na implantação da infraestrutura brasileira entre as décadas de 1940 e 1980[212], com a consequente evolução dos modelos de contratação pública, influenciados pelos avanços verificados em âmbito internacional, a excepcional possibilidade de unir projetos e construção não tardou a se tornar regra. Assim é que constatamos, nos anos '80, consagrada em lei, para toda e qualquer obra, a contratação concentrando na mesma pessoa as obrigações de detalhar os projetos e de executá-los[213]. Essa possibilidade é hoje legalmente prevista por todas as normas que regem a contratação administrativa, que, mais recentemente, vão além e permitem, para obras públicas especiais e agora para todas empresas públicas e sociedades de economia mista, até que o projeto básico seja inteiramente desenvolvido pelo construtor das obras, conforme se dá no *design-build* puro, no *turnkey* e no EPC[214].

2.2.3 Projetos: Notícia Histórica no Direito Privado Brasileiro

No âmbito do direito privado, nem no Código Civil, nem na Lei de Incorporações Imobiliárias encontram-se normas específicas sobre a união, na mesma pessoa, das obrigações de projetar e construir[215]. Isso não quer dizer,

---

que fosse concluído antes do início das atividades construtivas, época em que se impunha fosse o projeto executivo elaborado de forma prévia e distinta da construção (*v.* Decreto-Lei n. 185, de 23 de fevereiro de 1967, art. 1º, parágrafo único.). A doutrina especializada, na época, criticava a exigência de elaboração do projeto executivo, como regra, previamente ou em contrato separado, sobretudo em grandes empreendimentos, nos quais julgava materialmente impossível a preparação dos desenhos detalhados de forma antecedente à execução das obras (*v.* Meirelles, Hely Lopes. **Licitação e contrato administrativo**. 5. ed. São Paulo: RT, 1983, p. 35).

[212] Cf. Bueno, 2012, p. 61.

[213] Cf. Decreto n. 2.300, de 21 de novembro de 1986, art. 8º, § 2º.

[214] *V.* Lei n. 8.666/1993, art. 9º, § 2º. Assim como se dá internacionalmente, em nosso País, o Poder Público tende a adotar formas de contratação utilizadas pelo setor privado. Em 2001, a Administração Pública, inovou mais uma vez e regulou o modelo da contratação integrada, no âmbito do Regime Diferenciado de Contratação, para obras especiais e de elevado interesse nacional, em que cabe ao construtor conceber o empreendimento desde o início, respondendo, inclusive, pelo projeto básico (cf. Lei n. 12.462/2011, art. 9º, § 1º). Essa modalidade de contratação, com a recente promulgação de novo estatuto das empresas públicas e sociedades de economia mista, foi positivada para toda e qualquer contratação, sem restrições, por esses entes da Administração Pública indireta (*v.* Lei n. 13.303, de 30 de junho de 2016, art. 43).

[215] A única exceção atual é a regra, prevista no Código Civil, que regula a execução de obras "segundo um plano aceito" (Código Civil, art. 619). Ante a falta de indicação sobre a autoria do

O CONTRATO EPC E SUA RECONDUÇÃO AO CONTRATO DE EMPREITADA

porém, que a empreitada deixe de comportar a elaboração de projetos pelo empreiteiro.

Historicamente, na *locatio operis* romana, as fontes descrevem o empreiteiro como um artesão. No entanto, em sua feição clássica, a empreitada não eliminava a possibilidade de se efetuar contratação única, quando a concepção e a execução das obras fossem reunidas em uma só pessoa. O arquiteto, nesse caso, era contratado para fazer os projetos e também executá-los ou para trabalhar como *redemptor*, designação dada ao *conductor* quando se tratasse de obra pública[216].

Em período mais recente, mas anterior ao nosso primeiro Código Civil, reporta a doutrina nacional que a profissão do projetista era quase desconhecida nos centros urbanos brasileiros e confundia-se com a do construtor[217]. Os edifícios eram confiados ao mestre de obras, ficando reservadas aos arquitetos apenas as obras dispendiosas e monumentais[218]. Em nosso país, por influência do direito português, mestre de obras era a designação que tinha o empreiteiro e durante longos anos essa profissão, como a de engenheiro e a de arquiteto, permaneceu sem regulamentação, pelo que qualquer indivíduo era livre para se dedicar à construção de edifícios e pontes ou a outros trabalhos de arquitetura e agrimensura[219]. Exercer a engenharia era desempenhar profissão comum de artífice, como as de marceneiro e de alfaiate[220].

O arquiteto parece entrar na cultura jurídica brasileira na qualidade de construtor e não como mero projetista, segundo comprova o próprio texto do Código Civil de 1916, que equiparava as duas profissões, no caso de o projetista também ser executante da obra[221]. Entre nós, o denominado

---

projeto, essa norma pode incidir tanto nos casos em que os planos das obras sejam elaborados pelo empreiteiro como naqueles em que os prepare o dono da obra.

[216] Cf. Romano Martinez, 2003, p. 349 c/c 348, nota 3.

[217] V. Costa Sena, 1935, p. 68.

[218] Cf. Costa Sena, 1935, p. 68.

[219] Cf. Miranda Carvalho, 1953, p. 121.

[220] V. Miranda Carvalho, 1953, p. 121.

[221] Essa era a dicção do art. 1.246 do Código Civil de 1916: "O arquiteto, ou construtor, que, por empreitada, se incumbir de executar uma obra segundo plano aceito por quem a encomenda, não terá direito a exigir acréscimo no preço, ainda que os dos salários, ou o do material, encareça, nem ainda que se altere ou aumente, em relação à planta, a obra ajustada, salvo se se argumentou, ou alterou, por instruções escritas do outro contratante e exibidas pelo empreiteiro".

"arquiteto-artista", exercendo mister puramente intelectual, de concepção, direção e fiscalização dos trabalhos, começa a aparecer somente no curso do século XIX e, por isso, acabou por não merecer a atenção dos primeiros codificadores, entrando na legislação civil tão só o arquiteto-construtor, então designado de "arquiteto-empreiteiro"[222].

O mais antigo regramento profissional da atividade surgiu no Rio de Janeiro, em 1925, e igualmente não distinguia o empreiteiro do projetista, denominando os construtores de "arquitetos-construtores"[223]. O título era concedido indiscriminadamente, conquanto se separassem esses profissionais em licenciados e diplomados, até que, em 1933, expediu-se decreto para regular as profissões de arquiteto, engenheiro e agrimensor, prejudicando a situação dos mestres de obra, que poderiam continuar a executar construções somente se autorizados pelo conselho de engenharia e arquitetura[224].

Ainda que atraísse as críticas daqueles que acreditavam que o arquiteto não devia imiscuir-se na profissão do empreiteiro, sempre um especulador[225], desde os primórdios da legislação brasileira, inclusive da codificada, o contrato de empreitada comportava a reunião, na mesma pessoa, das atividades de concepção e de execução das obras. Vale dizer, em nada contrariava a empreitada que fosse o construtor contratado também para conceber a própria obra ou o arquiteto contratado para construí-la[226].

Essa possibilidade de o arquiteto ser responsável pelas obras, é bom que se diga, constitui uma constante dos códigos oitocentistas, todos prevendo

---

[222] Cf. Costa Sena, 1935, p. 68-69. Miranda Carvalho, 1953, p. 111 e 115, da mesma forma, registra que o Código Civil (de 1916) não tratou do "arquiteto-artista", mas somente daquele que acumula suas funções profissionais com a de construtor, assumindo, assim, para os fins legais, a posição de empreiteiro e também chamado de arquiteto-empreiteiro.

[223] Cf. Miranda Carvalho, 1953, p. 121.

[224] V. Miranda Carvalho, 1953, p. 121.

[225] Cf. Miranda Carvalho, 1953, p. 112 e 115, para quem o arquiteto, diferente do empreiteiro, valia-se de seu próprio trabalho. Sobre a ideia de que os arquitetos não deviam se prestar a efetuar a construção de obra, por ser atividade menos digna, ver Capítulo 1, seção 1.2.2, em especial nota 30.

[226] A mesma notícia histórica é dada, em relação ao direito português antigo, por Cunha Gonçalves, 1933, p. 615 e 623: o construtor podia se incumbir dos projetos como parte do contrato de empreitada (incluídos os desenhos no preço contratual), em nada desfigurando este tipo; e o arquiteto podia executar a obra por preço global, caso em que haveria igualmente empreitada.

no contrato de empreitada a figura do arquiteto-construtor, a demonstrar que, ao menos nos países de sistema romano-germânico, a reunião de atividade que se deu no *common law* com o *design-build* parece ser mais antiga[227].

2.2.4 Projetos: Obra Imaterial

O projeto consiste em verdadeira e independente obra de engenho humano, de caráter criativo, original e por vezes até inovador, de conteúdo complexo, que serve para descrever e representar a ideia da construção a ser realizada[228]. Essa noção não muda em função de o projeto – mesmo com a evolução tecnológica das obras modernas, em todos os níveis e áreas – ter passado de uma competência monodisciplinar, concentrada no arquiteto ou no engenheiro, para se tornar produto de conteúdos técnicos dos mais diversificados, um verdadeiro plano de realização das obras, para o qual concorrem expertises econômicas, jurídico-administrativas, ambientais, geológicas, sanitárias, higiênicas e de segurança[229]. Ainda que materializado em plantas, desenhos, especificações técnicas, relatórios, que

---

[227] Nesse sentido, tratou o *Code Civil* francês, em sua redação original de 1806 (ainda vigente), no art. 1783, da responsabilidade do arquiteto que se encarregasse das obras por preço global pelos acréscimos de obra (*"Lorsqu'un architecte ou un entrepreneur s'est chargé de la construction à forfait d'un bâtiment, d'après un plan arrêté et convenu avec le propriétaire du sol, il ne peut demander aucune augmentation de prix, ni sous le prétexte de l'augmentation de la main-d'oeuvre ou des matériaux, ni sous celui de changements ou d'augmentations faits sur ce plan, si ces changements ou augmentations n'ont pas été autorisés par écrit, et le prix convenu avec le propriétaire"*) (*v.* França. **Code Civil.**, *cit.*). Da mesma forma, o revogado *Codice Civile* italiano de 1865 trazia o seguinte dispositivo: *"Art. 1640. Un architetto o un imprenditore che si è incaricato per appalto di construire un edifizio, in coformità di un disegno stabilito e concordato col committente, non può domandare alcun aumento del prezzo, nè col pretexto che sia aumentato il prezzo della mano d'opera o dei materiali, nè col pretexto che siensi fatte al disegno variazioni od aggiunte, se queste non sono state approvate in inscrito e non se ne è convenuto il prezo col committente"*. (*v.* Itália. **Codice Civile 1865**. Disponível em: <http://www.notaio--busani.it/download/docs/CC1865_400.pdf>. Acesso em: 15 dez. 2016. Consoante indica Fernandez, 1986, p. 380, no Código Civil espanhol de 1889, ainda vigente, a redação é similar (*"El arquitecto o contratista que se encarga por un ajuste alzado de la construcción de un edificio u otra obra en vista de un plano convenido con el propietario del suelo, no puede pedir aumento de precio aunque se haya aumentado el de los jornales o materiales; pero podrá hacerlo cuando se haya hecho algún cambio en el plano que produzca aumento de obra, siempre que hubiese dado su autorización el propietario"*).

[228] Cf. Santis, Stanislao de. Il progetto nel contrato di appalto. **Rivista Trimestrale degli Appalti**, Santarcangelo di Romagna, v. 3, 2007, p. 673.

[229] *V.* Santis, 2007, p. 673.

constituem o seu *corpus mechanicum*, o projeto não deixa de se reputar uma atividade intelectual e, portanto, imaterial.

Atualmente, grassa ainda viva discussão doutrinária sobre se o objeto da empreitada pode ser também bem imaterial. Parte da doutrina, influenciada pela orientação alemã, defende que nosso atual Código Civil, sem destoar do anterior, permite que a empreitada vise à criação de obras intelectuais e imateriais contanto que o resultado seja a causa do contrato[230]. Uma orientação mais moderna, contudo, entende que o critério jurídico orientador da legislação mudou, e haverá empreitada somente por exclusão, quando a obra for material, existindo prestação de serviços se o trabalho for intelectual[231].

No direito estrangeiro, presenciamos o mesmo dissenso. Em Portugal, por exemplo, há acesa discussão sobre o conceito de obra no contrato de empreitada, debatendo grandes expoentes do direito civil luso acerca da admissibilidade ou não da contratação de obras imateriais sob esse tipo[232]. A conclusão ainda não é pacífica, inclinando-se parte expressiva da doutrina pela negativa[233]. Da mesma forma, no direito italiano, antes da divisão entre contrato de *appalto* e contrato *d'opera* – neste último se subsomem as obras intelectuais –, considerava-se que somente obras materiais faziam parte da empreitada[234]. Já a doutrina espanhola, igualmente influenciada pela orientação alemã, entende que esse contrato pode ter por objeto obra artística, científica, enfim, imaterial[235].

---

[230] Nesse sentido, cf. Pontes de Miranda, 1984, p. 383; e Gomes, 2008, p. 363-364, este último com base em doutrina alemã. Igualmente. Miranda Carvalho, 1953, p. 13, para quem o bem podia ser corpóreo ou incorpóreo. Contra, Costa Sena, 1935, p. 18, segundo o qual a obra somente podia ser material, ao contrário do Código Civil Alemão (BGB), que admite como obra qualquer produto do engenho humano.

[231] Cf. Ancona Lopes, 2003, p. 242. O entendimento é seguido por Andrighi; Beneti; Andrighi, 2008, p. 290.

[232] A respeito do conceito de obra no contrato de empreitada, consulte-se Brito Pereira, 1994, p. 589.

[233] Adotam uma interpretação restritiva, devendo as obras ser sempre materiais, Romano Martinez, 2003, p. 388 (nota 4), 389 e 390; e Pires; Varela, 1997, p. 865. Contra, Brito Pereira, 1994, p. 589.

[234] Cf. Abello, 1937, p. 530. A questão existia somente sob a égide do *Codice Civile* de 1865, cujas normas eram quase idênticas às brasileiras acerca da empreitada.

[235] V. Fernandez, 1986, p. 215 e 217.

2.2.5 Projetos como Determinação da Obra

À parte toda a discussão acerca de se considerar empreitada o contrato para execução de obra intelectual, naquelas hipóteses em que o contrato incluir projetos, mas tiver certo empreendimento como o resultado buscado, estes nunca se revelarão, em si mesmos, a prestação principal e o objeto da avença, mas, sim, instrumento para sua consecução. Por essa perspectiva, os projetos consistem em meio para atingir um fim, levando a doutrina a enxergar neles função meramente acessória, de determinação do *opus*[236].

Por mais que possuam um proeminente papel na execução, costumeiramente não são os documentos gráficos ou descritivos, mencionados no contrato, condição para validade da empreitada, nem elemento essencial do tipo, que exige somente seja a obra determinada ou determinável[237]. Do ponto de vista eminentemente jurídico, inclusive, a empreitada pode ser feita sem o projeto e mesmo sem especificações, quando o dono da obra tenha apresentado características gerais do que deseja[238]. A expressão "planos dados", utilizada pela lei, então, deve significar qualquer instrução, mesmo que não um projeto, para determinação da obra[239]. Imprescindível é que esta tenha uma individualização da obra e se estabeleça ao menos sua função[240].

Isso não exclui, evidentemente, que a execução do empreendimento em si exija uma prévia elaboração do projeto, quer por razões técnicas, ante sua indispensabilidade para qualquer obra de engenharia com um mínimo de complexidade, quer por razões administrativas, para que se ateste que requisitos urbanísticos e de segurança foram atendidos ou, em

---

[236] Nesse sentido, cf. Moscarini, 2011, p. 45; Santis, 2007, p. 676, 678 e 697; e Rubino; Iudica, 2007, p. 130.

[237] A propósito, *v*. Rubino-Sammartano, 2006, p. 75; Moscarini, 2011, p. 45.

[238] Cf. Pontes de Miranda, 1984, p. 377.

[239] O termo "planos" é adotado pelo Código Civil (2002) em seus arts. 615 e 619. Acerca do caráter genérico de seu significado jurídico, *v*. Miranda Carvalho, 1953, p. 69. Segundo Almeida Paiva, 1997, p. 18, os planos podem não se compor somente de plantas, mas também de especificações e orçamentos.

[240] Cf. Costa Sena, 1935, p. 45; e Rubino; Iudica, 2007, p. 122, estes últimos indicam ser a determinação da função essencial. Da mesma forma, exigindo obra meramente determinável, ver Abello, 1937, p. 530; Moscarini, 2011, p. 47; e Fernandez, 1986, p. 216.

casos mais complexos, até para assegurar que o interesse da comunidade será preservado.

2.2.6 Projetos: Orientação Moderna

Coerentemente à função secundária dos projetos na empreitada, o posicionamento dos estudiosos, hoje, dirige-se no sentido de ser admissível que o empreiteiro deles se incumba sem que isso desnature esse tipo contratual[241]. Caso não haja necessidade de sua aprovação pelo dono da obra, julga-se até que o projeto possa ser um mero documento interno, de uso próprio do empreiteiro[242].

Assim, entende-se que a empreitada pode ter por objeto uma obra a ser executada tanto de acordo com o projeto fornecido pelo contratante como pelo empreiteiro, pois o objetivo do contrato, em ambos os casos, continua o resultado final a ser obtido, o *opus consummatum et perfectum*[243]. Por não ser essencial o projeto, será indiferente, para fins de enquadramento e qualificação, se for incumbido ao empreiteiro antes ou depois da contratação, existindo, em ambos os casos, contrato de empreitada[244]. Dessa forma, pode a obra ser contratada com base em estudos incompletos ou levantamentos de viabilidade, a serem concretizados pelo empreiteiro, sem que isso inspire os estudiosos da empreitada a julgar alterado o tipo contratual[245].

De outro modo, se só pudesse ser objeto da empreitada a obra projetada pelo seu dono, reduzir-se-ia imensamente a abrangência do tipo, limitando-o aos casos em que o contratante tivesse conhecimento, ou meios e modos, para detalhar as especificações da obra, sem levar em consideração

---

[241] Nesse sentido, entre nós, explicitamente, Pontes de Miranda, 1984, p. 395. Admitindo a elaboração do projeto pelo empreiteiro sem que isso altere a natureza do contrato de empreitada cf., ainda, Andrighi; Beneti; Andrighi, 2008, p. 335; e, no direito argentino, Polotto, 2009, p. 144-145.

[242] V. Rubino; Iudica, 2007, p. 76.

[243] Cf. Polotto, 2009, p. 144-145, devendo-se notar que, na Argentina, a obra intelectual pode ser objeto da empreitada. Da mesma forma, Fernandez, 1986, p. 190, indica que o contrato do arquiteto que elabora projetos na Espanha também se considera empreitada. Igualmente, com ênfase, Cayol, 2012, p. 52, segundo a qual a identidade do autor da concepção das obras não possuiria incidência sobre a natureza do contrato de empreitada.

[244] V. Rubino-Sammartano, 2006, p. 55, 75, 76 e 79.

[245] Cf. Moscarini, 2011, p. 45-46.

O CONTRATO EPC E SUA RECONDUÇÃO AO CONTRATO DE EMPREITADA

que é a capacidade técnica do construtor que, em realidade, inspira sua contratação[246].

Há quem julgue incomum a elaboração do projeto pelo empreiteiro, talvez influenciado pela prática em obras imobiliárias, em que ainda se utiliza o arranjo tradicional em larga medida[247], enquanto outros entendem tão conforme à empreitada a elaboração dos projetos pelo construtor que, se nada se disse no contrato, caberá a ele a tarefa, reputando-se abrangida pelo preço da obra, a ponto de nenhuma remuneração adicional ser exigível[248].

Tradicional doutrina peninsular explica que arquitetos e engenheiros, quando contratados separadamente, ou seja, para elaborar o projeto e eventualmente fiscalizar a execução das obras, não seriam empreendedores, isto sim um diferencial da empreitada[249]. Contudo, nada impediria que assumissem esses profissionais as atividades construtivas, tornando-se, para fins legais, genuínos empreiteiros[250]. Igualmente, no caso oposto, se o empreiteiro assumir a responsabilidade pelos projetos, não deixará de se reputar empreitada o contrato de execução das obras.

Em esforços de sistematização do direito, como aquele empreendido no âmbito da União Europeia e que resultaram nos *Principle, Definitions and Model Rules of European Private Law*, alcançou-se também o entendimento de que nada impede sejam os projetos contratados junto com a execução das obras, nem isso desvirtua o contrato de empreitada, que absorverá e passará a reger a atividade intelectual[251]. Seria esse o princípio universal

---

[246] Essa a conclusão de Cayol, 2012, p. 51-53, sobre a exigência de o dono da obra fornecer projetos, arrematando ser a presença de especificações determinadas pelo cliente indiferente para o tipo da empreitada no direito francês.

[247] A propósito, Andrighi; Beneti; Andrighi, 2008, p. 335, esclarecem que o projeto pode ser de autoria do próprio empreiteiro, embora indiquem ser isso incomum. Considerando ser habitual que o dono da obra forneça os projetos, *v.* Moscarini, 2011, p. 45. Ainda assim, reputa o autor absolutamente normal que o empreiteiro elabore projetos, mormente em pequenas construções (*ibid.*, p. 46).

[248] Sobre a possibilidade de o empreiteiro ser encarregado do projeto e a ausência de remuneração adicional, *v.* Pontes de Miranda, 1985, p. 375. No mesmo sentido, Rubino; Iudica, 2007, p. 133-134. Ancona Lopez, 2003, p. 313, fala que o empreiteiro pode comprar os projetos de terceiros, mas não indica se isso desvirtuaria a empreitada em outro negócio.

[249] *V.* Rubino, 1980, p. 21.

[250] Cf. Rubino, 1980, p. 21.

[251] Segundo a Regra IV.C.-6:101 do Draft Common Frame of Reference, *"A contract under which one party undertakes to design and to supply a service which consists of carrying out the design is to be considered as primarily a contract for the supply of the subsequent service"* (cf. Von Bar, Christian;

CONTRATOS CHAVE NA MÃO (*TURNKEY*) E EPC (*ENGINEERING, PROCUREMENT AND CONSTRUCTION*)

do direito comparado europeu, ante a forma como as legislações tratam a atividade de elaboração de projetos, normalmente incorporada ao contrato de empreitada[252].

2.2.7 Projetos na Empreitada: Síntese

A moderna orientação doutrinária não destoa das conclusões alcançadas por meio de uma análise histórica e da natureza jurídica dos projetos na empreitada, que, de um lado, constituem elemento de determinação e, de outro, atividade instrumental, como tantas outras, interdependente e com fim único de consecução do resultado final. Tal como as demais prestações efetuadas, os projetos concorrem para a execução do empreendimento, que é a função do contrato, indivisível e puramente material.

Isoladamente, a elaboração dos projetos assim como o gerenciamento e a coordenação dos trabalhos poderiam constituir simples prestações de serviços imateriais. Quando, porém, inseridos no complexo feixe de atividades inter-relacionadas, contratadas para alcançar um resultado final material, o projeto cede passo e fica secundado pela obra, subordinando-se a ela. A elaboração de planos, projetos e desenhos pelo próprio empreiteiro, portanto, não desnatura o contrato de empreitada, nem o transforma em outro tipo ou em contrato misto ou atípico, ao menos enquanto mantida a função primordial de entrega de certa obra contra um preço.

2.3 Os Elementos do EPC e a Empreitada: Ajuste Global

A segunda das características distintivas e evolutivas do EPC em relação ao contrato de obra comum reside na feição global do ajuste, que incluiria todas as atividades para entrega da obra, completa e em funcionamento. O foco aqui não se encontra em qualquer abrangência implícita de atividades não detalhadas, mas nas diferentes atividades explicitamente assumidas pelo contratado.

Clive, Eric (Ed.). **Principles, definitions and model rules of European Private Law**: draft common frame of reference (DCFR). Oxford: Oxford University Press, 2010, p. 1869 e 1871.
[252] *V.* Von Bar; Clive, 2010, p. 1871, no qual é listado o enquadramento que os países da comunidade europeia dão para a atividade de elaboração de projetos.

O CONTRATO EPC E SUA RECONDUÇÃO AO CONTRATO DE EMPREITADA

Há quem entenda, é verdade, haver em tais ajustes o diferencial de se reputarem incluídos todos os bens e serviços indispensáveis para realização da planta, ainda que omitidos das especificações[253]. Como se alertou antes, entretanto, esse efeito inclusivo pode constar de todo e qualquer contrato de construção por preço fixo, em decorrência da obrigação de resultado[254]. Será, ao invés, nas atividades que superam a mera construção do empreendimento que reside a característica distintiva a ser analisada.

A incumbência dos projetos ao contratado das obras, já o verificamos, não afasta o enquadramento da operação como empreitada. Para completar o ajuste global com a obra em funcionamento, sobram, então, o fornecimento de bens, mais precisamente, de materiais e equipamentos, assim como o emprego de tecnologia e a formação de pessoal para atuar nas obras.

2.3.1 Ajuste Global: Equipamentos, Tecnologia e Treinamento

Tanto no *turnkey* como no EPC, o conjunto de atividades a que se obriga o contratado, para entregar o resultado final, pode englobar equipamentos industriais pesados e bens de capital, incluindo a sua instalação e depois a partida da planta como um todo[255]. Abrangeriam esses ajustes, assim, o fornecimento e a montagem do maquinário que fará parte do empreendimento e, quando se trate de bens que contenham tecnologia avançada, a sua transferência, com as limitações que veremos a seguir[256].

Para conferir proficiência no uso da tecnologia envolvida, inclui-se entre as atividades do construtor também a formação técnica de pessoal

---

[253] Essa a orientação de Cebriá, 2013, p. 1675. Segundo explica o autor, no silêncio do contrato, teríamos como traço distintivo do tipo encontrarem-se excluídos tão só os elementos que fiquem de fora do processo produtivo (*ibid.*, p. 1679). A afirmação está correta no que tange ao critério para se aferir se determinada atividade será ou não extracontratual e abrangida no preço. Não, contudo, quanto ao fato de o efeito inclusivo ser uma nota distintiva dos contratos *turnkey* e EPC.

[254] *V.* Capítulo 1, seção 1.3.2, *in fine.* A possibilidade de se exigir do contratado que responda por itens omitidos das especificações aparenta ser um ganho de eficiência da contratação do empreiteiro único, advinda da criação do *general contractor* (ver, nesse sentido, ainda no Capítulo 1, seção 1.2.3, em especial, nota 35).

[255] Cf. Hernandez Rodriguez, 2004, p. 174 e 186; e Cebriá, 2013, p. 1673, 1674 e 1706.

[256] *V.* Cebriá, 2013, p. 1679. No mesmo sentido, Rubino-Sammartano, 2006, p. 709, para quem é usual que nos contratos chave na mão exija-se o uso de tecnologia e propriedade intelectual; e, ainda, Organisme de Liaison des Industries Métalliques Européennes-Orgalime, [s.d.], p. 2.

do contratante[257]. Por não responder o contratado pelo correto manejo do empreendimento por parte desse pessoal, haveria aí unicamente obrigação de meio, contratada ao lado das obrigações de resultado típicas do contrato de obra, embora façam parte natural do EPC[258].

Com o fornecimento de equipamentos e a formação de pessoal acrescidos às atividades de projetar e construir, temos, então, o ajuste global em que, por meio de um único instrumento, garante-se a implantação do empreendimento e se confere autonomia em sua utilização, ao mesmo tempo em que se superam os conflitos de interface comuns quando há multiplicidade de avenças, atribuindo maior segurança de que o projeto, sobretudo quando financiado, não deixará de ser entregue em operação, nas condições previstas[259].

2.3.2 Ajuste Global: Direito Público

Da mesma forma que identificamos, no direito público brasileiro, a previsão expressa do *design-build* entre as modalidades de empreitada, encontramos positivada a contratação, por entes governamentais, de ajustes globais em que as prestações de engenharia, fornecimento de bens e construção, até a entrega da obra em operação, sejam concentradas no mesmo contratado.

Esse ajuste, em âmbito administrativo, também é qualificado como empreitada, precisamente de "empreitada integral", e se encontra legalmente previsto no ordenamento brasileiro desde a década de 1990[260]. Assim, ao menos no setor público, o fornecimento de bens e equipamentos,

---

[257] Cf. Cebriá, 2013, p. 1706.

[258] V. Cebriá, 2013, p. 1706. Esclarece o autor que, quando os trabalhos de comissionamento (instalação) sejam feitos pelo contratante, diz-se, com base na doutrina francesa, que o chave na mão é do tipo restringido (*léger*); já quando há formação técnica do pessoal do proprietário e assistência técnica, considera-se amplo o contrato (*lourd*) (*ibid.*, p. 1682-1683, nota 35). Os contratos restringidos também seriam chamados de *semi-turnkey* (*id.*). No mesmo sentido, Hernandez Rodriguez, 2004, p. 186. Acerca da incorporação dessas atividades como elementos naturais do contrato EPC, v. Capítulo 1, seção 1.3.3, em especial nota 82.

[259] Sobre a segurança aos financiadores, v. Cebriá, 2013, p. 1678. Acerca do potencial de pleitos ser menor, cf. Schneider, 1986, p. 349

[260] Lei n. 8.666/1993, art. 6º, "*e*". A empreitada integral foi ainda prevista no Regime Diferenciado de Contratação (Lei n. 12.462, de 4 de agosto de 2011, art. 2º, I) e no novo Estatuto Jurídico das Empresas Públicas e da Sociedade de Economia Mista (Lei n. 13.303, de 30 de junho de 2016, art. 42).

O CONTRATO EPC E SUA RECONDUÇÃO AO CONTRATO DE EMPREITADA

reunindo no contratado todas as atividades para implantação do empreendimento, não implica que o contrato deixe de se considerar empreitada.

2.3.3 Ajuste Global: Empreitada e Equipamentos

No âmbito puramente civil, saber se o empreiteiro pode fornecer bens e em que medida isso alteraria o tipo contratado constitui um dos mais velhos e perenes debates entre os estudiosos da empreitada, que remonta às raízes romanas do contrato de obras. Na época clássica, quando incluísse a entrega de materiais, de compra e venda se reputava tratar o negócio[261]. A proximidade entre os dois tipos, aliás, sempre levou a doutrina brasileira a acentuar a profunda analogia entre a empreitada e a compra e venda, a ponto de ser também o contrato de obra regido pelos três elementos daquela (*res, pretium* e *consensus*)[262].

Desde a nossa primeira codificação civil, no entanto, a própria lei não deixa margem a interpretações quanto a ser de empreitada o contrato de obra em que os materiais sejam fornecidos pelo contratado[263]. A prestação, no tocante à entrega do material, pode até ser considerada como a do vendedor, porém há o *plus*, que é a mão de obra[264]. Com a ausência do espírito de venda, a importância dos trabalhos, ao menos para as partes, sobrepujaria a dos materiais, e o *facere*, a confecção da obra, ao invés do *dare*, caracterizaria o contrato[265]. A finalidade da empreitada nunca constituiria, em outras palavras, a aquisição dos materiais, um mero meio, jamais sendo estes, por exemplo, entregues ao dono da obra, que não os compra, mas os recebe incorporados ao empreendimento[266]. Ainda que haja quem identifique na empreitada de materiais a existência de contratos coligados, a criação da obra e a correspondente obrigação de fazer sobressaem[267]. Na

---

[261] Cf. Costa Sena, 1935, p. 12-14; e Almeida Paiva, 1997, p. 3. No mesmo sentido, Sole Resina, 1997, p. 22, explicando que na *locatio conducto* somente se fornecia o trabalho.

[262] *V.* Miranda Carvalho, 1953, p. 12 e 16.

[263] Cf. Código Civil de 1916, art. 1.237, equivalente ao art. 610 do Código Civil de 2002.

[264] *V.* Pontes de Miranda, 1984, p. 385.

[265] Cf. Gomes, 2008, p. 363; Serpa Lopes, 1993, p. 198; e Almeida Paiva, 1997, p. 18. Igualmente, no direito estrangeiro, Romano Martinez, 2003, p. 333; Rubino; Iudica, 2003, p. 45; e Rubino-Sammartano, 2006, p. 24-25.

[266] *V.* Ancona Lopez, 2003, p. 253.

[267] Quanto à prevalência da obrigação de fazer, cf. Pontes de Miranda, 1984, p. 385; e Moscarini, 2011, p. 37. Sobre o entendimento de que a empreitada com materiais seria

CONTRATOS CHAVE NA MÃO (*TURNKEY*) E EPC (*ENGINEERING, PROCUREMENT AND CONSTRUCTION*)

empreitada, o foco estaria na execução da obra, ao contrário da compra e venda, voltado precipuamente para a transferência da propriedade[268].

A qualificação do contrato, contudo, fica mais difícil quando não sejam propriamente materiais os bens incorporados à obra, inseparáveis e indistintos dela, mas equipamentos de importância e de complexidade tais que aparente ser a obrigação de dar a central do contrato, o que ocorrerá, sobretudo, naqueles casos em que o preço dos bens suplantar o dos trabalhos[269].

Quando esses mesmos equipamentos complexos e relevantes forem infungíveis, ou seja, fabricados especialmente para o empreendimento, constituirá sua fabricação empreitada de coisa móvel, por ser o bem específico e individualizado[270]. É o caso daqueles bens que não são produzidos em série, entre os quais instalações eletromecânicas, eletrônicas, elétricas, feitas sob um projeto especial[271]. Nessas situações, a dificuldade de qualificação é menor. O fornecimento do bem, isoladamente, considerar-se-á empreitada, pelo que sua incorporação em empreendimento maior, pelo regime chave na mão ou EPC, não altera a natureza da operação se o resultado final permanecer a execução de uma obra, também enquadrada no tipo da empreitada.

Maiores incertezas podem existir se aqueles equipamentos de elevada importância e complexidade forem fungíveis, constantes de catálogo, quando então haveria compra e venda se o negócio fosse realizado isoladamente, não importando que o vendedor ainda os tenha de fabricar ou encomendar a terceiro[272]. Da mesma forma, se o bem a ser incorporado

uma coligação de dois contratos distintos, unidos numa operação econômica única, ver Gomes, 2008, p. 366.

[268] Cf. Marinelli, 1996, p. 42-43.

[269] Cf, Lima; Varela, 1997, p. 865.

[270] Considerando a fabricação de bem infungível como empreitada, cf. Pontes de Miranda, 1984, p. 385; Rubino; Iudica, 2003, p. 49; Marinelli, 1996, p. 42-43; e Cayol, 2012, p. 389, que considera o critério distintivo da empreitada para compra e venda a criação de bem específico, singular, ao contrário da coisa, a qual possui vocação para satisfazer um grande número.

[271] Cf. Rubino-Sammartano, 2006, p. 629.

[272] *V.* Pontes de Miranda, 1984, p. 385. No mesmo sentido, Romano Martinez, 2003, p. 335 e 337; e Rubino; Iudica, 2003, p. 49. O critério da fungibilidade confunde-se com aquele do *genus* e *specie*, adotado pela doutrina italiana, segundo o qual, havendo a entrega de bem parte de um gênero, existirá compra e venda; ao contrário, se o bem for específico, empreitada (cf. Rubino-Sammartano, 2006, p. 27). Esse critério é ainda similar ao da ordinária produção do bem, que seriam, então, objeto de vendas e não da empreitada (*id.*). Em sentido análogo, *v.* Marinelli, 1996, p. 42-43.

O CONTRATO EPC E SUA RECONDUÇÃO AO CONTRATO DE EMPREITADA

à obra estivesse pronto, existisse previamente ao contrato, a operação implicaria venda e não empreitada, mesmo se algumas adaptações fossem necessárias[273]. Neste último caso, pela proeminência do *dare*, poder-se-á entender que o contrato que inclua o fornecimento de bens fungíveis de elevada importância seja de compra e venda ou misto, quando alie atividades construtivas. A esse respeito, por exemplo, controverte-se sobre qual a qualificação do contrato em que, apesar da elevada proeminência do equipamento em causa, só se possa retirar utilidade depois de ter sido montado. Embora seja a montagem acessória, por reputar-se indispensável, a doutrina diverge se de empreitada ou de venda se cuidará[274].

A controvérsia toca, inclusive, em uma das espécies de *turnkey*, no qual, em edificação já existente, cabe ao contratado fornecer um sistema eletromecânico completo e em funcionamento[275]. Esses contratos, designados pela doutrina italiana de *impiantisica industriale eletromeccanica* e pelos espanhóis de *instalación de una planta industrial*, são por alguns considerados compra e venda com obrigações acessórias de projeto, montagem e garantia de funcionamento, enquanto outros os reconduzem ao tipo da empreitada[276].

---

[273] Cf. Costa Sena, 1935, p. 43; Rubino; Iudica, 2003, p. 49; e Pontes de Miranda, 1984, p. 386.

[274] Cf. Romano Martinez, 2003, p. 337, anotando a posição majoritária portuguesa, que reputa haver empreitada na venda de equipamento em que não há utilidade sem a montagem. O caso típico discutido pela doutrina lusa é o do fornecimento e montagem de elevadores, em que, pela falta de utilidade do bem antes de sua instalação, considera-se o ajuste como empreitada, a despeito de ser o equipamento de maior valor em relação aos trabalhos de incorporação ao edifício (*ibid.*, p. 336-337). Contra, Rubino-Sammartano, 2006, p. 630, para quem, se o bem é produzido em série e há montagem, existirá compra e venda associada com empreitada, em um contrato misto. Da mesma forma Rubino, 1980, p. 141, que verifica na montagem industrial de bem uma compra e venda com simples obrigação acessória de fazer. Caso haja somente a montagem, porém, dúvidas não existem de que o contrato será de empreitada (*id.*).

[275] Sobre esse tipo de *turnkey* sem que as obras civis sejam efetuadas pelo contratado, ver Capítulo 1, seção 1.1, especialmente nota 12, e seção 1.3.2.

[276] Considerando o contrato de *impiantisica industriale eletromeccanica* como empreitada, cf. Rubino-Sammartano, 2006, p. 62. Contra, qualificando-o como contrato complexo de compra e venda, *v.* Bortolotti, 2012, p. 274; e Calabresi, 2009, p. 21. Para Le Tourneau, 2016, p. 241, na medida em que as demais obrigações de montagem, assistência técnica, etc., tiverem importância significativa, não se poderá tratar de venda. Igualmente, segundo a atual doutrina espanhola, os contratos *turnkey* reduzidos seriam considerados, pelos tribunais, de tipo misto, com elementos de compra e venda (*v.* Reig Fabado, 2008, p. 78, nota 152).

O critério reputado mais seguro pela doutrina especializada, entretanto, parece ser o de que haverá empreitada quando o fornecimento de equipamentos consistir mera atividade instrumental, meio para entrega de uma obra, existindo, ao contrário, compra e venda quando o trabalho for simples recurso para transformar o bem que se deseja adquirir[277]. Esse seria o chamado critério da predominância ou prevalência do trabalho (empreitada) ou dos bens (compra e venda) para as partes em razão do fim por elas buscado[278]. Não será, porém, o valor econômico do *dare* ou do *facere* que levará à qualificação do contrato como compra e venda ou empreitada, mas a importância subjetiva e objetiva que as partes deram a essas atividades[279].

Aqui, caberá ao intérprete analisar se os equipamentos e sua entrega (*i.e.*, o *dare*) possuem prevalência em relação aos eventuais trabalhos de instalação, assim como verificar se haverá utilidade e interesse nos bens sem tais trabalhos, e qual a intenção das partes na conclusão do contrato. Naquelas hipóteses em que reste claro não serem os bens em si o que se objetiva, mas a implantação de certo empreendimento, complexo e integrado por esses mesmos bens, o seu fornecimento, por mais relevante que seja o *dare*, representará mera atividade instrumental, continuando o *facere* a prestação principal do contrato.

Com base nessas considerações, é possível constatar que a empreitada, com sua qualidade de ajuste complexo, que reúne diversificadas atividades instrumentais e interdependentes para execução de certa obra, pode comportar a entrega de equipamentos relevantes ou de elevado valor. Isso ocorrerá, em primeiro lugar, quando os equipamentos incorporados forem infungíveis, cuja fabricação também se enquadrará como empreitada, e também quando os bens forem fungíveis, mas o contrato celebrado tiver

---

[277] Nesse sentido, Serpa Lopes, 1993, p. 199-200; Lima; Varela, 1997, p. 866; Rubino; Iudica, 2003, p. 50; e Rubino-Sammartano, 2006, p. 29.

[278] Cf. Romano Martinez, 2003, p. 334; Rubino; Iudica, 2003, p. 47; Rubino-Sammartano, 2006, p. 25.

[279] V. Rubino; Iudica, 2003, p. 47; Rubino-Sammartano, 2006, p. 25; Romano Martinez, 2003, p. 337; e Lima; Varela, 1997, p. 866. O critério subjetivo é também o preferido de quem se dedicou ao estudo do tipo da empreitada, como Marinelli, 1996, p. 43-44, que indica ter-se de verificar o "intento empírico" das partes, a sua "intenção comum", ou seja, o objetivo buscado pelos contratantes.

O CONTRATO EPC E SUA RECONDUÇÃO AO CONTRATO DE EMPREITADA

por objeto uma obra e, não, a mera entrega ou instalação desses mesmos bens, reputados atividade instrumental.

2.3.4 Ajuste Global: Transferência de Tecnologia

Tecnologia, em seu sentido mais amplo, envolve os conhecimentos e as habilidades para fazer e usar coisas úteis ou os meios e as capacidades para desempenhar uma dada atividade; em seu sentido comercial significa a expertise de como fazer uso dos fatores de produção para fornecer bens ou serviços acerca dos quais há demanda econômica[280].

Na atualidade, empresas de engenharia assumem, cada vez mais, múltiplas e articuladas prestações profissionais, como evolução natural derivada do progresso e do aumento da complexidade técnica da modernidade[281]. Naqueles locais desprovidos de recursos humanos e materiais avançados, vimos até como o *turnkey* pode servir de mecanismo internacional de desenvolvimento[282]. Fruto dessa complexidade moderna, um notável conteúdo imaterial tecnológico costuma ser acrescido à implantação do empreendimento, chegando a se considerar o chave na mão veículo de um *"quantum* de desenvolvimento"[283].

Nos contratos *turnkey* e EPC, a tecnologia estaria presente, implicitamente, nas atividades de concepção, isto é, nos projetos da obra, inclusive nos desenhos "como construído" e nos equipamentos e materiais fornecidos, e, ainda, nos manuais e na formação de pessoal para operação das

---

[280] Cf. Blakeney, 1989, p. 1.

[281] Sobre o papel da tecnologia como fundamento do emprego do *turnkey*, v. Capítulo 1, seção 1.3.5, *in fine*; e, ainda Polotto, 2009, p. 47; e, em sentido análogo, Reig Fabado, 2008, p. 65.

[282] Cf. Polotto, 2009, p. 41. Blanekey, 1989, p. 29, explica que muitas vezes a sofisticação do conhecimento e a inexperiência do contratante exigem que se ajuste uma implantação integral do empreendimento. Explica este último autor que condicionam o modo de transferência da tecnologia a especificidade dela, a capacidade do adquirente e o setor da economia envolvido na operação (*ibid.*, p. 28-29). Sobre o *turnkey* como instrumento de desenvolvimento, v., ainda, Capítulo 1, seção 1.3.5.

[283] A propósito, Polotto, 2009, p. 47; e Cebriá, 2013, p. 1699. Corretamente indica Hernandez Rodriguez, 2004, p. 207, que a incorporação de tecnologia nas obras, para construção ou operação da planta projetada, constitui uma possibilidade, mas não é essencial, ainda que normalmente ocorra. Como dizem Jaeger, Axel-Volkmar; Hök Götz-Sebastian. **Fidic – A guide for practioners**. Heidelberg: Springer, 2010, p. 168, contratos *design-build* costumam envolver uma considerável transferência de *know-how*. A expressão *"quantum* de desenvolvimento"* é de Polotto, 2009, p. 41 e 46. No mesmo sentido, Reig Fabado, 2008, p. 65.

instalações[284]. Estas últimas atividades não comportariam somente um conteúdo tecnológico implícito, mas conhecimento explicitamente transmitido[285]. Aliado a isso, embora não como elemento do contrato, mas por efeito dele, teríamos uma intensa troca de expertise com o desenvolvimento da força de trabalho local e de empresas subcontratadas para executar as obras, com a contribuição de consultores especializados e com a atuação de sociedades em *joint venture*[286].

Em todos esses aspectos, entende-se haver não somente uso, mas também transferência de tecnologia, envolvendo licenças de patente e transmissão de segredos industriais e do saber fazer (*know-how*)[287]. Embora se considere que, para verdadeira transferência de tecnologia, tenha de existir assimilação por parte daquele que a recebe, indica a doutrina que, muitas vezes, os recursos tecnológicos não são produzidos para sua transmissão direta, mas para serem parte de transações envolvendo bens de produção, maquinário e instalações industriais, indiretamente neles se incorporando os conhecimentos tecnológicos[288]. Ao lado das formas de transmissão direta, portanto, existiriam variados modos indiretos, entre os quais o contrato de engenharia e, em especial, o *turnkey*, que representaria

---

[284] Cf. Cebriá, 2013, p. 1699, 1700 e 1702, a respeito da tecnologia envolvida no fornecimento de equipamentos industriais no chave na mão. Sobre a presença de tecnologia, nos projetos, manuais e treinamento, *v.* Hernandez Rodriguez, 2004, p. 208.

[285] Polotto, 2009, p. 52, distingue a forma explícita de aporte tecnológico nos manuais e no treinamento de pessoal para operação. Acerca da existência de aportes tecnológicos no processo de fabricação e formação dos trabalhadores da própria obra, *v.* Cebriá, 2013, p. 1700.

[286] Cf. Polotto, 2009, p. 52. Sobre aportes indiretos de tecnologia frutos da execução das obras no local de sua implantação, em que acaba por haver qualificação de pessoal, *v.* também Cebriá, 2013, p. 1700.

[287] Cf. Cebriá, 2013, p. 1699 e 1702; e Huse, 2013, p. 497.

[288] *V.* Blakeney, 1989, p. 1 e 4. Assim haveria transferência de tecnologia, em um sentido *lato*, na prestação de serviços, no comissionamento de plantas industriais, na venda de maquinário, no treinamento de pessoal, no estabelecimento de práticas gerenciais e, com mais razão, na implantação de um empreendimento envolvendo todas essas atividades (*ibid.*, p. 3). Sobre a necessidade de haver assimilação para termos verdadeira transferência de tecnologia, cf. Rocha Corrêa, Daniel. **Contratos de transferência de tecnologia**: controle de práticas abusivas e cláusulas restritivas. Belo Horizonte: Movimento Editorial da Faculdade de Direito da UFMG, 2005, p. 96.

um dos mais notáveis mecanismos de transferência de tecnologia, produto da atual complexidade da construção[289].

Essa constatação poderia levar o intérprete a considerar que os contratos chave na mão e EPC superariam um mero instrumento jurídico para execução de certa obra, constituindo também ajuste cuja função inclui verdadeira transmissão de tecnologia em via principal[290]. Nos contratos de implantação de certo empreendimento, entretanto, a transferência de tecnologia é consequência da operação econômica realizada, tal qual se dá na compra e venda de equipamentos, e, não, seu objeto principal[291]. Na medida em que esses ajustes são mais amplos e buscam viabilizar a construção de complexos industriais, a transferência dos direitos de propriedade industrial alinha-se com outras prestações no próprio instrumento, como a realização de estudos, o fornecimento de bens, só que na qualidade de

---

[289] Nesse sentido, Rocha Corrêa, 2005, p. 100-101, cita o *turnkey* e o *clé en main* como uma das novas formas contratuais de transferência de tecnologia. Também relacionando o chave na mão como contrato de transferência de tecnologia, *v.* Almeida Prado, Maurício Curvelo de. **Contrato internacional de transferência de tecnologia**: patente e *know-how*. Porto Alegre: Livraria do Advogado, 1997, p. 11-12; Pereira Ribeiro, Marcia Carla; Espíndola Barros, Marcelle Franco. Contratos de transferência de tecnologia: custos de transação *versus* desenvolvimento. **Revista de Informação Legislativa**, Brasília, ano 51, n. 204, out./dez. 2014, p. 43-65; Flores, Nilton César da Silva. **Da cláusula de sigilo nos contratos internacionais de transferência de tecnologia – know-how.** 342 f. Tese (Doutorado em Direito) – Universidade Federal de Santa Catarina, Florianópolis, 2006, p. 46 e 80. E, na doutrina estrangeira, em idêntico sentido, *v.* Asensio, Pedro A. de Miguel. **Contratos Internacionales sobre propiedad industrial**. 2. ed. Madrid: Civitas, 2000, p. 97; Sherwood, Robert M. **Propriedade intelectual e desenvolvimento econômico** (Intellectual property and economic development). Tradução de Heloísa de Arruda Villela. São Paulo: Edusp, 1992, p. 145-146; Young *et al.*, 1989, p. 169-172; Reig Fabado, 2008, p. 63-64; e Cebriá, 2013, p. 1699.

[290] A respeito, há autores que entendem ser parte da causa contratual, no chave na mão, a transferência de tecnologia, pois nesse tipo de ajuste o contratante, ao lado da pretensão de adquirir as obras materiais, desejaria também adquirir conhecimentos tecnológicos (*v.* Salem, Mahmoud; Sanson-Hermite, Marie-Angèle. **Les contrats "clé en main" e les contrats "produit en main"**: technologie et vente de développement. Paris: Libraeries Techniques, 1979, p. 89).

[291] Cf. Almeida Prado, 1997, p. 11-12, que, recorrendo à doutrina estrangeira de Phillipe Kan (*Thypologie des contrats de transfert de la technologie in Transfert de technologie et developpement*), diferencia a categoria de contratos em que a transferência de tecnologia é somente uma consequência, nessa categoria incluindo o *turnkey*. Compreenderia tal categoria a compra e venda ou a locação de bens de capital, contratos de construção, investimento direto, *joint-ventures*, acordos de consultoria, de distribuição e de franquia (*id.*). A mesma distinção efetua Schneider, 1986, p. 339, para quem o componente tecnológico está inserido nos projetos da obra.

CONTRATOS CHAVE NA MÃO (*TURNKEY*) E EPC (*ENGINEERING, PROCUREMENT AND CONSTRUCTION*)

atividade instrumental e subordinada e, não, em caráter principal, como se fosse um de seus objetos[292].

Na prática e em primeiro lugar, há no chave na mão e no EPC cláusulas de sigilo e confidencialidade quanto às informações disponibilizadas pelo detentor da tecnologia, condição esta que não implica transferência de tecnologia propriamente dita[293]. Além disso, há cláusulas de licença de uso da informação para todos os fins do projeto, uso este, porém, restrito ao necessário para construí-lo, completá-lo (em caso de rescisão do contrato), reconstruí-lo, alterá-lo, modificá-lo, repará-lo e usá-lo, mas não para reproduzi-lo[294].

Enquanto nas transferências diretas, mesmo que inexista perda de titularidade pelo desenvolvedor, o comum é a aquisição dos conhecimentos para produção de bens, com uso exclusivo em determinado local – um *dare* –, nos contratos de engenharia, a tecnologia subordina-se à consecução do empreendimento – um *facere* – sendo efetuada na exata medida em que necessário para operá-lo e, não, para utilização em outras obras[295]. Não existiria, por exemplo, a transmissão de conhecimento para o contratante reproduzir os bens adquiridos, nem para adaptá-los às condições locais,

---

[292] V. Flores, 2006, p. 46. Blakeney, 1989, p. 29, também distingue os contratos de transmissão de propriedade industrial e *know-how* propriamente ditos, daqueles arranjos negociais mais amplos dentro dos quais essa transmissão ocorre. Polotto, 2009, p. 136, diferencia o contrato chave na mão do contrato de obra intelectual, pois requer o primeiro uma organização de meios que transcende este último.

[293] Cf. Polotto, 2009, p. 51. Consoante explicam Pritchard; Scriven, 2011, p. 139, em um mundo perfeito, ao menos sob a perspectiva do contratante da obra, receberia ele cópia de toda documentação produzida pelo contratado e seus subcontratados em relação aos trabalhos, e a propriedade sobre tal documentação, inclusive intelectual, seria sua (contratante), já que produzida para o seu empreendimento e paga como parte das obras contratadas. Mas tal visão não considera que muitos desses documentos, em especial aqueles que envolvam tecnologia, não foram produzidos do zero, e, sim, trazem uma propriedade intelectual de titularidade do contratado (e de seus subcontratados) (*ibid.*, p. 139-140). Daí a necessidade de que essa informação seja protegida e de o contratante se contentar em não ser o proprietário da informação (*id.*).

[294] Cf. Pritchard; Scriven, 2011, p. 140.

[295] Sobre a extensão da transferência da tecnologia ficar limitada às necessidades do empreendimento, *v.* Asensio, 2000, p. 97; e Reig Fabado, 2008, p. 64. Blakeney, 1989, p. 30, distingue, por isso, os contratos em que há aquisição de produtos com tecnologia incorporada daqueles em que se adquire a tecnologia para produzir esses mesmos produtos.

O CONTRATO EPC E SUA RECONDUÇÃO AO CONTRATO DE EMPREITADA

aperfeiçoá-los e, eventualmente, criar novas tecnologias[296]. No contrato chave na mão e no EPC, essa possibilidade encontra-se vedada e o conhecimento transferido fica circunscrito à utilização de determinados elementos técnicos e à obrigação de capacitar pessoal para uso da tecnologia incorporada na própria obra[297].

Por todos esses aspectos, os contratos *turnkey* e EPC constituem típicos ajustes em que a transmissão de conhecimento, em caráter limitado, coexiste com outras atividades para construção do empreendimento na condição de elemento meramente acessório da operação[298]. Decorreria, como sinal dos tempos, das exigências tecnológicas dos complexos industriais modernos, mas sem importar em transmissão em caráter principal[299]. Em outras palavras, a tecnologia assume caráter instrumental, secundário, tal como as demais tarefas desempenhadas para implantação do empreendimento, ainda que habitual diante da complexidade das construções modernas[300]. A natureza acessória que reveste a exploração de direitos sobre bens imateriais nos contratos de engenharia, inclusive, impediria que esta condicionasse de modo determinante a seleção do direito aplicável[301].

2.3.5 Ajuste Global: Formação de Pessoal

As conclusões alcançadas quanto à natureza da incorporação de tecnologia nos bens fornecidos são aplicáveis àquelas formas de transmissão de

[296] *V.* Rocha Correia, 2005, p. 96. Como explica o autor, na transferência de tecnologia, mais do que a compra do suporte físico onde ela esteja inserida, há de haver a absorção pelo adquirente, razão pela qual, quando adquirimos um bem em que estejam incorporados avanços tecnológicos, nem sempre há verdadeira venda de tecnologia (*id*).

[297] Cf. Cebriá, 2013, p. 1701. Segundo Rubino-Sammartano, 2006, p. 709, o uso de tecnologia em contratos chave na mão é usual, mas esta é licenciada para que o contratante a utilize exclusivamente no projeto.

[298] Acerca do caráter acessório da transferência de tecnologia nos contratos *turnkey*, *v.* Asensio, 2000, p. 97 e 314. Igualmente, Flores, 2006, p. 77; e Reig Fabado, 2008, p. 64.

[299] Segundo Reig Fabado, 2008, p. 64, o emprego habitual de *know-how* baseado em propriedade intelectual própria ou adquirida de terceiros, nos contratos *turnkey*, deriva do aumento progressivo de complexidade dos tempos modernos e reputa-se, assim, mera circunstância acessória à prestação principal no contrato de obra. *V.*, ainda, Flores 2006, p. 80 e 93; Asensio, 2000, p. 98.

[300] Sobre a habitualidade em que a transferência de tecnologia coexiste com outras obrigações, cf. Rocha Correia, 2005, p. 102.

[301] *V.* Asensio, 2000, p. 315.

CONTRATOS CHAVE NA MÃO (*TURNKEY*) E EPC (*ENGINEERING, PROCUREMENT AND CONSTRUCTION*)

conhecimento chamadas de explícitas, cujo fim é conferir autonomia no uso das instalações adquiridas pelo contratante[302].

A formação de pessoal incluída entre as obrigações do contratado no *turnkey* e no EPC será efetuada por meio escrito, como estudos, manuais, instruções de montagem e desmontagem e explicações para busca de defeitos e reparos, podendo ainda ser complementada com orientações presenciais, de forma a otimizar a proficiência na operação do empreendimento[303]. Mas essa capacitação, da mesma maneira como a transmissão de *know-how* e a cessão de patentes no âmbito dos contratos de engenharia, caracteriza somente meio para se atingir um fim, que é a operação do empreendimento, ficando a ela restrita.

Considera-se a capacitação de pessoal também obrigação acessória, integrada à prestação global de resultado, limitada a dotar o contratante e seu pessoal dos conhecimentos necessários para utilizar as obras e o maquinário nela incorporado[304]. Não se formarão técnicos e profissionais capazes de reproduzir a tecnologia inserida no empreendimento, adaptá-la ou utilizá-la em outras situações. A outorga dos conhecimentos técnicos para o manejo do empreendimento estaria, portanto, incluída no interesse geral do projeto[305].

A entrega de meros manuais sobre a utilização do empreendimento, assim como habitualmente temos na compra e venda, por sua vez, não desnaturará o contrato celebrado enquanto estiver subordinada e limitada à utilização do seu objeto. Da mesma maneira, a transmissão dessas instruções presencialmente, em um treinamento, reputar-se-á sempre acessória se circunscrita ao uso e à operação do bem adquirido.

2.3.6 Ajuste Global: Síntese

Superada a possibilidade de haver, na empreitada, a elaboração de projetos pelo próprio empreiteiro, verifica-se que a introdução de outras atividades, desde que subordinadas à implantação das obras, é compatível com esse tipo contratual. Assim, quando couber ao contratado a fabricação de

---

[302] Ver, neste Capítulo, seção 2.3.4, precedente, em especial nota 285, sobre os aportes tecnológicos explícitos nos manuais e no treinamento de pessoal para operação.

[303] Cf. Huse, 2013, p. 239; e Polotto, 2009, p. 351-352.

[304] V. Polotto, 2009, p. 354-355.

[305] Cf. Rubino-Sammartano, 2006, p. 710; e Polotto, 2009, p. 355.

O CONTRATO EPC E SUA RECONDUÇÃO AO CONTRATO DE EMPREITADA

equipamentos infungíveis ou mesmo a aquisição daqueles fungíveis, tal escopo, independente de envolver conhecimentos tecnológicos, enquanto permanecer instrumental, enfeixando-se, como as demais atividades construtivas da obra, de modo unitário, para a realização de determinado empreendimento, não impede que se reconduza à operação ao tipo da empreitada.

Tal recondução está de acordo com o caráter complexo do tipo, um de seus traços distintivos, pelo qual se reúnem diversas prestações de outros negócios, como a prestação de serviços, a compra e venda, o fornecimento de tecnologia, com o objetivo de atingir certo resultado material[306]. O avançar da ciência e da tecnologia, como também a complexidade dos tempos modernos, que a cada dia mais exigem instalações de elevada dimensão e o emprego de conhecimento especializado, não é discordante do tipo da empreitada, que possui flexibilidade para ser continente de variadas prestações voltadas à realização de obras.

2.4 Os Elementos do EPC e a Empreitada: Contrato Empresarial

Após se verificar que podem ser inseridas na empreitada todas as atividades instrumentais do EPC que desbordam do contrato de simples construção de obras, quais sejam, os projetos, o fornecimento de equipamentos e de tecnologia e o treinamento de pessoal, resta analisar as demais condições jurídico-econômicas distintivas desse negócio.

Ao lado do caráter global, o EPC se diferenciaria do contrato de obra comum por configurar-se sempre instrumento empresarial com fins produtivos. Assim, enquanto um contrato de empreitada pode ser celebrado para operações envolvendo desde consumidores até empresários, o âmbito do chave na mão e do EPC estaria circunscrito aos negócios entre grandes corporações, objetivando a exploração de recursos naturais e o uso de bens de capital[307]. Alcançariam diferentes setores da economia industrial,

---

[306] Acerca do caráter complexo da empreitada, ver, neste mesmo Capítulo, seção 2.1.2, em especial nota 176.

[307] Sobre o uso eminentemente empresarial dos contratos chave na mão, *v*. Polotto, 2009, p. 114.

CONTRATOS CHAVE NA MÃO (*TURNKEY*) E EPC (*ENGINEERING, PROCUREMENT AND CONSTRUCTION*)

mas sempre em relações interempresariais, em que ambas as partes são empresários[308].

Em que pese nada impedir que hipoteticamente o chave na mão e o EPC sejam utilizados em operações envolvendo não empresários, como, por exemplo, na construção de uma residência guarnecida de todos os bens necessários à sua pronta utilização, a qualificação subjetiva das partes e o fato de as obras serem destinadas à produção de outros bens ou serviços parecem não trazer maiores consequências para a qualificação desses contratos[309].

2.4.1 Contrato Empresarial: Unificação do Direito Privado

Atualmente, com a unificação do direito privado, enfim efetuada com a codificação civil de 2002, não existem mais dúvidas de que os tipos contratuais e as regras previstas nessa legislação também se aplicam às relações empresariais[310]. A doutrina brasileira, é verdade, não deixa de identificar, mesmo após a unificação, a categoria de contratos empresariais, regidos em parte por lógicas e princípios diversos, em função do escopo de lucro bilateral, sem, porém, alterar o entendimento de que as normas do Código Civil incidem sobre esses ajustes[311].

A unificação do direito privado decorre de vetusto anseio dos civilistas, que, desde a época pregressa à primeira codificação, consideravam que o direito comercial era o mesmo direito civil, apenas aprimorado em algumas relações para melhor servir a indústria[312]. Contratos como compra e venda, mútuo, locação e depósito possuiriam semelhante conformação e,

---

[308] Cf. Polotto, 2009, p. 156-157; e Cebriá, 2013, p. 1668 e 1707.

[309] Sobre a possibilidade de se utilizar o chave na mão em outras áreas além da empresarial, *v.* Cebriá, 2013, p. 1668.

[310] Nesse sentido, Duclerc Verçosa, 2011, p. 45, explica que, no Código Civil de 2002, se encontram contratos civis *strictu sensu* e os genéricos, como a compra e venda, aos quais se pode dar uso mercantil. Esclarece o autor, ainda, que, a não ser na presença de ressalva expressa, o Código se aplica a todos os contratos, sejam eles civis, sejam comerciais (*id.*).

[311] Forgioni, Paula A. **Teoria dos contratos empresariais**. 2. ed. São Paulo: RT, 2011, p. 29 e 44-46. Ainda sobre as especificidades dos contratos empresariais, v. Zanchim, Kleber Luiz. **Contratos empresariais**: categoria – interface com contratos de consumo e paritários – revisão judicial. São Paulo: Quartier Latin, 2012, p. 67 e ss.

[312] Cf. Moreira Alves, 2010, p. 371. A unificação do direito privado é um desejo tradicional também de parte dos comercialistas, que não viam razões claras para separação em classes

O CONTRATO EPC E SUA RECONDUÇÃO AO CONTRATO DE EMPREITADA

por isso, deveriam pautar-se pelo mesmo regramento[313]. A separação de tais negócios jurídicos, entre comerciais e civis, teria perdido a razão de ser a partir do momento em que não comerciantes e comerciantes passaram, indistintamente, a exercer os seus misteres independente de serem inscritos nas correspondentes corporações de ofício[314]. De modo paulatino, caminhou-se para a reunião do direito das obrigações, um processo que envolve, entre outros fatores, a formação das monarquias centralizadas, a unicidade da jurisdição, a criação de mercados nacionais e até o triunfo dos princípios comerciais e a superação da especialização da agricultura[315].

De qualquer modo, mesmo antes da revogação do Código Comercial, havia um só sistema, regrado prioritariamente pelas disposições civis codificadas, complementadas pelas normas do diploma de 1850[316]. Especificamente no que tange à empreitada, considerava-se esse negócio regido pelos preceitos de direito comercial quando os contratos versassem sobre coisas móveis criadas por um empreiteiro profissional, enquanto todas as outras avenças, incluindo as de obras imóveis, reputavam-se reguladas pelo Código Civil[317]. Muito embora houvesse, em um extremo, quem conside-

(v. Vivante, Cesare. **Trattato di diritto comerciale**. 4. ed. Milano: Francesco Vallardi, 1911, v. I, p. 1).

[313] Cf. Moreira Alves, 2010, p. 375.

[314] V. Vivante, 1911, p. 1.

[315] Sobre as razões que conduzem à unificação e seu processo, consulte-se Ascarelli, Tullio. O desenvolvimento histórico do direito comercial e o significado da unificação de direito privado. **Revista de Direito Mercantil, Industrial Econômico e Financeiro**, v. 114. abr./jun. 1999, p. 239-248. Contra, Duclrec Verçosa, 2011, p. 95, registra que a unificação do direito privado causou um retrocesso para o direito comercial.

[316] V. Forgioni, 2011, p. 39-40, que indica doutrina segundo a qual, antes da unificação, já se regia o direito das obrigações em geral pelo Código Civil. Haveria assim uma unificação das matérias, mesmo antes de sua consagração legislativa (ibid., p. 40).

[317] Cf. Miranda Carvalho, 1953, p. 23. Contra, Bessone, Darcy. Da comercialidade da empreitada de construção. **Revista dos Tribunais**, v. 652, p. 7-13, 1990, para quem a execução de obras de engenharia deve sempre se considerar contratos de empreitada comercial, e, igualmente, Comparato, Fabio Konder. As empreitadas de construção imobiliária e o art. 138 do Código Comercial. **Revista de Direito Mercantil, Industrial Econômico e Financeiro**, São Paulo, v. 56, out. 1984, p. 121-129, porém tratando de aspectos da constituição em mora. Ainda sobre a comercialidade da empreitada, cf. Ventura Ribeiro, Renato. Direito de retenção no contrato de empreitada. **Revista de Direito Mercantil, Industrial Econômico e Financeiro**, São Paulo, v. 141. jan. 1999, p. 63, que igualmente julga que construções de imóveis de engenharia são sempre atividades comerciais, embora baseie sua orientação em legislação revogada (Lei n. 4.068, de 9 de junho de 1962).

CONTRATOS CHAVE NA MÃO (*TURNKEY*) E EPC (*ENGINEERING, PROCUREMENT AND CONSTRUCTION*)

rasse as empreitadas regidas sempre pelo direito civil e, em outro, aqueles que consideravam aplicáveis as regras de direito comercial para construção comercial de bens imóveis, nunca existiu, mesmo antes da unificação, quem afastasse as normas da codificação civil revogada das empreitadas contratadas entre empresários[318].

Diferente do sistema italiano, em que há contrato de *appalto*, quando uma pessoa jurídica média ou grande é encarregada das obras, e *contratto d'opera*, quando se trate de pequena empresa ou de pessoa física a contratada, em nosso ordenamento não importa se o empreiteiro é pessoa natural ou empresa, de grande ou reduzido porte[319]. A qualificação subjetiva da parte não altera, no direito brasileiro, o enquadramento do contrato de obra, sempre tipificado de empreitada[320].

2.4.2 Contrato Empresarial: Síntese

O caráter empresarial do EPC, por si só, não impede sua recondução ao tipo da empreitada. Antes da unificação, se alguma disposição do Código Comercial era ainda aplicável, isso não afastaria o enquadramento do contrato cujo objeto fosse a construção de certa obra no tipo da empreitada. Após a promulgação do Código Civil de 2002, com a concentração indistinta neste diploma do regramento dos contratos de direito privado, empresariais ou não, o fato de a obra servir como instrumento de produção ou

---

[318] Nesse sentido, *v.* Almeida Paiva, 1997, p. 5.

[319] Cf. Pontes de Miranda, 1984, p. 378, ressaltando que essa característica diferenciaria a empreitada brasileira do *appalto* no direito italiano, que exige uma empresa na qualidade de contratada. Para Costa Sena, 1935, p. 18, o executar coletivo depende da própria natureza do empreendimento objeto do contrato. No mesmo sentido, Andrighi; Beneti; Andrighi, 2008, p. 277. Acerca das diferenças entre o contrato de *appalto* e *d'opera* no direito italiano, são volumosas as fontes, podendo-se consultar, por todos, Zuddas, Goffredo. Gestione a proprio rischio. In: Luminoso, Angelo (Org.). **Codice dell'appalto privato.** Milano: Giufrrè, 2010, 19 e ss.

[320] Não se trata essa de uma exclusividade de nosso país. No direito português, Cunha Gonçalves, 1933, p. 610, indicava, no início século XX, que as empreitadas podiam ser contratadas com uma sociedade. Atualmente, ainda que a doutrina lusa entenda ser a empreitada um negócio eminentemente comercial, com muito mais razão quando realizada para implantação de empreendimento economicamente produtivo, continuam aplicáveis a ela as normas do Código Civil de 1966, que concentrou a regulação desse contrato, como explica Romano Martinez, 2003, p. 324-326. No mesmo sentido, *v.* Albuquerque; Assis Raimundo, 2013, p. 234-236.

O CONTRATO EPC E SUA RECONDUÇÃO AO CONTRATO DE EMPREITADA

de o ajuste ser celebrado entre dois empresários não evita sua recondução ao tipo da empreitada previsto na lei civil.

2.5 Os Elementos do EPC e a Empreitada: Aleatoriedade

2.5.1 Aleatoriedade: *Turnkey* e EPC

Como última característica do EPC que poderia destoar da empreitada, encontra-se a assunção de maiores riscos por parte do construtor, com o objetivo de conferir certeza adicional quanto à execução do contrato nos termos estabelecidos, o que, vimos, pode implicar eventual aleatoriedade[321]. Esses maiores riscos, inclusive, reputar-se-iam um diferencial entre o EPC e os ajustes *turnkey*, se é que alguma distinção pode ser efetuada a respeito desses modelos contratuais[322].

Os contratos chave na mão, conforme exposto, costumam ser pactuados sob o regime de preço global, quer pela dificuldade de medir os quantitativos de obras executados, quer pela maior segurança que conferem aos contratantes, os quais, com um valor fixo, de ordinário, não deveriam desembolsar recursos extras para conclusão dos trabalhos[323]. O preço glo-

---

[321] Cf. Capítulo 1, seção 1.4.3.

[322] *V.* Capítulo 1, seção 1.4.3.

[323] Consoante indica Schneider, 1986, p. 348, contratos *turnkey* são normalmente celebrados por preço global, ainda que concebível ajustá-los por preços unitários ou por custos reembolsáveis, o que é raro. Isso, porém, não impede, como é comum, que contenham uma lista de preços anexada para o caso de variações nos trabalhos (*id.*). Por outro lado, haveria dificuldade de medir quantitativos, razão pela qual pagamentos parciais são feitos com base em eventos (*milestones*), tais como colocação de ordens de compra, conclusões de estágios da obra, despacho de equipamentos, entrega destes na obra, etc. (*id.*). Esses pagamentos parciais não representam o valor exato dos trabalhos até então executados e não afastam a necessidade de um acerto de contas em caso de rescisão (*id.*). Também Duncan Wallace, 1986, p. 365, registra que, no chave na mão, o preço é global. Não destoa desse entendimento Huse, 2013, p. 6 e 19, para quem o arranjo *turnkey* costuma contar com o pagamento de um valor global, sendo pouco adequado pautar os pagamentos intermediários em razão do custo das obras, já que é difícil para aqueles que se encontrem de fora apurá-lo. Anota esse autor que abusos no regime de preços unitários são talvez uma das razões para o crescente interesse e popularidade do *turnkey* (*ibid.*, p. 14). É possível, de qualquer forma, que certos contratos EPC contem, em seu início, com um regime *open book* (reembolso de custos), para permitir o método *fast-track* e, tão logo, as partes tenham maiores detalhes e definições, fixam um preço global (*ibid.*, p. 19).

CONTRATOS CHAVE NA MÃO (*TURNKEY*) E EPC (*ENGINEERING, PROCUREMENT AND CONSTRUCTION*)

bal adequa-se aos objetivos de um ajuste integral ao dar maior segurança de que as obras serão concluídas no prazo e no preço contratualmente estabelecidos[324]. Costuma implicar a assunção de responsabilidade por todos os custos para execução da obra, ou seja, nada mais será cobrado por itens omitidos, porém indispensáveis à sua execução[325].

Isso não importa, porém, que todos os riscos sejam transferidos ao contratado, especialmente por condições imprevisíveis, podendo as partes, sem desfigurar o preço global, estabelecer o que nele está ou não incluído[326]. No *turnkey*, por exemplo, a abrangência e a imutabilidade do preço não envolvem mudanças no resultado final em si. Diferente do EPC, caso se verifique que a própria obra (e não os custos ou as atividades instrumentais necessárias para realizá-la, ainda que omitidas) tenha de ser alterada em relação aos projetos e planos iniciais, haverá mudança da prestação contratual, que, como em todo contrato, reputa-se, em princípio, invariável na falta de acordo entre as partes. Coerentemente, com a mudança na prestação poderá haver modificação do preço contratual[327].

Em termos práticos, ante o dinamismo natural das obras de engenharia, em caso de situações imprevistas, quanto maior o detalhamento que o contratante tenha feito do objeto do contrato, fornecendo projetos executivos, por exemplo, maiores serão as chances de alteração na prestação principal; ao contrário, quanto mais geral for sua descrição, mais segurança se terá de que a obra prevista remanescerá imutável, pois as alterações exigidas com menor probabilidade modificarão o objeto do contrato[328]. Julga-se

[324] Cf. Wöss, 2008, p. 7. No mesmo sentido, Huse, 2013, p. x, relata que o preço fixo não é uma exigência do EPC-*turnkey*, mas o regime de valoração das obras mais comum, uma vez que confere maior certeza quanto ao preço final do projeto e muitos bancos ou instituições financiadoras preferem ou exigem essa segurança.

[325] Segundo Huse, 2013, p. 10, no *turnkey*, embora possam existir hipóteses de variação do preço global (*lump-sum*), normalmente tais contratos dispõem que obras e serviços indispensáveis, mesmo se omitidos das especificações do contratante, não dão ensejo ao pagamento de valores adicionais. *V.*, ainda, Cebriá, 2013, p. 1675. Sobre o ponto, ver, também, neste Capítulo, seção 2.3.

[326] Como indica Hernandez Rodriguez, 2004, p. 174, esta questão dependerá, em cada caso, de fatores de diversa índole: tipo de financiamento, obra, ingerência do cliente na execução do projeto, etc. No mesmo sentido, Schneider, 1986, p. 347, 348 e 354.

[327] Cf. Capítulo 1, seção 1.4.2, em especial nota 122.

[328] Com o mesmo entendimento, no que tange aos contratos por preço global, cf. Pennasilico, Mauro. Il corrispettivo. In: Cuffaro, Vincenzo. **I contratti di appalto privato**. Torino: Utet,

O CONTRATO EPC E SUA RECONDUÇÃO AO CONTRATO DE EMPREITADA

constituir até um abuso no *turnkey* que o contratante forneça projetos detalhados, exija um orçamento sobre eles e depois requeira que o contratado assuma alterações em relação aos planos dados sem nada cobrar por isso[329].

Buscando uma maior proteção aos contratantes, o EPC agrava os riscos contratuais do construtor. Há, conforme adiantado, uma tomada de posição em prol dos donos de obra, com maior limitação das hipóteses em que o contratado poderá reclamar alterações no preço e no prazo ou eximir-se de responsabilidade por não atingir o resultado pretendido pelas partes, tudo em resposta à demanda do novo contexto mercadológico de empreendimentos financiados, onde a conclusão da planta nos termos contratuais é essencial para proteger o retorno dos investidores e garantir o pagamento de órgãos e entidades mutuantes[330].

Segundo fontes internacionais, com o Contrato EPC, pela primeira vez transfere-se para o contratado a responsabilidade por erros contidos na documentação do próprio dono da obra, incluindo eventuais projetos e dados dos locais de implantação[331]. Aliado a isso, exige-se do constru-

---

2011, p. 131. Em contrapartida, como descreve Toledo da Silva, 2012, p. 26, quanto maior for o detalhamento apresentado na fase de proposta, menor deverá ser o preço ofertado.

[329] Conforme alerta Duncan Wallace, 1986, p. 437, seriam situações de abuso do *turnkey* (i) exigir que o construtor se responsabilize por desenhos do contratante que já sejam detalhados ou de observância obrigatória; e (ii) demandar que, sem espaço para variações, bem como sem tempo prévio para fazer verificações e validações, seja de antemão dado um preço global imutável.

[330] Nesse sentido, cf. Wade, 2001, p. 5, a respeito dos contratos EPC e do modelo criado pela FIDIC, o qual, segundo esclarece, advém de uma tomada de posição, fruto da demanda de mercado por uma maior assunção de riscos por parte do contratado. Essa posição em prol da cobertura de maiores riscos leva a que se recomende, inclusive, a adoção de contratos EPC em empreendimentos que não sejam financiados, tornando essa modalidade espécie de "melhores práticas de mercado" (*v.* Huse, 2013, p. 41-42). Sobre serem esses maiores riscos decorrência da contratação de projetos financiados, em que o financiador exige mais segurança, ver também Henchie, 2004, p. 3-4. Acerca da proteção aos acionistas, que investiram no projeto com a certeza de que o preço da obra não iria mudar, *v.* Loots, Philip. A wolf in sheep's clothing? Meeting the needs of the employer? Or sorting the wheat from the chaff. 2001. **Row and Mawe "Construction and Engineering International Bulletin",** outubro de 2001, Fascículo 3. Disponível em: <http://fidic.org/sites/default/files/AWOLFINSHEEPLoots. pdf>. Acesso em: 30 set. 2016.

[331] *V.* Cazalet; Reece, 1999, p. 3, para quem constitui verdadeira inovação do EPC, especialmente no modelo FIDIC, que o contratado assuma riscos de erros nas exigências técnicas do contratante. Também no sentido do ineditismo dessa assunção de risco, cf. Sandberg, 1999, p. 5. Igualmente, Huse, 2013, p. 37, esclarece que, no EPC, caberá ao contratado checar as

CONTRATOS CHAVE NA MÃO (*TURNKEY*) E EPC (*ENGINEERING, PROCUREMENT AND CONSTRUCTION*)

tor que assuma condições geológicas diferentes das esperadas. No EPC, compete ao construtor, assim, efetuar alterações nos seus trabalhos e até nas obras para corrigir projetos e especificações do contratante ou para superar eventuais incertezas geológicas, sem que daí surja direito a preço ou prazo adicional[332]. Em última análise, tem-se no EPC um passo adiante na eliminação das hipóteses em que o construtor poderia fundamentar as poucas reclamações de revisão de preço e prazo ainda possíveis, uma condição com a qual os construtores, embora não se entusiasmem, são obrigados a trabalhar[333].

Essa assunção de riscos de alteração das obras por informações e projetos incorretos, entretanto, não é ilimitada; inclui somente aqueles erros verificáveis antes da contratação, excluindo-se imprecisões indetectáveis pelo contratado[334]. Não se objetiva, por outro lado, cobrir riscos geológicos expressivos, como registram as próprias recomendações do mais importante modelo internacional desse ajuste[335].

especificações e eventualmente mudá-las de modo que o empreendimento tenha a funcionalidade adequada sem exigir, nem preço, nem prazo adicional, tampouco podendo isentar-se pela falta de perfeição das obras em erros do contratante. Pritchard; Scriven, 2011, p. 9, relatam essa verificação e assunção de riscos por erros na documentação do contratante, ainda que a entendam opcional. Na doutrina nacional, ver Toledo da Silva, 2012, p. 26. Vale ter em mente que, em um contrato de obra, serão consideradas variações somente aquelas imprevisíveis, e, não, as previsíveis e usualmente necessárias, assim entendidas as normais para execução dos trabalhos e as de pequena monta, ou seja, as que entram na ordem natural das coisas (cf. Rubino, 1980, p. 407-408).

[332] Cf. Huse, 2013, p. 37; e Cazalet; Reece, 1999, p. 3.

[333] Wade, 2001, p. 4, explica que é um fato da vida que os donos de obra demandam um contrato em que inexistam alterações de preço mesmo na eventualidade de circunstâncias imprevistas ocorrerem. Para Cazalet; Reece, 1999, p. 2, os contratados não se entusiasmam em aceitar as condições mais gravosas do EPC, mas, com um maior número de projetos objeto de concessão e financiamento privado, cujas condições são diferentes das do setor público, passam a ser essas as condições de mercado com as quais têm de trabalhar.

[334] Dispõe, por exemplo, a minuta de Contrato EPC-Turnkey da FIDIC de 1999 (Chave na Mão), em sua cláusula 5.1, que o empreiteiro é responsável pela precisão dos documentos fornecidos pelo dono da obra, que não responde por qualquer erro neles constante, exceto quanto a dados ou informações que não possam ser verificadas pelo empreiteiro. Redação similar consta da mais recente versão de EPC-Turnkey da FIDIC de 2017, que manteve, nesse aspecto, praticamente inalterado o texto da versão de 1999.

[335] Cf. FIDIC, Introductory Note to EPC Turnkey, *cit.* Segundo recomendações dessa federação internacional, as suas condições EPC devem ser usadas somente quando inexistir probabilidade de se encontrar incertezas geológicas ou outros grandes riscos imprevisíveis. A mesma recomendação, até com mais ênfase, é dada na nota introdutória da versão de 2017

O CONTRATO EPC E SUA RECONDUÇÃO AO CONTRATO DE EMPREITADA

Ainda assim, para fazer frente aos riscos agravados que existem no EPC, embora limitados, sugere-se que, na fase pré-contratual, o contratado tenha maior tempo para verificar os dados fornecidos e até para efetuar levantamentos adicionais[336]. Por outro lado, espera-se um aumento do preço da obra, para que o contratado assegure-se das contingências agora sob sua responsabilidade[337]. Há quem diga que poderiam ser oferecidos até dois preços: um para cobrir essas novas incertezas e outro sem a importância adicional dedicada para tanto[338]. Esse aumento de preço das obras seria também um dos traços distintivos do EPC e uma de suas características[339].

(v. EPC/Turnkey Contract 2nd Ed '2017 Silver Book', cit.). Ainda a esse propósito, v. Huse, 2013, p. 56; Wade, 2001, p. 7, 15-16; e Marcondes, 2012, p. 128. Para Toledo da Silva, 2012, p. 27, o contratado somente poderia contingenciar os riscos passíveis de serem antecipados.

[336] V. Cazalet; Reece, 1999, p. 3; Pritchard; Scriven, 2011, p. 48; e Huse, 2013, p. 21-22, este último anotando que o contratado deverá empregar recursos adicionais para checar as informações recebidas e inclusive preparar projetos de modo a verificar esses riscos, pelo que a fase pré-contratual precisa ser maior. Wade, 2001, p. 12-16, igualmente indica que, na contratação de um EPC, se precisará conferir mais tempo ao contratado para examinar toda documentação recebida. Para Sandberg, 2009, p. 5-6, em grandes contratações seria excessivamente oneroso, senão impossível, que o contratado, durante a fase de proposta e no curto tempo disponível, verifique as informações, as quais, em muitos casos, são conhecidas somente pelo contratante e fruto de seus levantamentos.

[337] Sobre o aumento de preço, na doutrina nacional, v. Lopes Enei, 2012, p. 110; e Toledo da Silva, 2012, p. 28.

[338] Nesse sentido, cf. Wade, 2001, p. 4 e 11; e, ainda, Capítulo 1, seção 1.4.3.

[339] Sobre o aumento de preço, cf. Huse, 2013, p. 22; Rubino-Sammartano, 2006, p. 714; Cebriá, 2013, p. 1677; Cazalet; Reece, 1999, p. 2; e Toledo da Silva, 2012, p. 27. Por conta da alocação de riscos no EPC, inclusive, recomenda-se não seja o contrato usado em licitações baseadas unicamente no menor preço, como explica Hok, 2005, p. 3; e Wade, 2001, p. 12. Para a Federação Internacional de Engenheiros Consultores (FIDIC), os contratantes estariam dispostos a pagar mais – por vezes consideravelmente mais – pelo projeto se lhes for assegurado que o preço final acordado não será ultrapassado (cf. FIDIC, Introductory Note to EPC Turnkey, cit.). Relata a doutrina especializada, porém, que a possibilidade de o preço contratual ser maior no contrato EPC dependerá muito das condições de mercado, que permitirão ou não que haja a inclusão do custo pelos riscos no valor das obras. Nesse sentido, v. Huse, loc.cit. Para Sweet; Schneier, 2013, p. 350, em um mercado competitivo, pode não ser possível ao contratado incluir em sua proposta um contingenciamento para os riscos de acréscimo das obras, não sendo o proponente mais competente o eleito para as obras, mas, sim, aquele que estiver mais disposto a apostar, confiante de que problemas não surgirão ou de que alterações de escopo e pleitos poderão garantir o sucesso do negócio. Por essa razão, Wade, 2001, p. 7, reconhece que o contrato EPC pode se tornar "munição adicional" nas mãos de donos de obra inescrupulosos e isso independente da cultura geral de "assine ou outro fará".

CONTRATOS CHAVE NA MÃO (*TURNKEY*) E EPC (*ENGINEERING, PROCUREMENT AND CONSTRUCTION*)

Com tudo isso, inclui-se certa aleatoriedade no contrato EPC, ausente em outros ajustes para implantação de um empreendimento[340]. Essa aleatoriedade não repercute apenas nos aspectos econômicos da operação, isto é, em se a execução, a realização em si dos trabalhos, ficará ou não mais onerosa[341], nem unicamente em aspectos técnicos, no sentido de serem exigidas atividades instrumentais superiores ou diferentes, como se daria se os trabalhos tomassem mais tempo ou fossem mais complexos do que aqueles esperados[342]. Aqui, haverá aleatoriedade do ponto de vista jurídico, ou seja, incerteza em relação à atribuição patrimonial, à quantidade ou à qualidade da prestação de uma das partes, que poderá ter diferente extensão da prevista por conta de evento incerto[343].

[340] Na doutrina nacional, notou esse traço Nunes Pinto, 2002, item 5; Martins Costa, Judith. Contrato de construção. "Contratos-aliança". Interpretação contratual. Cláusulas de exclusão e de limitação do dever de indenizar. Parecer. **Revista de Direito Civil Contemporâneo**, São Paulo. v. 1/2014, out./dez. 2014, p. 329. Indica a autora haver no EPC uma finalidade de "determinação, alocação e mitigação de riscos que englobam não só o patrocinador do projeto como terceiros" (*id.*). Lopes Enei, 2012, p. 110, embora de forma geral, registra que o EPC teria por função proteger o contratante de riscos normais da atividade construtiva, contra o pagamento de um preço a maior. Contra, Toledo da Silva, 2012, p. 28, que, como dito, acredita não haver aleatoriedade, pois riscos imprevisíveis não seriam alocados ao construtor no EPC.

[341] Essa é a chamada álea econômica do contrato e pode ter relevância jurídica nos casos em que a execução da prestação tornar-se excessivamente onerosa (como prevê o Código Civil em seu art. 478). Sobre a diferença entre álea em sentido jurídico e álea em sentido econômico na empreitada, *v.* Rubino, 1980, p. 214 e ss.; e Rubino; Iudica, 2007, p. 21-22. Indica-se na doutrina italiana, inclusive, que se deve ao trabalho de Rubino, autor da obra mais famosa sobre empreitada, o fato de hoje se julgá-la um contrato comutativo (cf. Polidori, Stefano. Aleatorietà e commutatività nell'appalto: In: Perlingieri, Pietro; Polidori, Stefano. **Domenico Rubino (I Maestri del diritto civile)**. Napoli: Edizioni Scientifiche Italiane, 2009. v. 2, p. 777. Ainda segundo Polidori, 2009, p. 2, nota 5, a álea econômica na empreitada influi sobre o valor da prestação e não sobre sua determinação, deixando de se apresentar, assim, como elemento essencial do contrato por incidir em uma prestação já determinada. Explica Pennasilico, 2011, p. 158 e nota 164, que a noção de alea em sentido jurídico, incidente sobre o sinalagma, não deve ser confundida com a de álea normal do contrato, uma noção meramente econômica. Lembra este autor, ainda, a lição de Ascarelli, de acordo com o qual, nessa última acepção, todo o contrato de execução diferida ou continuada é aleatório (*id.*).

[342] É importante considerar, consoante mais à frente detalhado, como as atividades instrumentais poderão se considerar inseridas na entidade objetiva da prestação, isto é, na consistência objetiva da obra se forem expressamente previstas e detalhadas no contrato, ensejando a alteração delas uma mudança da própria prestação principal (cf. neste Capítulo, nota 354).

[343] Para a noção de aleatoriedade em geral, cf. Greco Banderia, Paula. **Contratos aleatórios no direito brasileiro**. Rio de Janeiro: Renovar, 2010; e Nicolò, Rosario. Alea. In: Calasso,

O CONTRATO EPC E SUA RECONDUÇÃO AO CONTRATO DE EMPREITADA

No EPC, enquanto o preço pago pelo contratante é fixo, a própria obra a ser executada poderá mudar em relação ao previsto no momento da contratação, como acontecerá em ambas as hipóteses de riscos adicionais contraídos, antes indicadas. Por essa razão, diz-se que, nesse ajuste, o chamado escopo contratual não é fixo; ao contrário, constitui um alvo móvel, resultando em um contrato propositadamente desbalanceado[344].

Se bem que a doutrina indique possa a assunção de riscos adicionais ser negociada entre as partes e não se repute um traço característico do EPC, considerando-se somente usual, cuida-se essa de verdadeira extensão da álea normal (econômica) e, em parte, de introdução de certa aleatoriedade jurídica, que poderia parecer, ao menos à primeira vista, afastá-lo do contrato de obras comum[345].

2.5.2 Aleatoriedade: Comutatividade da Empreitada

A empreitada, hodiernamente, é considerada de forma unânime um contrato comutativo, em que as prestações das partes são fixadas no momento da celebração do pacto, juridicamente correspondentes entre si, uma vinculada à outra[346]. O adimplemento das prestações é interdependente, e

Francesco (Coord.). **Enciclopedia del Diritto**. Varese: Giuffrè, 1958, v. I, p. 1024. Como ressalta Serpa Lopes, 1993, p. 193, a álea que se deve ter em conta não é a econômica, isto é o fato de poder uma das partes sofrer prejuízo, mas a jurídica. Igualmente, Almeida Paiva, 1997, p. 19. No direito italiano moderno, Rubino; Iudica, 2007, p. 21-22, explicam que a natureza aleatória não deriva da incerteza do custo da prestação, mas do fato de que esta possa ou não ocorrer ou ter sua entidade objetiva alterada, quantitativa ou qualitativamente. O valor econômico em si da prestação seria irrelevante juridicamente (*id.*). Em idêntico sentido, Stolfi, 1958, p. 637; Rubino, 1980, p. 215; e, na doutrina francesa, Cayol, 2012, p. 319-320. V. também Polidori, 2009, p. 778, para quem a aleatoriedade jurídica está na possibilidade de falhar uma das prestações, um risco que condicionaria a essência do sinalagma.

[344] Cf. Sandberg, 1999, p. 522, sobre ser o EPC um alvo móvel, uma vez que o contratante não é responsável pela exatidão de suas próprias exigências ou informações por si fornecidas, ao mesmo tempo em que pode interferir nas obras de modo a se certificar que sua própria interpretação dessas mesmas exigências venham a ser satisfeitas. Acerca da contratação desbalanceada, *v.* Wade, 2001, p. 4.

[345] Cf. Wade, 2001, p. 5-7, ponderando que as cláusulas que trazem riscos adicionais não são sacrossantas, nem essenciais, ainda que usualmente adotadas.

[346] Cf., entre tantos, Almeida Paiva, 1997, p. 10; e Pontes de Miranda, 1984, p. 382. Andrighi; Beneti; Andrighi, 2008, p. 279-280, anotam que a aleatoriedade não mais subsiste no Código Civil de 2002, porque desde a celebração do ajuste o empreiteiro sabe a obra que irá executar; e não existe nem do ponto de vista econômico, com a aplicação da teoria da imprevisão

a entidade objetiva delas já está definida e valorada de início, não dependendo de fatores incertos e desconhecidos[347]. As partes, em outras palavras, conhecem as prestações de cada qual, ainda que possa variar o exato valor econômico destas[348]. Na empreitada, não haveria, então, a nota típica dos contratos aleatórios, em que uma das prestações é certa e outra incerta e a atribuição patrimonial de uma das partes independe daquela outra[349]. Nem sempre, porém, o contrato de execução de obra teve essa feição puramente comutativa.

As primeiras codificações modernas, aí incluídos os códigos oitocentistas em geral e o nosso Código Civil de 1916, contaram todas com regramento para empreitada em sentido muito similar aos contratos EPC no que toca à alteração das obras em relação aos projetos[350]. Previa o primeiro Código Civil brasileiro, a propósito, que o arquiteto, ou construtor, que se incumbisse de executar uma obra segundo plano acordado com o contratante, não teria direito a acréscimos no preço, ainda que se

sobre a obra. No direito comparado, também julgando atualmente o contrato de empreitada comutativo, *v.* Romano Martinez, 2003, p. 362; Rubino; Iudica, 2007, p. 23; Mascarello, Carmela. **Il contrato di appalto**. Milano: Giuffré, 2002, p. 12; Pennasilico, 2011, p. 131 e 158; Marinelli, 1996, p. 37; e Polidori, 2009, p. 778. Mesmo na França, onde ainda vige o princípio da inalterabilidade do preço em função de alterações de projetos necessárias, como veremos logo adiante no texto, a doutrina entende que o contrato continua comutativo, representando essa inalterabilidade somente uma álea econômica ou técnica (cf. Cayol, 2012, p. 319-320; e Labarthe; Noblot, 2008, p. 220).

[347] *V.* Mascarello, 2002, p. 12-13. Também Pennasilico, 2011, p. 158, indica que são *ab initio* fixados os termos objetivos das trocas, não obstante os riscos econômicos e técnicos de serem exigidos maiores recursos para concluir a obra que recaem sobre o empreiteiro. A comutatividade do contrato de empreitada demanda, assim, que o empreiteiro construa a obra pelo preço estabelecido ainda que, este, *a posteriori*, resulte insuficiente para assegurar lucro, encontrando-se nisso somente sua álea econômica (cf. Polidori, 2009, p. 779).

[348] Cf. Marinelli, 1996, p. 37.

[349] Sobre o conceito jurídico de aleatoriedade, *v.* Greco Bandeira, 2010, p. 45.

[350] Pelo Código Civil francês, de 1806, exatamente para prevenir reinvindicações dos empreiteiros ao longo da obra, constava (e ainda consta) a regra extrema, relativa a modificações de escopo, de que, se a obra fosse contratada por preço global, nada seria devido, não importando a razão que justificasse a modificação. Em outras palavras, o empreiteiro tem de arcar com as modificações no projeto independentemente do tipo de variação, o motivo, a extensão ou o custo dos trabalhos adicionais (a transcrição do artigo correspondente do *Code Civil*, ainda vigente, encontra-se neste capítulo, seção 2.2.3, nota 227). A vedação à alteração do preço parece remontar à Era Clássica. Reportam Bruner; O'Connor, 2002, p. 11, antiga norma grega segundo a qual acréscimos de mais de 25% do preço deveriam ser um risco do arquiteto de modo a desencorajar novatos.

O CONTRATO EPC E SUA RECONDUÇÃO AO CONTRATO DE EMPREITADA

alterasse ou aumentasse a obra ajustada[351]. A regra, tida como proteção contra empreiteiros inescrupulosos, era derivada da legislação francesa e também foi reproduzida nos primeiros códigos civis italiano e português, e no espanhol, todos os quais eliminavam o direito do construtor de pedir acréscimos de preço por modificações das obras em relação ao projeto, mesmo se isso se considerasse necessário[352]. Com essa regra, objetivava-se exatamente o mesmo fim buscado nos contratos EPC, a saber, prevenir surpresas e evitar que os empreiteiros, alegando modificações em comparação ao projeto e prevalecendo-se de sua expertise, exigissem alterações no orçamento inicial[353]. Os planos indicados pela lei, cuja modificação não ensejava o pagamento de valores adicionais, vale lembrar, possuíam um significado amplo e incluíam todas as características e até métodos

[351] Para a íntegra do texto do art. 1.246 do Código Civil de 1916, *v.*, neste Capítulo 2, seção 2.2.3, nota 221.

[352] Como refere Fernandez, 1986, p. 381-382, acerca das discussões preliminares do *Code Civil*, essa disposição adveio de uma revolta contra os construtores de edifícios, que manipulavam a execução da obra para cobrar adicionais e acréscimos, tratando-se de algo excepcional e sem paralelo no regramento dos contratos de outros artífices. Cunha Gonçalves, 1933, p. 625, fala que a norma visava prevenir extorsões dos empreiteiros, e Costa Sena, 1935 p. 95, confirma essa contrariedade em relação aos empreiteiros no direito francês, também citando as discussões preparatórias do Código Napoleônico. No mesmo sentido, Miranda Carvalho, 1953, p. 74-75 e, ainda, p. 85, explicava que o art. 1246 do Código Civil de 1916 remontava ao direito antigo, em que fora introduzido para proteger o dono da obra contra possíveis abusos dos empreiteiros, que se utilizando de sua técnica, às vezes com argúcia, poderiam induzir o primeiro, geralmente um leigo, a modificações no plano ou introduzi-las de modo oculto para depois surpreendê-lo com a cobrança de custos extraordinários, subvertendo a estabilidade contratual. Consulte-se ainda Viana, 1981, p. 20; e Almeida Paiva, 1997, p. 58. Para a regra no antigo Código Civil português de 1867, *v.* Cunha Gonçalves, 1933, p. 607 ("art. 1401º. O empreiteiro, que se encarregar de executar planta, desenho ou descrição de qualquer obra, por preço determinado, não terá direito de exigir mais coisa alguma ainda que o preço dos materiais ou dos jornais aumente, e ainda que se tenha feito alguma alteração na obra, em relação à planta, ao desenho ou à descrição, se esta alteração e o custo dela não forem convencionados por escrito com o dono da obra"). E, para os direitos italiano e espanhol, remete-se o leitor à transcrição dos artigos que contam com a mesma vedação à cobrança de acréscimos, quer no *Codice Civile* de 1865, quer no Código Civil da Espanha de 1889, efetuada neste Capítulo, seção 2.2.3, nota 227.

[353] Cf. Costa Sena, 1935, p. 95, 97 e 112, que entendia ser a regra derivada do exacerbado espírito liberal e pouco social do código, incompatível com o desenvolvimento das instituições modernas. Igualmente, Viana, 1981, p. 6. Nesse sentido, Andrighi; Beneti; Andrighi, 2008, p. 327, entendem que, quanto a alterações da obra, o novo regramento do Código Civil de 2002 representa um abandono da crença no liberalismo jurídico.

CONTRATOS CHAVE NA MÃO (*TURNKEY*) E EPC (*ENGINEERING, PROCUREMENT AND CONSTRUCTION*)

construtivos expressos no contrato, não se referindo somente aos casos em que um projeto detalhado fosse fornecido[354].

Foi em razão de abusos e iniquidades gerados por tal regra que os tribunais e os legisladores daqueles mesmos países abrandaram seu rigor, quando não a alteraram por completo, como é o caso das atuais codificações italiana e portuguesa, que contêm regramento específico prevendo o pagamento das alterações necessárias, desde que imprevisíveis, das obras[355].

---

[354] Daí por que, atualmente, fala-se nas legislações estrangeiras em mudança na forma convencionada da obra, abrangendo o tempo de execução e os métodos construtivos, desde que expressamente previstos no contrato (cf. Rubino, 1980, p. 404-405). Cf. neste Capítulo, seção 2.5.1, em especial notas 342 e 363.

[355] Os tribunais de todos os países citados abrandaram a condição de privar o empreiteiro da remuneração por acréscimos, deixando de aplicá-la quando o dono da obra, mesmo sem autorizar a modificação por escrito, houvesse presenciado os trabalhos correspondentes sem protestar ou deles se beneficiasse. Houve, paulatinamente, uma mudança de tendência e, mesmo na França, onde ainda vigora a antiga regra do *Code Civil*, a jurisprudência conferiu o direito de remuneração ao empreiteiro quando haja uma perturbação relevante (*"bouleversement"*) da economia contratual, o que se dará, por exemplo, em caso de mudança de seu objeto. Na Espanha, que também conta até hoje com seu código oitocentista, já se assegura a remuneração de alterações de obra necessária ou aceita tacitamente. A segunda leva de codificações na Itália e em Portugal não conta mais com a restrição absoluta ao pagamento de variações de obra. Agora, por exemplo, faz-se uma diferenciação se a variação é necessária ou supérflua. Sobre a evolução do direito francês, *v.* Labarthe; Noblot, 2008, p. 217 e ss.; Cayol, 2012, p. 320; e, ainda, os registros históricos de Cunha Gonçalves 1933, p. 624 e ss. Um relato completo dessa história, na Espanha, pode-se verificar na já citada obra de Fernandez, 1986, p. 380 e ss. Acerca do desenvolvimento do direito italiano, confira-se Abello, 1937, p. 525 e ss., e Rubino, 1980, p. 213 e ss. e 404 e ss. No direito português, além do já citado Cunha Gonçalves, consulte-se Romano Martinez, 2003, p. 426 e ss; e Lima; Varela, 1997, p. 883, dando notícia da interpretação que abrandava a regra e evitava o enriquecimento ilícito, depois consagrada no novo código. Explicam Lima; Varela, *op. cit.*, p. 885, ainda, que a vedação à remuneração não era voltada para alterações necessárias, que não despertaria a ganância do empreiteiro. Atualmente, prevê o *Codice Civile* italiano vigente, de 1942, a remuneração de alterações necessárias em relação ao projeto (*"Art. 1660. Variazioni necessarie del progetto. Se per l'esecuzione dell'opera a regola d'arte e' necessario apportare variazioni al progetto e le parti non si accordano, spetta al giudice di determinare le variazioni da introdurre e le correlative variazioni del prezo (..)"*) (Itália. **Codice Civile 1942**, cit.). Regra similar encontra-se no Código Civil português de 1966: "Artigo 1215.º Alterações necessárias. 1. Se, para execução da obra, for necessário, em consequência de direitos de terceiro ou de regras técnicas, introduzir alterações ao plano convencionado, e as partes não vierem a acordo, compete ao tribunal determinar essas alterações e fixar as correspondentes modificações quanto ao preço e prazo de execução. (...)" (*v.* Portugal, **Código Civil português**, *cit.*). Segundo Chaves, 1984, p. 834-835, a aleatoriedade ficou assim superada nos modernos códigos português e italiano. Como dito acima, somente são consideradas verdadeiras variações aquelas

O CONTRATO EPC E SUA RECONDUÇÃO AO CONTRATO DE EMPREITADA

Algo similar se passou em nosso país, onde, depois de a jurisprudência afastar a não remuneração do empreiteiro em caso de modificação das obras, o Código Civil de 2002 consagrou a regra de que alterações feitas à vista do dono serão obrigatoriamente remuneradas, garantindo a comutatividade do contrato[356].

Até então, contudo, não hesitava a doutrina em apontar certa aleatoriedade, ainda que acidental, entre os traços característicos da empreitada, dado que a prestação a cargo do empreiteiro poderia ter seus custos aumentados ou diminuídos ao longo da obra – aqui uma simples manifestação da álea econômica – e também porque o próprio empreendimento estava suscetível a variações em relação ao projeto, sem correspondente mudança do preço[357]. Nisso estaria a parcela aleatória do contrato, a torná-lo um tipo especial, em que comutatividade e álea se combinavam, reputando-se o dono da obra protegido por uma espécie de seguro[358]. Não se teria, contudo, um contrato de pura sorte, como o jogo e a aposta, nos quais o acaso intervém de modo decisivo, mas só acessória ou acidentalmente aleatório, no qual a alteração da correspondência entre as prestações, no final, não desvirtuaria o tipo da empreitada ou sua causa típica, ainda e sempre a execução de dada obra contra o pagamento de um preço[359]. Essa aleatoriedade acidental, portanto,

imprevisíveis; ao contrário, as normais e naturais para executar o trabalho, como as de pequena monta, consideram-se incluídas no preço (ver nota 331 desse trabalho).

[356] Nesse sentido, prevê a atual codificação que "[a]inda que não tenha havido autorização escrita, o dono da obra é obrigado a pagar ao empreiteiro os aumentos e acréscimos, segundo o que for arbitrado, se, sempre presente à obra, por continuadas visitas, não podia ignorar o que se estava passando, e nunca protestou" (Código Civil de 2002, art. 619, parágrafo único). No Brasil, a evolução da jurisprudência e da doutrina está retratada, entre outras, nas obras de Almeida Paiva, 1997, p. 55 e ss.; e Meirelles, 2013, p. 255 e ss.

[357] Cf. Costa Sena, 1935, p. 39 e 97; Cunha Gonçalves, 1933, p. 616; e Abello, 1937, p. 540, sempre sob a égide do direito antigo. Ainda sobre a codificação italiana de 1865, similar ao Código Bevilàqua, v. Polidori, 2009, p. 780-783, indicando que a máxima evolução da doutrina relativa àquele texto legal foi considerar o contrato de empreitada um *tertium genus, misto d'álea* ou *quasi aleatorio*, mas essencialmente comutativo.

[358] *V.* Costa Sena, 1935, p. 47-48.

[359] Sobre o caráter acessório da aleatoriedade, *v.* Costa Sena, 1935, p. 39 e 96, que julga ser a álea elemento acidental, embora o contrato seja principalmente comutativo. A empreitada seria, assim, um contrato especial, mas não um contrato aleatório puro, em que a sorte e o acaso intervêm decisivamente, como no jogo e aposta (*id.*). Miranda Carvalho, 1953, p. 18, julgava também a empreitada somente acidentalmente aleatória e a prova maior de continuar o contrato essencialmente comutativo encontrava-se na possibilidade de rejeição da prestação, direito por lei reservado aos contratos comutativos. No sentido de que a rejeição por vícios

ao lado da onerosidade, constituiria aspecto natural e, não, essencial, do contrato de empreitada nos primeiros códigos modernos[360].

Ainda hoje, não se pode deixar de registrar, há ordenamento em que, como traço típico da empreitada, os acréscimos de obra em relação ao projeto, mesmo que necessários e imprevisíveis, não são objeto de remuneração. Esse é o caso da França, onde só excepcionalmente, se houver relevante perturbação da economia contratual, reconhece-se o direito do empreiteiro de receber por alterações de projeto indispensáveis para entrega do *opus*[361]. Embora inegavelmente possa tocar na extensão da prestação, não se considera esse risco do construtor, entre a doutrina francesa, senão mera "álea técnica ou econômica"[362].

2.5.3 Aleatoriedade: Reintrodução da Álea

Com a obrigatoriedade de pagamento de alterações em relação ao plano nas legislações mais recentes, os estudos estrangeiros atuais passam a indagar se pode ou não, pela vontade das partes, ser reinserida aquela aleatoriedade acidental no contrato de empreitada. Além disso, questiona-se se seria possível ao empreiteiro abrir mão do direito de reivindicar a revisão do

redibitórios não se aplica aos contratos aleatórios, cf. Assis, Araken de; Andrade, Ronaldo Alves de; Pessoa Alves, Francisco Glauber. **Comentários ao Código Civil brasileiro**: do direito das obrigações (arts. 421 a 578). Alvim, Arruda; Alvim, Thereza (Coords.). Rio de Janeiro: Forense, 2007, v. 5, p. 327; e Gomes, 2008, p. 90.

[360] Cf. Abello, 1937, p. 526, ainda sob a égide do antigo direito italiano. O contrato de empreitada, de todo modo, não era de pura sorte, pois as partes estudavam a obra antes de fixar o preço (*ibid.*, p. 540 e 549). No mesmo sentido, Cunha Gonçalves, 1933, p. 613, para quem o caráter normal do preço é ser aleatório, tratando da empreitada por preço global no Código Civil português revogado.

[361] Consoante noticiam Labarthe; Noblot, 2008, p. 222, simples alterações necessárias não dão ao construtor direito à remuneração, a não ser que haja um "*bouleversement*" da economia do contrato, em nada mudando essa conclusão o fato de o dono da obra ter aceitado tacitamente ou silenciado a vista dos acréscimos, como em nosso País. A antiga regra do art. 1793 do *Code Civil* vige e suas exceções são interpretadas estritamente, de modo que alterações imprevistas nos trabalhos ficam, de ordinário, a cargo do construtor como uma proteção ao contratante (*ibid.*, p. 219-221). Em igual sentido, *v.* Cayol, 2012, p. 320.

[362] A expressão é de Labarthe; Noblot, 2008, p. 220, que falam também em álea econômica ou monetária. Reputando álea econômica, com indicação de doutrina francesa, cf. Cayol, 2012, p. 320.

O CONTRATO EPC E SUA RECONDUÇÃO AO CONTRATO DE EMPREITADA

preço contratual por conta de situações supervenientes imprevisíveis que tornassem a execução da obra excessivamente onerosa.

Neste último caso, de maiores custos para própria execução da obra, o efeito não é sobre a entidade objetiva da prestação, mas sobre as despesas para realizá-la ou sobre a quantidade e a qualidade das atividades instrumentais necessárias para o resultado final[363]. Será, por isso, a álea econômica a impactada e não o sinalagma, a prestação principal, sua existência ou extensão. Uma renúncia ao direito de revisão do preço quando se tornasse manifestamente onerosa a prestação não seria capaz de converter o contrato em ajuste aleatório sob o ponto de vista jurídico, somente alargando os riscos econômicos da prestação, sem alterar sua estrutura ou função[364]. Essa hipótese pode ocorrer em caso de situações geológicas imprevistas, que tanto têm o potencial de exigir uma alteração da obra em si, em relação aos projetos, como de tornar mais difícil ou onerosa a execução dos trabalhos, sem mudar o resultado final[365].

Já em relação à possibilidade de alteração da entidade objetiva da obra, sem remuneração, parte dos estudos mais recentes revela que a comutatividade hoje inerente à empreitada não admitiria que se estipulasse vedação absoluta prévia quanto à cobrança de qualquer modificação necessária, condição essa reputada ilícita[366]. Isso não impede, porém, que se considere disponível o direito do empreiteiro de receber aumentos de preço por variações necessárias, mas a licitude de uma cláusula de renúncia antecipada

---

[363] Se essas atividades instrumentais, tal como se dá com os métodos construtivos, não foram indicadas no contrato, ou seja, não se incluem entre as características acordadas da execução da obra, cabe ao empreiteiro a decisão sobre elas, com as consequências positivas e negativas daí decorrentes, e uma alteração nelas não importará em mudança da entidade objetiva da prestação ou na consistência objetiva da obra (cf. Rubino, 1980, p. 405). A respeito, v. ainda nota 342 acima.

[364] Esse seria um caso de alargamento da álea econômica do contrato, tal qual se dá quando há uma derrogação da possibilidade de revisão por onerosidade excessiva, inapta a transformar o contrato em um ajuste aleatório, por se manter inalterada a estrutura e a função da empreitada (cf. Mascarello, 2002, p. 14). Igualmente, Pennasilico, 2011, p. 159-160; Polidori, 2009, p. 793; e Marinelli, 1996, p. 37.

[365] A propósito, anota-se que os julgamentos mais atuais das cortes italianas já entendem que, quando o construtor renuncia ao direito de revisão ou resolução por onerosidade excessiva decorrente de surpresas geológicas, somente haveria agravamento do risco, e não, verdadeira, aleatoriedade (v. Zuddas, 2010, p. 15).

[366] Cf. Gambini, Marialuisa. L'execuzione del contrato. In: Cuffaro, Vincenzo (Org.). **I contratti di appalto privato**. Torino: Utet, 2011, p. 230, citando, porém, decisão arbitral em sentido contrário.

CONTRATOS CHAVE NA MÃO (*TURNKEY*) E EPC (*ENGINEERING, PROCUREMENT AND CONSTRUCTION*)

dependeria de que se estipulassem quantidades e limites dentro dos quais o empreiteiro assumiria as alterações[367]. Uma iniciativa preventiva poderia ser admitida, assim, na medida em que não fosse geral, mas determinasse os casos e as formas de remuneração do empreiteiro[368].

Para outros, o direito de receber por alterações indispensáveis da obra, ao menos nas legislações mais avançadas que o garantem, considerar-se-ia conatural a esse tipo, e uma exclusão ou limitação assaz grande não seria proibida, mas poderia desnaturá-lo ou mudar a qualificação do contrato[369]. Chega-se a afirmar que, afora uma garantia de comutatividade, a empreitada exige, hoje, a observância de um princípio de proporcionalidade, que também nortearia o direito privado atual[370]. O contrato de empreitada, segundo essa orientação, não é, nem poderia ser, aleatório[371]. Se houver incerteza de uma das prestações por conta de elementos futuros e incertos, o contrato seria atípico pela aleatoriedade inserida, ainda que, nesse caso, a disciplina da empreitada se aplicasse em tudo quanto possível, mas não às regras relativas à comutatividade[372].

---

[367] *V.* Gambini, 2011, p. 230. Também no sentido de que pode haver pacto em contrário das partes quanto ao direito de remuneração por alterações necessárias, consulte-se Ugas, Anna Paola. Variazioni concordate del progetto: In: Luminoso, Angelo (Org.). **Codice dell'appalto privato.** Milano: Giufrrè, 2010, p. 420.

[368] Cf. Ugas, 2010, p. 381.

[369] *V.* a notícia de Ugas, 2010. p. 380.

[370] Cf. Gambini, 2011, p. 223-224 e nota 163, e p. 229-230, que alude à influência desse princípio do direito comunitário; e, ainda, Polidori, Stefano. Principio di proporzionalità e disciplina dell'appalto. **Rassegna del Diritto Civile.** Napoli, v. 3, p. 686-723, 2004. No Brasil, segundo Andrighi; Beneti; Andrighi, 2008, p. 328, a empreitada é regulada, hoje, em um código voltado à busca do equilíbrio contratual, de modo que as relações sociais sejam, além de comutativas, harmoniosas e equilibradas.

[371] Cf. Polidori, 2009, p. 780.

[372] *V.* Polidori, 2009, p. 795-796. Esse autor acredita que, na inclusão de elementos aleatórios, haveria um desvirtuamento da empreitada em função da alteração de sua causa típica (*ibid.*, p. 15-16). Similarmente, Rubino; Iudica, 2007, p. 24-25, que não indicam critérios para definir quando a aleatoriedade transformaria o contrato de empreitada em ajuste atípico, apontando decisão, porém, no sentido de que, para tanto, seria necessário haver uma modificação estrutural, elevando a álea à qualidade de causa ou um dos elementos causais do contrato. A respeito dessa exigência de mudança estrutural, ligada à causa, e não pontual, o que somente importaria em regulamentação do risco, nunca na transformação do contrato em ajuste atípico, *v.* Zuddas, 2010, p. 14. Ainda assim, anota esse autor que a assunção de riscos suplementares na empreitada pode ser implícita (*id.*). Também Marinelli, 1996, p. 80 e 83, inadmite a supressão da revisão do preço em toda e qualquer hipótese, o que considera desfigurar o contrato de empreitada, tornando-o atípico.

O CONTRATO EPC E SUA RECONDUÇÃO AO CONTRATO DE EMPREITADA

Em outro extremo, há quem entenda que a natureza comutativa da empreitada não é essencial, ou seja, não haveria impedimento de as partes inserirem nesse tipo elementos aleatórios. O requisito da comutatividade, então, ainda que conatural, poderia ser afastado de comum acordo, sem alterar a causa típica da empreitada, que é a criação de uma obra contra o pagamento de um preço[373].

2.5.4 Aleatoriedade: Contratos Aleatórios e Atipicidade

Em estudos avançados sobre o tema da aleatoriedade – deixando de lado a discussão sobre se existem contratos aleatórios[374] –, grassa intensa discussão sobre o efeito que a álea convencional, assim entendida a mudança da feição comutativa original de um contrato, surtiria sobre sua tipicidade[375]. A propósito, há quem defenda a manutenção de seu caráter típico, enquanto outros entendem impossível dar uma resposta *a priori*, não faltando aqueles, ainda, que se manifestam pela inevitável atipicidade quando a incerteza na existência ou na extensão de uma das prestações for inserida no contrato comutativo[376].

Referida "atipização", mesmo para aqueles que admitem a atipicidade do negócio comutativo em que ingressa álea jurídica, no entanto, não ocorreria em todos os casos, a começar por aqueles em que houvesse mero agravamento

---

[373] Esse seria o entendimento da doutrina de Carlo Giannattasio, consoante indicam Rubino; Iudica, 2007, p. 24; e Polidori, 2009, p. 791. Em igual sentido, Mascarello, 2009, p. 14. No direito português, admitem, em tese, uma empreitada aleatória, Albuquerque; Assis Raimundo, 2013, p. 240.

[374] A propósito, é conhecida a doutrina de Bessone, Darcy. **Do contrato**: teoria geral. 3. ed. Rio de Janeiro: Forense, 1987, p. 101, segundo a qual mesmo os contratos aleatórios são comutativos, pois comutam vantagens, e chance é também uma vantagem. No âmbito dos contratos de seguro, a mesma tese é amplamente debatida, como indica Greco Bandeira, 2000, p. 107 e ss.

[375] Sobre a denominação álea convencional, *v.* Giandomenico, Giovanni di. **I contratti speciali**: I contratti aleatori. In: Tratatto de Diritto Privato direto da Mario Bessone. Torino: G Gianppichelli, 2005, v. XIV, p. 78.

[376] No sentido de que o contrato aleatório por vontade das partes não o desvia do tipo legal, *v.* Messineo, Francesco. Contrato inominato: In: Calasso, Francesco (Coord.). **Enciclopedia del Diritto**. Varese: Giuffrè, 1962, v. X, p. 97 (nota 14). Já para Giandomenico, 2005, p. 79, não seria possível dar uma resposta *a priori*, tendo de se verificar caso a caso se a álea inserida muda a função típica. Igualmente, Capaldo, Giusepina. **Contratto e alea**. Milano: Giuffé, 2004, p. 188, considera que não se pode dar uma resposta antecipada e abstrata. Ao contrário, Greco Bandeira, 2010, p. 76, julga que, sendo verdadeiramente jurídica a álea (e, não, só econômica) e o contrato orginalmente comutativo, haverá atipicidade.

do risco econômico do negócio, ou seja, quando somente sua álea normal (econômica) fosse alargada[377]. Igualmente, existiria simples agravamento de risco ou alargamento dessa mesma álea normal, e não contrato aleatório, se as partes previssem uma condição diferenciada sobre a qual a lei traga regra dispositiva, como nos casos em que se transfere o risco por vícios redibitórios[378]. Em ambas as situações, considera-se inexistir modificação *ab intrinseco* da estrutura causal do negócio jurídico, uma vez que a extensão e a existência da prestação continuam certas e a álea inserida no negócio é insuficiente para desnaturar sua causa, não havendo verdadeiro contrato aleatório e, portanto, alteração do tipo originalmente comutativo ou contrato atípico[379].

Não haveria desfiguração do tipo, ainda, em uma terceira hipótese de introdução convencional de álea, já agora no próprio sinalagma, com repercussão sobre a entidade objetiva da prestação, a tornar o ajuste muito próximo dos contratos aleatórios, mas sem haver atipicidade. Será o caso em que as partes, no âmbito de um contrato comutativo, estabelecerem a incerteza de uma de suas prestações principais, mas de forma eventual e não necessária, o que também não seria capaz de converter o negócio em aleatório[380]. Tal se dará quando o risco sobre a prestação em si for eliminável, revelando uma aleatoriedade meramente acidental e, não, parte essencial do contrato[381]. Nesse caso, haveria agravamento do risco e certa álea jurídica, mas nenhuma atipicidade[382].

Somente quando a álea não puder ser eliminada objetivamente, constituindo elemento necessário para existência do contrato, é que se dirá

---

[377] V. neste trabalho, nota 364. No mesmo sentido, consulte-se Greco Bandeira, 2010, p. 204 e ss.; e Nicolò, 1958, p. 1024.

[378] V. Nicolò, 1958, p. 1027-1028. Explica o autor que, nesta hipótese, a álea que as partes inserem no mecanismo contratual opera dentro de um âmbito limitado, isto é, em relação àquela incerteza específica que constitui objeto do pacto de assunção de risco, o que consistiria evidência de que não se efetua, ao inserir tal elemento aleatório, uma verdadeira transformação causal do contrato (*id.*). No mesmo sentido, cf. Greco Bandeira, 2010, p. 205.

[379] V. Nicolò, 1958, p. 1027-1028.

[380] Cf. Nicolò, 1958, p. 1028.

[381] Cf. Nicolò, 1958, p. 1028-1029; e Giandomenico, 2005, p. 77, que utiliza o conceito de risco ignorado e não governado (ou governável) pelas partes como elemento essencial dos contratos aleatórios.

[382] O exemplo típico é o da compra e venda de uma universalidade, cuja determinação exata dos bens as partes desconhecem, mas podem descobrir, situação que se contrapõe à compra e venda de bens que não se pode precisar, como o resultado de um lanço de rede de pesca.

O CONTRATO EPC E SUA RECONDUÇÃO AO CONTRATO DE EMPREITADA

haver verdadeiro negócio aleatório, como se passa nos contratos de seguro, de renda vitalícia, de jogo e aposta, cuja causa depende da incerteza, que, se não existisse, eliminaria a razão de ser do ajuste e poderia até dar azo à nulidade daquele já celebrado[383]. Tão só nos casos de incerteza necessária, a introdução da álea em certo contrato comutativo o tornaria atípico. Ao contrário, se o risco puder ser contornado, deixa de entrar na causa do negócio, reputando-se um contrato em que a álea permanece em momento extrínseco, acidental[384]. A característica elementar dos contratos aleatórios, que é a essencial especulação sobre o destino, isto é, a confiança da entidade objetiva da prestação ao acaso, não estaria presente[385]. A álea não se ligaria propriamente ao fortuito[386].

Atípicos seriam, assim, os contratos comutativos nos quais se insere álea necessária, celebrados em função da sua incontornabilidade, *in via exclusiva*[387]. A álea acidental, que somente agravasse os riscos de um negócio comutativo, por outro lado, não seria capaz de alterar o tipo original por não se revelar essencial, uma vez que as finalidades particulares da operação permanecem compatíveis com a função abstrata do tipo legal e os interesses na introdução da álea se revestem de caráter complementar e acessório[388].

---

[383] Segundo explica Nicolò, 1958, p. 1028-1029, é certo que estamos muito vizinhos dos contratos aleatórios, mas nesse tipo de ajuste acidentalmente aleatório, é possível a sua conclusão mesmo sem a existência do risco, a demonstrar que o risco não é essencial ao negócio, somente eventual. O evento aleatório, verdadeiramente, pode ou não se verificar, desconhecendo as partes o que sucederá (*id.*). Todavia, esse risco não é essencial para a celebração do negócio, podendo ele ser celebrado mesmo se a incerteza inexistir, que faz com que a álea não seja necessária ou parte do conteúdo intrínseco do contrato, já que, se eliminada, o negócio continua viável (*id.*). No sentido da dependência do risco, como sendo essencial aos contratos aleatórios, *v.*, ainda, Greco Bandeira, 2010, p. 34. Acerca da nulidade dos contratos aleatórios por defeito de álea, *v.* Capaldo, 2004, p. 170.

[384] Cf. Nicolò, 1958, p. 1028.

[385] Sobre o contrato aleatório entendido como aquele de especulação e pautado pelo acaso, *v.* Roppo, Enzo. **O contrato**. Coimbra: Almedina, 2009, p. 263. Modernamente, estudos especializados sugerem que o contrato aleatório é marcado por uma gestão e neutralização de riscos, o que, contudo, não permite que se faça distinção entre álea jurídica e econômica ou riscos de mera execução (cf. Capaldo, 2004, p. 145-148 e 185).

[386] Cf. Almeida Paiva, 1997, p. 11, que reproduz doutrina de M. I. Carvalho de Mendonça.

[387] *V.* Giandomenico, 2005, p. 79-80. No mesmo sentido, Nicolò, 1958, p. 1029, que indica haver contrato aleatório quando o risco é essencial e conatural ao sinalagma, quando as trocas se determinam em razão da incerteza. Sobre a discussão, *v.*, ainda, Capaldo, 2004, p. 166 e ss.

[388] Cf. Giandomenico, 2005, p. 79-80. O tema, porém, não é pacífico, havendo quem sustente que, sempre quando as partes perseguirem resultado final incerto e incontrolável, haverá

CONTRATOS CHAVE NA MÃO (*TURNKEY*) E EPC (*ENGINEERING, PROCUREMENT AND CONSTRUCTION*)

2.5.5 Aleatoriedade: Síntese

É duvidoso se o contrato EPC, ainda que possa trazer alguma especulação para dentro da avença e uma gestão e neutralização de riscos para o dono da obra, deixe de ser um contrato de empreitada para se tornar um contrato verdadeiramente aleatório e, portanto, atípico. A álea introduzida, senão um mero agravamento dos riscos, aparenta ser acidental ou técnica, para usar a expressão francesa, incapaz de desvirtuar a causa típica do negócio[389].

A favor desse entendimento encontra-se o dado histórico. Sob toda a vigência dos códigos oitocentistas, a correção de planos e de projetos sem remuneração fazia parte da empreitada, nunca se reputando essa incerteza senão mera álea acidental. Tampouco se julgava que essa mesma álea, exatamente por ser acessória, desvirtuasse a operação subjacente ao contrato, como continua a não desvirtuá-la onde os tribunais julgam que a invariabilidade do preço faz parte das características desse tipo[390]. O empreiteiro, vale lembrar, sempre se considerou um especulador[391], e a certeza do preço final nunca deixou de ser um objetivo perseguido nos contratos de obra. Ao que tudo indica, a reintrodução daquela mesma condição não implicaria, então, desnaturar o negócio, que permaneceria contrato de empreitada, acrescido de elemento aleatório acidental.

A álea, como se apontou, não está exatamente ligada ao fortuito, e mesmo no EPC não são assumidos todos os riscos por erros de projeto, mas só por aqueles detectáveis, não se adequando essa modalidade, por outro lado, aos casos de incertezas geológicas expressivas[392]. Essa feição parece reforçar que o risco contra o qual as partes se protegem não é aquele do tipo inelimável, ingovernável, mas a simples incerteza trazida pelo fato de uma delas ou

---

contrato aleatório (*v.* Greco Banderia, 2010, p. 45). Segundo a autora, não existem contratos relativamente aleatórios: o contrato ou seria comutativo, ou aleatório, *tertium genus non datur* (*ibid.*, p. 44, nota 90). No mesmo sentido, registra-se em recente doutrina italiana que a ideia de que a álea tem de ser essencial e necessária se trata de uma visão restrita, ao passo que, mesmo nos casos de álea marginal, ela seria incorporada à causa do negócio (cf. Massimo Bianca, C. **Diritto civile**: il contrato. Milano: Giuffré, 2000, v. III, p. 492-493).

[389] Ver neste Capítulo, seção 2.5.2.

[390] Como é o caso da França. Sobre a vigência da vedação à remuneração de acréscimos de obras necessários no direito francês atual, *v.*, neste Capítulo, seção 2.5.2, *in fine*, em especial nota 361.

[391] Cf. Miranda Carvalho, 1953, p. 112.

[392] *V.* neste Capítulo, seção 2.5.1, em especial notas 334 e 335.

mesmo ambas falharem na verificação prévia de possíveis erros de projeto ou de situações de subsolo que poderiam ser previstas, ou não desejarem efetuar levantamentos e estudos adicionais para eliminar tal incerteza.

Em caráter final, ainda que as situações não se assemelhem com exatidão, um aspecto importante a considerar reside no fato de que, da mesma forma que se considera existir empreitada quando os riscos do empreiteiro são reduzidos, como naqueles contratos nos quais os custos das obras ou de suas alterações são arcados integralmente pelo contratante, o agravamento desses mesmos riscos e a reintrodução da álea, como ocorre no EPC, não poderia desnaturar a empreitada ou tornar o negócio celebrado um contrato atípico[393].

2.6 Recondução do Contrato EPC ao Tipo da Empreitada

A análise do tipo da empreitada permite compreender que este contrato não se resume ao desempenho de atividades eminentemente construtivas de certa obra, possuindo, ao contrário, função mais ampla. Por concentrar seu objeto na obra em si, pode enfeixar-se nele ampla gama de atividades instrumentais, desempenhadas de forma interdependente com sentido unitário, as quais remanescem secundadas pelo resultado objetivado. Daí, como vimos, reputar-se a empreitada um ajuste complexo, cujo quadro complexivo comporta variadas prestações típicas de outros contratos e que, alinhadas, dão vida ao *opus consummatum et perfectum*[394].

---

[393] Sobre considerar-se empreitada o contrato em que o construtor é remunerado pela administração da obra, cf., neste Capítulo, seção 2.1.2, em especial nota 156. Note-se que, no EPC, não são agravados somente os riscos econômicos, podendo haver ainda a mudança da entidade objetiva da prestação principal, a obra, como no caso de alteração dos projetos originalmente acordados. Quando se entende existir empreitada por administração, contudo, tem-se necessariamente de reputar a obra como a prestação principal. Ao contrário, se julgarmos que a prestação principal é a administração, não haverá empreitada. Assim, nos contratos de empreitada por administração, poderá haver mudança da entidade objetiva e continuará a existir empreitada, não contrato atípico. E mesmo para quem considere ser a prestação principal a administração, essa poderia se alterar, em alguma medida, como se dará se, por exemplo, o contratado recebesse uma parcela fixa ou percentual sobre os custos e a obra demandasse mais tempo por alterações de projeto, mas sem alteração de seu preço final: a administração mudaria e o preço, não.

[394] Sobre a complexidade da empreitada, v., neste Capítulo, seção 2.1.2.

CONTRATOS CHAVE NA MÃO (*TURNKEY*) E EPC (*ENGINEERING, PROCUREMENT AND CONSTRUCTION*)

Consoante já se disse em recente estudo luso sobre a empreitada, sua simplicidade conceitual é enganadora e possui capacidade para acompanhar a evolução social mais moderna, incluindo a complexidade interna das novas operações que reúnem em um único contratado diversas prestações, como nos ajustes chave na mão[395]. As diversas prestações complementares ao simples contrato de obra, pondera, por outro lado, respeitada doutrina italiana, assim como a transferência de tecnologia e também as cláusulas de invariabilidade do preço, não são negligenciáveis certamente, porém não impedem a recondução à empreitada, um tipo elástico, sempre que se cuide de um *facere* objetivando a execução de certo *opus*, com autonomia, contra o pagamento de um preço[396].

O contrato de empreitada, registra também aprofundada doutrina peninsular, insere-se em um setor em rápida evolução ante as exigências sociais e os desenvolvimentos tecnológicos atuais, mas possui estrutura muito ampla e compreensiva, podendo abrigar em seu seio vasta gama de fenômenos econômicos[397]. Quando houver a obrigação de fazer proeminente, com a obrigação de dar instrumental, em que a responsabilidade organizativa fica a cargo do contratado, assim como os riscos do negócio, de empreitada se tratará[398]. Esse complexo de elementos constitui o tipo da empreitada e nele se incluem todos os contratos que, mesmo apresentando aspectos diferentes, correspondem a essa descrição[399]. Para dele fugir, inclusive, se exigiria não só uma modificação desses elementos, mas também sua substituição completa[400].

Com uma latitude assaz grande, que já se levou a designá-la de *contratto-madre* ou *contrat impérieux*[401], a empreitada possui flexibilidade para albergar entre suas atividades instrumentais todas as prestações suplementares que constam de um arranjo global de tipo chave na mão (*turnkey*) e EPC, a começar pela elaboração do projeto, até o fornecimento completo

[395] Cf. Albuquerque; Assis Raimundo, 2013, p. 151-152.
[396] *V.* Rubino; Iudica, 2003, p. 73-74.
[397] Cf. Marinelli, 1996, p. 51 e 199.
[398] Cf. Marinelli, 1996, p. 51. Consoante explica o autor, será de empreitada o contrato, independente do nome, quando a estrutura atender a causa de fazer algo contra um preço sem subordinação e tiver como objeto uma obra (*ibid.*, p. 24).
[399] Cf. Marinelli, 1996, p. 51.
[400] Cf. Marinelli, 1996, p. 209.
[401] *V.*, neste Capítulo, nota 166.

O CONTRATO EPC E SUA RECONDUÇÃO AO CONTRATO DE EMPREITADA

de equipamentos, tecnologia e a colocação da obra em funcionamento, desde que estas prestações estejam estruturadas e subordinadas ao fim unitário de criação da obra. Reputa-se, ainda, indiferente para recondução ao tipo da empreitada o caráter eminentemente empresarial do EPC e, mais importante, não implica o agravamento dos riscos assumidos pelo construtor, quando isso for efetuado de modo acidental, em alteração da função causal decisiva deste contrato, qual seja, a produção, pelo engenho humano, de certa obra em função de um preço com autonomia[402].

Talvez do contrato de empreitada seja válido repetir, hoje, o quanto já se disse acerca de sua evolução desde os tempos romanos até o início da era moderna: *"[d]ecidé par la pratique, le contrat de louage d'ovrage a fait l'objet, de multiples adaptations à une société en mutation, sans pour autant changer de dessein"*[403]. Essas adaptações vêm continuamente sendo efetuadas, fruto da elasticidade do contrato de empreitada, que permite sua revitalização através dos séculos[404]. Como na vetusta *locatio operis*, em que o empreiteiro concentrava todas as atividades necessárias à implantação do empreendimento, as mais modernas formas de contratação preservam essa essência e aglutinam no contratado as novas prestações que a evolução tecnológica e os avanços da modernidade exigem para execução de uma obra[405]. Por essa razão é que se conclui que elasticidade do tipo da empreitada possibilita a superação dos próprios limites a si impostos pela codificação civil em virtude de sua datação histórica, em uma renovada adaptação às exigências econômicas e sociais mais atuais[406].

Longe de ser pacífica, contudo, a recondução do EPC à empreitada suscita grande polêmica, seja entre a doutrina estrangeira, seja entre a nacional, com prestigiadas vozes discordando de tal enquadramento na vetusta moldura de raízes romanas, até a comprovar a perene incerteza e ambuiguidade que circundam esse tipo legal[407].

---

[402] *V.* Cayol, 2012, p. 390.

[403] Cf. Bayard, 2014, p. 9. Em tradução livre, "Determinadas pela prática, o contrato de locação de obra foi objeto de múltiplas adaptações, numa sociedade em transformação, sem, porém, mudar de propósito".

[404] Cf. Marinelli, 1996, p. 207.

[405] Nesse sentido, Marinelli, 1996, p. 206-207.

[406] Nesse sentido, cf. Marinelli, 1996, p. 207.

[407] *V.* Bayard, 2014, p. 15.

Capítulo 3 – A Polêmica do Contrato EPC: da Empreitada ao *Engineering*

3.1 A Qualificação do *Turnkey* e do EPC no Direito Estrangeiro

Da qualificação dos contratos *turnkey* e EPC, quiçá se possa dizer, ainda hoje, o quanto se reportava, na França, sobre o *clé en main* no final dos anos 1970. Com quase meio século de existência, alertava a doutrina da época ser esta figura produto da imaginação e das necessidades práticas, diretamente ligada ao particularismo das situações em que engendrada, múltipla, difusa e sempre carente de regulamentação, tudo a dificultar ao intérprete seu correto enquadramento[408].

Para compreender a polêmica que paira em nosso ordenamento sobre a qualificação do chave na mão e do EPC, é útil, em primeiro lugar, conhecer como se classificam esses ajustes no sistema de *common law*, no qual surgiram e se desenvolveram[409]; e, se bem que com brevidade, examinar como se conceituam em alguns importantes ordenamentos de sistema romano-germânico.

---

[408] Cf. Salem; Sanson-Hermite, 1979, p. 46, que relatam a dificuldade de definição do *clé en main*, mesmo que sua existência *"remonte pourtant à un demi-siècle"*. Em igual sentido, Hernandez Rodriguez, 2004, p. 173. Polotto, 2009, p. 108, acresce ao rol de dificuldades para sua qualificação a tradução imprecisa e voltada a exigências práticas de termos em inglês dos modelos internacionais, cuja linguagem privilegia expressões derivadas do *common law*, muitas vezes não assimiláveis aos conceitos jurídicos tradicionais.

[409] Para a descrição dos fatos que levam ao surgimento e desenvolvimento dos arranjos contratuais chave na mão e EPC, v. Capítulo 1, seções 1.2 a 1.4. Manter-se-á aqui o conceito de EPC distinto do *turnkey*, representando evolução deste com notas de aleatoriedade acidental ou agravamento de risco.

CONTRATOS CHAVE NA MÃO (*TURNKEY*) E EPC (*ENGINEERING, PROCUREMENT AND CONSTRUCTION*)

3.1.1 Grã-Bretanha e EUA

Perante o direito inglês, o chave na mão e o EPC integram a categoria designada de *construction contract*, como se observa em toda e qualquer obra de referência sobre a matéria, que invariavelmente os descreve entre os possíveis métodos e arranjos que se pode adotar em um contrato de construção[410]. Os juristas ingleses não efetuam, para fins de enquadramento legal, diferenciação entre o *turnkey* e o EPC, e, segundo adverte a doutrina estrangeira, a prática anglo-saxã soberbamente ignora as querelas acadêmicas acerca da qualificação do chave na mão[411].

As regras para a execução de um empreendimento, no *common law* são as mesmas, quer para a construção pesada (*engineering*), quer para a construção imobiliária (*building*)[412]. Igualmente, não variam se estiver em causa um contrato de pura construção ou ajuste que englobe também os projetos. Em outras palavras, incidirão as normas ordinárias de execução de obra às operações de concepção e construção, como no arranjo *design-build*[413]. Da mesma forma, se a contratação for de um *turnkey* ou de um EPC, aplicam-se os mesmos preceitos jurídicos dos contratos de construção convencional, tal como se dá nas demais modelagens chamadas de "*new forms of procurement*"[414].

---

[410] Assim, pode-se ver o *turnkey* indicado sempre entre os arranjos de contratação de obra, algumas vezes considerado como espécie de *design build* (Keating; Furst; Ramsey, 2001, p. 12; Uff, 2013, p. 267; e Pritchard; Scriven, 2011, p. 1); outras, como um método autônomo (Bailey, 2011, p. 37; Lupton, 2013, p. 6).

[411] A propósito, *v.* Brabant, André. **Le contrat international de construction**. Bruxelles: Bruylant, 1981, p. 73. Sobre a ausência de diferença entre os contratos *turnkey* e EPC, tratados como sinônimos, como se disse na nota precedente, *v.*, entre muitos, Pritchard; Scriven, 2011, p. 1; Bailey, 2011, p. 38; e Lupton, 2013, p. 6.

[412] De acordo com Keating; Furst; Ramsey, 2001, p. 1, as considerações de sua obra sobre os *building contracts* aplicam-se aos *engineering works* indistintamente. Também não faz distinção para aplicação das normas do direito da construção, entre o *building* e o *engineering contract*, Uff, 2013, p. 267. Conforme explicado no Capítulo 1, a expressão *engineering contract* não deve significar contrato que conta com projetos, mas aqueles utilizados para construção de obras de infraestrutura e instalações industrias (*v.* seção 1.2.1).

[413] Cf. Keating; Furst; Ramsey, 2001, p. 11. Consoante explicam os autores, logicamente, nos contratos *design-build*, o empreiteiro responde por vícios do projeto, o qual deve garantir a funcionalidade da obra (*i.e*, ser *fit for purpose*). Do ponto de vista eminentemente legal, pode--se citar as normas do *Building Act*, aplicáveis sempre que as obras forem frequentadas por pessoas, *v.* Uff, 2013, p. 494.

[414] *V.* Uff, 2013, p. 267, que, como vimos, considera o *turnkey* mera reciclagem do *design-build* e um dos arranjos denominados de novas formas de contratação, incluindo o *construction*

A POLÊMICA DO CONTRATO EPC

Ressalva-se, unicamente, que quando o contrato de construção incluir o fornecimento de bens, como equipamentos, deverão ser observadas as regras do chamado *"Supply of Goods and Services Act"*, mas sem desnaturar a operação, que continuará, para todos os efeitos, a considerar-se de construção[415].

Diferente do sistema romano-germânico e embora existam regulamentos legais para os principais contratos, explicam os estudiosos do direito da construção inglesa que a conhecida falta de uma disciplina codificada, ou de *statutes* acerca da operação construtiva, levou à *praxis* de adotar modelos institucionais com elevado detalhamento tal qual um *"private code of law"*[416]. Ainda assim, a partir de 1996, há no Reino Unido a descrição legal dos contratos de construção para fins de aplicação de regras especiais de

management e o *prime-contracting* (v., ainda, neste trabalho, nota 96). Para Duncan Wallace, 1986, p. 433, inclusive, a entrega de uma obra completa e pronta para uso (bastando girar a chave na fechadura) reputa-se característica normal dos contratos de obra em que o projeto é efetuado pelo construtor, a comprovar o enquadramento do chave na mão entre os contratos de construção e a uniformidade de tratamento legal.

[415] Cf. Uff, 2013, p. 227, anotando que, até a promulgação do citado estatuto em 1982, entendia-se que as disposições relativas à compra e venda pura eram aplicáveis por analogia. Romano Martinez, 2003, p. 334, de todo modo, anota que, no direito inglês, seria irrelevante que se considerasse o contrato de venda ou de empreitada, pois o estatuto *"Supply of Goods and Services Act"* não difere significativamente do *"Supply of Goods Act"*.

[416] V. Uff, 2013, p. 341-342, para quem, na falta de *statutory provisions*, os contratos-padrão são um traço distintivo (*"hall mark"*) do setor construtivo do Reino Unido e funcionam como um código privado, cujos primeiros modelos, tidos como indevidamente severos com os empreiteiros, são do século XIX, quando as principais construções imobiliárias eram efetuadas pelo Poder Público. Tanto a indústria da construção imobiliária (*building*) como a da construção pesada (*engineering*) sempre mantiveram modelos próprios, a despeito da similaridade do assunto tratado e, mais recentemente, com a ênfase no financiamento privado, uma nova leva de modelos foram produzidos, de crescente extensão e complexidade (*id.*). As obras públicas, tal como as privadas, igualmente adotam modelos padrão tanto para o *building* como para o *engineering* (*ibid.*, p. 346). É importante ter presente que, embora existam diversos modelos disponíveis, com frequência são utilizadas minutas *ad hoc*, isto é, preparadas pelas próprias partes (*ibid.*, p. 352). Ainda sobre o uso de modelos no *common law, v.* Calabresi, 2009, p. 18. Para uma descrição das diferentes abordagens entre o sistema de *common law*, seja na Inglaterra, seja nos EUA, e o romano-germânico de tipificação, cf. De Nova, Giorgio. **Il tipo contrattuale** (nova tiragem da edição de 1974). Napoli: Edizioni Scientifique Italiane, 2014, p. 35 e ss. Consoante explica o autor, a despeito dos *statutes* e *acts*, a postura do jurista anglo-americano diverge daquela dos intérpretes do *civil law*, pois o direito contratual legal seria, no *common law*, excepcional, isto é, conteria regras para questões pontuais e, não, para regular os contratos como um todo (*ibid.*, p. 35-36). Seria, assim, vã qualquer tentativa de enfrentar o problema pelo prisma da tipificação, tal como se efetua no sistema romano-gernâmico (*id.*).

proteção da indústria, promulgadas pelo *Housing Grants Construction and Regeneration Act*[417]. Por esse estatuto, passou-se a contar com definições legais do quanto se constituía *construction contract* e *construction operation*, que são das mais amplas e abrangem desde simples ajustes de consultoria, estudos e projetos até operações complexas, nas quais a concepção das obras e o fornecimento de equipamentos pesados sejam efetuados pelo construtor, como nos contratos chave na mão e EPC[418]. Consideram-se excluídas, tão só, obras de alguns setores específicos, como óleo e gás, geração de energia, mineração, embora isso não implique, segundo autorizada fonte, que deixem de ser "óbvias" operações de construção, afastando-se somente as regras especiais daquele estatuto[419].

Similarmente, no direito norte americano, os ajustes *turnkey* e EPC também são objeto de obras de referência dedicadas ao direito da construção e incluídos entre os diversos arranjos contratuais disponíveis àqueles que querem executar uma obra[420]. Ainda que a doutrina estadunidense indique que o tamanho do empreendimento possa influir na aplicação do direito, exigindo-se do julgador sensibilidade à realidade que subjaz a cada contrato, não deixa de reputar o chave na mão e o EPC genuínos *construction contracts*[421].

Tal como na experiência inglesa, os EUA contam com difundidos e pormenorizados modelos institucionais para regrar os contratos de

---

[417] Para um entendimento global da disciplina trazida por essa legislação, que prevê regras de pagamento e uma forma extrajudicial de solução de conflitos (*"adjudication"*), *v.* Uff, 2013, p. 67 e ss. Ainda sobre a regulamentação do direito inglês, cf. Keating; Furst; Ramsey, 2001, p. 457; Pritchard; Scriven, 2011, p. 343; Pickavance, James. **A practical guide to construction adjudication**. Oxford: Wiley Blackwell, 2016, p. 49 e ss.; e Coulson, Peter. **Coulson on Construction Adjudication**. 2. ed. Oxford: Oxford University Press, 2011, p. 3 e ss.

[418] Cf. Pickavance, 2016, p. 50, que explica que o *construction contract*, para fins dessa legislação, engloba projeto, arquitetura e trabalhos de consultoria. O termo *construction operations*, registra esse mesmo autor, deverá ser interpretado em sentido amplo e envolverá maquinário e equipamento quando o contrato incluir sua montagem e instalação, mesmo se forem do tipo removível (*ibid.*, p. 56-57). Aponta também que o direito inglês agora possui uma definição de contrato de construção Calabresi, 2009, p. 16.

[419] No sentido de que os contratos para execução de obras nessas indústrias não se incluem na definição legal unicamente por técnica legislativa, para não que sejam objeto do referido diploma, consulte-se Coulson, 2011, p. 24.

[420] Cf. Sweet; Schneier, 2013, p. 373 e ss.; e Bruner; O'Connor, 2002, v. 2, p. 506-507.

[421] Sobre a necessidade de se levar em conta a obra que é executada na interpretação contratual, *v.* Bruner; O'Connor, 2002, v. 1, p. ix; e, ainda, dos mesmos autores, *ibid.*, v. 2, p. 11, nota 1.

A POLÊMICA DO CONTRATO EPC

construção[422]. Embora se diferencie o trabalho dos arquitetos daquele das firmas de engenharia, a doutrina tradicional não emprega os termos *building* e *engineering contracts* para designar os contratos de obra, qualificando-os indistintamente de *construction contracts*, e, do mesmo modo que na Inglaterra, não é efetuada qualquer diferença entre a disciplina jurídica cabível a todos[423]. Relata-se, é verdade, que um contrato chave na mão pode até parecer mais com a venda do que com a prestação de serviços, mas isso estaria presente também no arranjo *design-build* e, por conseguinte, não desqualificaria o *turnkey* como contrato de obra[424].

Ponto relevante a se ter presente é que, no *common law*, quer no Reino Unido, quer nos EUA, o emprego dos arranjos *design-build* e *turnkey*, com a complexidade a eles inerente, não é uma exclusividade do setor de construção pesada (*engineering*), podendo esses ajustes ser utilizados da mesma forma pelo setor de *building*, que conta até com modelos específicos para complexas obras imobiliárias[425].

---

[422] Sobre o uso de modelos nos EUA, consulte-se Bruner; O'Connor, 2002, v. 2, p. 11-14, que indica serem eles espécie de "santo graal" da indústria da construção, com ampla aceitação. Relatam os autores, contudo, que é costume das partes adaptar os modelos existentes a cada projeto (*ibid.*, p. 11). Os primeiros modelos datam do século XIX, elaborados pela *American Institute of Architects* e pela *National Association of Builders* e, atualmente, também o Poder Público conta com minutas padronizadas (*ibid.*, p. 13).

[423] Cf. Sweet; Schneier, 2013, p. 161, que tratam da diferença entre os contratos em que temos arquitetos daqueles nos quais firmas de engenharia (*engineering firms*) respondem pela obra, mas utilizam em seu livro a expressão *construction contract* indistintamente para tratar de todo o tipo de ajuste de obra. Igualmente, utilizando o termo *construction contract* sem distinguir o tipo de obra, *v.* Bruner; O'Connor; 2002, v. 1, p. 64.

[424] *V.* Sweet; Schneier, 2013, p. 374. Segundo Ducan Wallace, 1986, p. 433, aliás, sob o direito norte-americano, o "verdadeiro" traço distintivo do *turnkey* reputa-se a obrigação e a responsabilidade pelos projetos das obras por parte do construtor, conforme decisão de 1975, a deixar fora de dúvida de que se trata de um *design-build* e, portanto, contrato de obra.

[425] No direito americano, inclusive, a definição de *turnkey* é dada levando-se em consideração um contrato de *building* (cf. Sweet; Schneier, 2013, p. 374, nota 79). Os modelos de *design--build*, no Reino Unido, surgiram antes no setor imobiliário, na década de 1980, o primeiro deles elaborado pelo Joint Contracts Tribunal (JCT) (cf. Duncan Wallace, 1986, p. 435). Atualmente, essa entidade conta com um *Major Project Construction Contract Form*, em que todo o projeto é efetuado pelo contratado e mais riscos lhe são transferidos (*v.* Uff, 2013, p. 354). Especificamente quanto ao emprego internacional do EPC e do *turnkey*, a despeito de adotados sobretudo em obras de engenharia pesada, a entidade responsável pelo mais importante modelo desses contratos sugere seu uso para obras imobiliárias (cf. FIDIC – Fédération Internationale des Ingénieurs Conseils. **The FIDIC Contracts Guide**: Construction, Plant and Design Build EPC/Turnkey Contracts. Lausanne, 2000, p. 7). Assim, se o contrato for

CONTRATOS CHAVE NA MÃO (*TURNKEY*) E EPC (*ENGINEERING, PROCUREMENT AND CONSTRUCTION*)

Seja por que prisma for, nos direitos inglês e norte-americano, o *turnkey* e o EPC reputam-se contratos de construção, ambos relacionados entre os diversos arranjos que podem ser adotados para a execução de uma obra. Pode-se notar, além disso, que a elaboração de projetos ou o fornecimento de equipamentos, quando tenham por fim a implantação de certo empreendimento e integrarem o contrato, não evita que se qualifique o ajuste como *construction contract*, ainda que regras específicas de outras operações, como as da compra e venda, sejam aplicáveis subsidiariamente[426].

3.1.2 França e Bélgica

A qualificação dos contratos *clé en main*, na França e na Bélgica, possui ligação estreita com o comércio exterior e a exportação de serviços. A partir da década de 1960 – época contemporânea à conquista de popularidade pelo *turnkey* fora dos EUA[427] –, surgem os primeiros estudos franceses e belgas a respeito dos contratos internacionais de grandes instalações industriais[428]. Ainda que sem atentar para a história dos arranjos de contratação, detectam esses estudos o movimento de concentração de atividades na pessoa do contratado, conquanto sugiram tratar-se de alteração da própria atividade econômica da engenharia[429].

imobiliário (*building contract*) e o dono da obra desejar ter seu empreendimento concluído sob o arranjo global chave na mão, indica-se serem as condições EPC recomendáveis (*id.*). No mesmo sentido, defendendo o uso do *turnkey* em obras imobiliárias, *v.* Hernandes Rodriguez, 2004, p. 174.

[426] Tal como se dá em relação à empreitada, como vimos no Capítulo 1, seção 2.1.2, em especial nota 181.

[427] Cf. Capítulo 1, seção 1.3.

[428] Segundo reporta Hubert, Alfred. **Le contrat d'ingénierie-conseil**. Paris: Masson, 1984, p. 23, no ano de 1962, um grupo de juristas franco-belga se reúne na Universidade de Liége para um seminário jurídico sobre os principais problemas ligados à atividade internacional de engenharia, dando início aos estudos iniciais sobre o *engineering*. Essa é a primeira notícia da análise dos contratos *clé en main* na França e na Bélgica.

[429] Em sua forma pura, a engenharia seria consultiva, designada de *ingénierie-conseil*, e se limitaria à concepção das obras e ao seu acompanhamento (cf. Hubert, 1984, p. 26). Com a evolução dos tempos e em razão dos imperativos tecnológicos da modernidade, essa forma pura teria passado a englobar desde a transferência de tecnologia (propriedade industrial) até o fornecimento de equipamentos e as próprias atividades construtivas das instalações, aliando prestações intelectuais e materiais, uma tendência que, dizia-se, aproximava a visão continental de engenharia à noção anglo-saxã do *engineering* (*ibid.*, p. 26-28). Corretamente,

A POLÊMICA DO CONTRATO EPC

Do ponto de vista jurídico, a atividade mais extensa da engenharia que os franceses denominaram de *"ingénierie commerciale"* ou de *"engineering commercial"*[430], em oposição ao *ingénierie-conseil*, pareceria integrável ao amplo tipo do *louage d'ovrage*, previsto no *Code Civil*, ou ao chamado *contrat d'entreprise*, uma categoria supragenérica que leva a doutrina a adjetivá-la de "flexível e acolhedora", abrangendo toda atividade humana de *"faire quelque chose pour autrui"*[431]. Tal seria, inclusive, o entendimento clássico[432], mas superado pela

não se chegou a afirmar que o contrato de projetos tenha absorvido a atividade construtiva, pois isto contrariaria os registros históricos e as próprias indicações do *Code Civil*, que sempre previu a execução das obras pelo arquiteto como típica empreitada. Fazia-se, assim, um retrato de momento, onde as operações construtivas já se efetuavam por via de um ajuste global, e a engenharia, na qualidade de atividade econômica, como a construção, podia ser vista encerrando toda a implantação do empreendimento. Como vimos, a evolução que leva ao chave na mão e ao EPC inicia-se com o *general contractor*, quando arquitetos e engenheiros passam a dirigir as empresas construtoras, que se responsabilizam pela integralidade das atividades construtivas (ver Capítulo 1, seção 1.2.3, em especial nota 36), e passa pelo *design-build*, marcando o declínio do projetista independente (*v.* seções 1.2.4 e 1.5.1). É importante lembrar, por outro lado, que historicamente o *Code Civil* previa, desde sua promulgação, a figura do projetista-construtor. Assim, por exemplo, estabelecia em seu art. 1.783, sobre a empreitada, a responsabilidade por acréscimos, "[l]*orsqu'un architecte* [...] *s'est chargé de la construction à forfait d'un bâtiment* [...]" (*v.* transcrição completa no Capítulo 2, seção 2.2.3, nota 227).

[430] Hubert, 1984, p. 28, atribui o termo *"engineering commercial"* ao jurista francês Jean-Marie Deleuze e, não, a qualquer fonte americana. Pela ordem das palavras, realmente não aparenta ser um termo derivado do inglês.

[431] Cf. Le Tourneau, 2016, p. 241, que designa o contrato de empreitada de *"souple et accueillant"*. No *louage d'ovrage* e no *entreprise*, como vimos, se enquadram os contratos de construção, na qualidade de tipos portadores de elasticidade tal a ponto de comportar todo *opus* executado contra um preço, inclusive nos casos em que o contratado fornece ele próprio os projetos (ver Capítulo 2, seção 2.2.6, em especial, nota 246). Sobre ser um tipo que abrange qualquer atividade de fazer, cf. Cayol, 2012, p. 389. Atualmente, por conta da exagerada abrangência do contrato *d'entreprise*, presencia-se na França, inclusive, a orientação de restringi-lo por ser supragenérico e insusceptível de um regime jurídico homogêneo, tese defendida por Cayol, designada *"Le contrat d'ovrage"* (obra citada aqui). Para o uso arraigado do termo *entreprise* para denominar o *contrat d'ovrage*, cf. Labarthe; Noblot, 2008, p. 5, cuja recente edição leva exatamente o título *"Le contrat d'entreprise"*. Segundo explicam esses últimos autores, a designação *contrat d'entreprise* deve-se a Planiol, em obra de 1900, e depois com a adoção dos termos contrato de trabalho e contrato de transporte para as demais hipóteses do *louage d'ovrage et d'industrie* do *Code Civil*, ganha espaço o *entreprise* de modo a suprimir a expressão "locar" quando se tenha por objeto o agir humano e, ao mesmo tempo, incluir nesse negócio tanto as *"arts mécaniques"* como as *"arts liberaux"* (*ibid.*, p. 2 e ss.).

[432] Segundo anota o belga Brabant, 1981, p. 68, a doutrina francesa clássica entendia artificial qualquer qualificação dos contratos de *engineering* e *clé en main* que não fosse no tipo do

CONTRATOS CHAVE NA MÃO (*TURNKEY*) E EPC (*ENGINEERING, PROCUREMENT AND CONSTRUCTION*)

doutrina mais moderna, que considera intervirem no contrato *clé en main* prestações e fornecimentos tão diversos em sua natureza que seria vã qualquer tentativa de reconduzi-lo a um dos modelos jurídicos tradicionais[433].

Não consentindo em subsumi-lo no tipo legal da empreitada, os juristas franceses propõem, então, algumas alternativas para enquadrar o *clé en main*, a começar pela multiqualificação, concepção segundo a qual existiria no chave na mão e no EPC, indistintamente considerados, um complexo de contratos, com a justaposição de prestações de negócios diferentes, como a venda, a empreitada, a transferência de tecnologia, reconduzindo-se cada qual ao seu tipo legal largamente conhecido no ordenamento[434].

Ao lado da multiqualificação, outra forma de enquadramento possível seria unitária, por ter sido um único ajuste global o pactuado: "*à ensemble unique, qualification unique*"[435]. Na qualificação unitária se encaixariam a chamada *théorie du contrat complexe* e aquela do *contrat innomé*[436]. Pela primeira, sugere a doutrina francesa seja efetuada a distinção da prestação mais importante do conjunto, para, por ela, qualificar o contrato[437]. Pela

entreprise. Não se pode deixar de registrar, por outro lado, que uma parcela da doutrina mais antiga, focada nos aspectos tecnológicos do contrato e por conta de a obra ser entregue pronta para uso, divisava no *clé en main* uma venda (cf. Salem; Sanson-Hermite, 1979, p. 156). Essa qualificação, porém, apesar de ter recebido alguma acolhida entre os anos 1970 e 1980, foi descartada (*v.* Hernandez Rodriguez, 2004, p. 173-174, nota 42). A recondução ao *entreprise*, ainda que não declarada, parece ser a opção de Boon; Goffin, 1987, que designam o contratante do *clé en main* de *maître de l'ovrage* e o contratado de *entrepreneuer*, exatamente a mesma nomenclatura daquele ajuste.

[433] Cf. Hubert, 1984, p. 43.

[434] Essa, segundo Hubert, 1984, p. 44, seria a forma de qualificação adotada por Jacques Fournier, também chamada de teoria do complexo de contratos. Le Tourneau, 2016, p. 240, por sua vez, indica adotarem a multiqualificação os juristas B. Grelon e, em obra conjunta, A. Lucas, J. Devezè e J. Frayssinet. Segundo Hernandez Rodriguez, 2004, p. 196, nota 121, constituiria este o modo de enquadramento adotado pela *Cour de Cassacion* francesa, nas décadas de 1970 e 1980, que em duas oportunidades julgou presente um contrato complexo de empreitada e de compra e venda, aplicando o regime jurídico de ambos os tipos, para a solução do litígio. Sobre ser o EPC considerado um tipo de *clé en main,* tratando-os sem diferenciação, cf. Le Torneuau, *op. cit.*, p. 226.

[435] A expressão é de Le Tourneau, 2016, p. 241, que entende haver, no chave na mão, contrato complexo ao invés de um complexo de contratos.

[436] Cf. Hubert, 1984, p. 44-45.

[437] *V.* Hubert, 1984, p. 45, que indica, entre as possíveis formas de qualificação do *clé en main*, a teoria do contrato complexo, propondo a recondução do contrato em função da prestação mais importante.

A POLÊMICA DO CONTRATO EPC

segunda, considera-se que a combinação das prestações cria uma entidade singular, irredutível à simples soma de seus componentes, havendo no chave na mão e no EPC uma simbiose geradora de um contrato novo, *sui generis*, cuja indivisibilidade não permitiria que se distinguisse qual das atividades possui maior importância[438].

A última dessas concepções, a do contrato *sui generis* e autônomo, constituiria o entendimento francês mais atual, que não verifica proeminência entre qualquer das prestações do *clé en main* e o classifica como contrato autônomo, existindo até quem diga haver pouco a fazer além de observar as regras estabelecidas pelas partes, fruto da necessidade e da evolução dos imperativos econômicos, daí se reputando ilusória qualquer tentativa de integrá-lo "*à tout force*" em classificações formais[439].

Igualmente da Bélgica, a notícia que se possui, por uma perspectiva internacional, é a de que a multiplicidade de prestações enfeixadas em um chave na mão, próprias de outras convenções, como a venda e a empreitada, leva a se considerar esse ajuste como contrato complexo[440]. O conceito de contrato complexo, afirma-se, seria o único suficientemente amplo para conferir significado à reunião das obrigações múltiplas assumidas pelo contratado[441].

3.1.3 Itália

A qualificação dada aos contratos chave na mão na Itália merece atenção especial e não somente pela influência que o *Codice Civile* de 1942 possui sobre a nossa atual codificação civil[442], mas, sobretudo, pela grande acolhida que uma de suas orientações recebeu entre recentes teses brasileiras que tratam do contrato EPC[443].

---

[438] V. Le Tourneau, 2016, p. 241. Citando a qualificação do *clé en main* como *sui generis*, cf. ainda, Hubert, 1984, p. 45.

[439] Essa é, por exemplo, a orientação de Le Tourneau, 2016, p. 242, que cita ainda os estudos de T. Hassler e J. Larrieu, ambos no sentido de não ser possível reconduzir o *clé en main* aos tipos legais, devendo ser considerado um contrato autônomo. Sobre o respeito às regras das partes, ver Hubert, 1984, p. 45.

[440] Cf. Brabant, 1981, p. 83.

[441] V. Brabant, 1981, p. 83.

[442] Sobre a influência do *Codice Civile*, ver Capítulo 2, seção 2.1.2, nota 147.

[443] Cf., neste Capítulo, seção 3.2.3.

Ao lado do contrato de *appalto*, isto é, de empreitada, e do contrato *d'opera*, voltado para trabalhos individuais ou intelectuais, parte da doutrina italiana passou a reconhecer a existência de um novo ajuste, não tipificado, voltado à execução de obras complexas, o chamado contrato de *engineering*[444]. Tal contrato derivaria da tentativa, tanto de empresas industriais como das edilícias (contra o que o próprio termo *engineering* sugere[445]), de fazer frente à demanda por obras marcadas por exigências de interdisciplinaridade e tecnologia elevada, cujos trabalhos seriam executados por uma única empresa, a sociedade de engenharia, responsável também pelos serviços correlatos à construção[446].

Com capacidade para acomodar amplo escopo e uma multiplicidade de operações[447], o *engineering* seria distinguido em *consulting engineering*, quando seu objeto fossem estudos de viabilidade, projetos básicos, projetos detalhados, inclusive com a aplicação de propriedade industrial, e a representação do dono da obra; e em *commercial engineering*, quando a prestação devida incluisse a organização e a gestão da obra e até a execução dos trabalhos construtivos. Ao lado dessas espécies, há ainda quem indique

---

[444] Para uma bibliografia básica a respeito do *engineering*, consulte-se: Cavallo Borgia, Rosella. **Il contrato di engineering**. Padova: CEDAM, 1992; Galgano, Francesco. **Diritto civile e commerciale**. 4. ed. Padova: CEDAM, 2004. v. II, t. 2; Sicchiero, Gianluca. L'engineering, La Joint Venture, I Contratti di Informática, I Contratti Atipici di Garanzia. In: Bigiavi, Walter (Org.). **Giurisprudenza sistemática di direitto civile e commerciale**. Torino, UTET, 1991; Alpa, Guido; Fusaro, Andrea. I contratto di engineering. In: Rescigno, Pietro (Org.). **Trattatto di Diritto Privatto**: Obligazioni e Contratti. 2. ed. Torino: UTET, 2008. v. 11, t. III; Corrias, Paoloefisio. Appalto ed engineering. In: Luminoso, Angelo (Org.). **Codice dell'appalto privato**. Milano: Giufrrè, p. 80-87, 2010; Mascarello, 2002, p. 68-73.

[445] Sobre o significado do termo *engineering* no cenário jurídico e mercadológico anglo-saxão, adotado em oposição ao *building* e, portanto, não aplicável às obras edilícias, *v*. Capítulo 1, item 1.2.1.

[446] Cf. Marinelli, 1996, p. 57-58.

[447] Acerca da variedade de operações reconduzidas ao tipo social do *engineering*, assim como da ampla dimensão organizacional e da interdisciplinaridade e interdependência das prestações entre os vários aspectos dos projetos que marcam o *engineering*, cf. Cavallo Borgia, 1992, p. 2, em especial nota 2, e p. 3. Tal como se dá na empreitada, registra a autora – curiosamente, como um diferencial – permanecerem as atividades dos diversos profissionais envolvidos secundadas pela obra, que somente pode ser executada por uma firma de engenharia com grande capacidade produtiva (*ibid.*, p. 36). Segundo Alpa; Fusaro, 2008, p. 172, não é o trabalho dos profissionais em si que se visa, mas aquele da complexa estrutura organizativa. Ainda assim nenhum desses autores integra o *engineering* ao *appalto*, como se detalhará a seguir.

A POLÊMICA DO CONTRATO EPC

uma terceira, o *engineering clé en main*[448]. Nestas duas últimas, é que parte da doutrina italiana enquadra os contratos chave na mão (*chiavi in mano* ou *chiavi sulla porta*), tidos como a modalidade mais completa de *engineering*, posicionados em um extremo de complexidade[449].

Reconhece a doutrina ser grande a proximidade entre o *engineering* e a empreitada, principalmente nas suas modalidades *commercial* ou *clé en main*[450]. Ainda assim, para os defensores da autonomia desse contrato de obra complexa, não se poderia reconduzi-lo ao *appalto* ante (i) a amplitude do papel desempenhado pelo contratado e os correspondentes riscos associados que gravam sua atuação[451]; (ii) a proeminência das atividades

---

[448] Sobre os diferentes tipos de *engineering*, *v.* Corrias, 2010, p. 80; e, ainda, Sicchiero, 1991, p. 25-29, que, mesmo no tipo *consulting*, pontua ser um projeto industrial o elaborado, compreendendo estudos complementares de viabilidade, muitas vezes com inclusão de *know-how* e conhecimentos técnicos diversos, e até certa representação do dono da obra. Conforme explica Galgano, 2004, p. 123, no *engineering*, mesmo quando não execute a obra, o contratado efetua atividades que vão além dos simples projetos, tais como análises econômicas, sociológicas, financeiras, bem como atua para obter as licenças e alvarás para a construção, auxilia na busca dos financiamentos necessários e pode efetuar todo acompanhamento e gerenciamento da implantação do empreendimento, assumindo sempre uma obrigação de resultado. Em termos similares, Mascarello, 2002, p. 69. No tipo *commercial*, por sua vez, ainda segundo Siccheiro, *ibid.*, p. 30, entraria somente o gerenciamento e acompanhamento das obras, reservando-se sua execução para o terceiro tipo (*clé en main*), se bem que parte da doutrina abrigue tudo na espécie "*commercial*". Contra, Cavallo Borgia, 1992, p. 3, 28 e 36, julga as distinções entre espécies confusas e inadequadas à riqueza de operações enquadráveis no *engineering*, bem como que em ambas modalidades, *consulting* e *commercial*, há ampla dimensão organizacional e interdisciplinaridade das prestações, sendo esses os traços mais importantes de tal novo tipo contratual. Acerca da inclusão de *know-how* e a difícil distinção entre *engineering*, uma obrigação de fazer, e cessão de propriedade industrial, uma obrigação de dar, consulte-se Alpa; Fusaro, 2008, p. 176.

[449] Cf. Galgano, 2004, p. 125; e Alpa; Fusaro, 2008, p. 185. Igualmente Sicchiero, 1991, p. 26 e 31 e ss., indica que haverá, no *engineering clé en main*, a reunião das atividades de projeto e construção no mesmo contrato, com a obrigação de entregar um empreendimento pronto para uso. Cavallo Borgia, 1992, p. 28, 33 e 36, considera o *chiavi in mano* como o tipo extremo de *engineering*, designado de modalidade mais completa e complexa. Sobre o *engineering clé en main*, cf. ainda, Corrias, 2010, p. 81; e Marinelli, 1996, p. 60.

[450] *V.* Alpa; Fusaro, 2008, p. 176; e Mascarello, 2002, p. 69. No mesmo sentido, Cavallo Borgia, 1992, p. 115, reconhece, no caso do *turnkey*, parecer até natural o recurso à disciplina legal da empreitada.

[451] Cf. Cavallo Borgia, 1992, p. 115-116, entendendo que a álea do empreiteiro limita-se aos aspectos econômicos, isto é, no possível maior custo das obras em relação ao previsto, ao passo que, no *engineering*, prestações mais extensas levariam à assunção de maiores riscos.

CONTRATOS CHAVE NA MÃO (*TURNKEY*) E EPC (*ENGINEERING, PROCUREMENT AND CONSTRUCTION*)

de projeto sobre a execução da obra[452]; (iii) a modalidade de pagamento, que pode ser via *royalties* ou participação no empreendimento[453]; (iv) a ausência de revisão do preço para manutenção do equilíbrio das prestações, até mesmo sem qualquer menção expressa no contrato, ainda que se aponte ser comum o uso de *hard-ship clauses* ou de um sistema de custos reembolsáveis (*cost plus fee*)[454]; (v) o profundo controle que exerce o contratante sobre as obras[455]; (vi) o maior dever de colaboração que este último possuiria[456]; (vii) a possibilidade normal de o contrato de *engineering* ser cedido, em contraposição ao caráter *intuitu personae* da empreitada[457]; e (viii) a existência de um minucioso e complexo regramento contratual[458].

Igualmente, Galgano, 2004, p. 126, indica que a máxima transferência de riscos se dará nos contratos *chiavi in mano*.

[452] V. Galgano, 2004, p. 124, para quem, na empreitada, ainda que possa o empreiteiro responsabilizar-se pelo projeto da obra, a proeminência encontra-se na execução desta, enquanto, no *engineering*, a elaboração do projeto assume caráter principal e maior relevância.

[453] Nesse sentido, com exclusividade, Alpa; Fusaro, 2008, p. 176.

[454] Cf. Cavallo Borgia, 1992, p. 116. A revisão do preço seria um elemento caracterizante do contrato de empreitada que não estaria presente no *engineering* (*ibid.*, p. 89). É a própria autora, contudo, que aponta encontrarem-se, nos contratos de *engineering*, cláusulas de *hard-ship*, cujas hipóteses de incidência costumam ser muito mais amplas do que a revisão prevista em lei (*ibid.*, p. 83 e ss.). Em idêntico sentido, tanto sobre ser a revisão de preço conatural à empreitada, como quanto a sua inexistência no *engineering*, mas prevendo a possibilidade do sistema *cost-plus-fee*, onde inexiste risco de desequilíbrio, ver Galgano, 2004, p. 124-125. Para este último autor, mesmo que inexista renúncia expressa à revisão por onerosidade excessiva, será inaplicável a respectiva disciplina legal (*ibid.*, p. 126). Veja-se, ainda, no sentido de não se ter revisões de preço, Alpa; Fusaro, 2008, p. 185.

[455] V. Alpa; Fusaro, 2008, p. 176; e Cavallo Borgia, 1992, p. 116. Segundo esta autora, no *engineering*, não caberia a disciplina legal atinente a variações da obra, encontrando-se o *jus variandi* previsto em lei reservado somente ao contratante, ao passo que nenhum direito é conferido ao contratado de mudanças de preço e prazo, salvo se houver autorização da obra pelo contratante (*ibid.*, p. 75-76).

[456] Cf. Cavallo Borgia, 1992, p. 117.

[457] V. Cavallo Borgia, 1992, p. 117. Sicchiero, 1991, p. 25, explica que a elaboração do projeto seria considerada *intuitu personae*. No *engineering*, no entanto, viria acrescida de *marketing*, levantamentos geológicos, econômicos, de tal forma a tornar importante a capacidade empresarial de resolver problemas de grande dificuldade, substituindo o *intuitu personae* pelo *intuitu societatis* (*id.*).

[458] Cf. Cavallo Borgia, 1992, p. 39 e 117, que julga decorrer a minudência nas contratações no *engineering* do fato de não se poder enquadrá-lo em qualquer dos tipos legais nos sistemas romano-germânicos, deixando amplo espaço para as partes predisporem seus interesses. A autora, curiosamente, não faz menção à prática de contar com modelos contratuais do *common law* de onde teria surgido o *engineering* (ver, neste Capítulo, seção 3.1.1).

A POLÊMICA DO CONTRATO EPC

Com isso, todo *engineering* e, por consequência, o *turnkey* e o EPC, qualificar-se-iam como contratos atípicos mistos ou puros, e as tentativas de sua recondução à empreitada representariam sérios obstáculos à correta e pontual avaliação do fenômeno[459]. Somente se evitando esse enquadramento, julgado um *"tippizare ad ogni costo"* e uma *" fuga dal principi di libertà dei tipi"*, poder-se-ia dar valor ao que há de novo e emerge da autonomia da vontade[460]. É verdadeiramente na qualificação do *engineering* como atípico puro, contudo, que se pode constatar a real intenção dos estudiosos, os quais objetivam o afastamento completo das regras típicas da empreitada, em prol das cláusulas contratuais, julgando que somente isso permitiria a esses contratos, de conteúdo sempre mutável, um desenvolvimento apropriado[461].

A qualificação dos contratos de obras complexas como *engineering*, não obstante, está longe de ser unanimidade na Itália, onde muito do interesse suscitado por esse novo tipo se deveu à certa exigência de ocasião, decorrente do impedimento, hoje superado, de constituição de sociedades de engenheiros e arquitetos para mera projetação, o que era afastado com contratos mais amplos[462].

---

[459] Para consideração como contrato complexo, *vide* Alpa; Fusaro, 2008, p. 174, que assim entendem ante a fusão de diversos esquemas contratuais. Sobre a impossibilidade de recondução à empreitada, *v.* Cavallo Borgia, 1992, p. 3, cujo entendimento é o de que haveria contrato atípico puro (*ibid.*, p. 119, 127-128 e 136). Galgano, 2004, p. 123, alude a contrato atípico sem maiores detalhamentos. Mascarello, 2002, p. 69, indica ser o *engineering* atípico, mas com prevalência, na maior parte dos casos, de elementos típicos da empreitada.

[460] As expressões são de Cavallo Borgia, 1992, p. 119.

[461] Para uma opção pelo regramento das partes em prol da elasticidade e plasticidade, mesmo que em prejuízo da proteção legal que gozam estas em um negócio típico, assim como para a exigência de maior flexibilidade para não "enjaular" o tipo social do *engineering*, consulte-se Cavallo Borgia, 1992, p. 128-129 e 135-136. Critica a autora que, como contrato misto, haveria a absorção pelo tipo mais relevante e a aplicação de sua disciplina, levando, no caso, a uma recondução indireta à empreitada, um processo que acusa de "mortificante tipificação" (*ibid.*, p. 127). Já ao se considerar atípico puro, seriam aplicáveis de forma soberana as cláusulas contratuais, para depois, na falta delas, os princípios gerais do direito, inclusive os internacionais, usos e costumes, e, por analogia, aquelas regras de tipos parecidos que estivessem de acordo com a filosofia do contrato (*ibid.*, p. 131-132 e 135). Essa aplicação analógica, mas sempre das normas implícitas por detrás dos artigos de lei dos tipos mais próximos, e desde que se adequem ao regramento contratual das partes, conclui, é a forma mais congruente de disciplinar o agir privado (*id.*)

[462] Sobre a vedação às sociedades de profissionais da arquitetura e da engenharia, que, por lei, deveriam trabalhar como autônomos e executar pessoalmente a prestação, cf. Siccheiro, 1991, p. 2 e ss.; Alpa; Fusaro, 2008, p. 178 e ss.; e Corrias, 2010, p. 85-87.

CONTRATOS CHAVE NA MÃO (*TURNKEY*) E EPC (*ENGINEERING, PROCUREMENT AND CONSTRUCTION*)

Autorizadas vozes se opõem à existência de um segundo tipo de contrato para execução de obras complexas, entre as quais a mais reconhecida doutrina italiana sobre empreitada, que julga ser o *engineering* uma simples *"tangibile manifestazione della difusa tendenza dei privati a congegnare nuovi schemi di appalto com regole diverse da quelle delianeate dal codice civile"*, mas perfeitamente possível de se subsumir neste tipo legal[463]. Segundo esse entendimento, por não se alterar a causa contratual, nem os poderes de controle do dono da obra, o método de pagamento (com eventual repartição de resultados), nem a cessão de propriedade intelectual, tampouco a habitual cláusula de invariabilidade do preço, impediriam a elástica recondução dos contratos de *engineering* ao tipo da empreitada[464]. Conclui-se que, mesmo com esses atributos – típicos do *turnkey* e do EPC – , enquanto se cuidar de uma prestação de *facere* voltada à realização de um *opus* com organização dos meios necessários, autonomia e assunção de riscos, contra um pagamento em dinheiro (ainda que integrado por outro benefício), será sempre de empreitada que se tratará[465].

A esse posicionamento alinha-se outra aprofundada análise peninsular que denomina o chave na mão e o EPC de *"stabilimenti chiavi in mano"* e os considera *"un settore dell'appaltisitica"*[466]. Embora se reconheça que o uso desses contratos seja recente na Itália, as garantias do contratado seriam iguais às de uma construção edilícia, acrescidas, porém, dos equipamentos; e mesmo em vista da menor participação do dono da obra, da cessão de tecnologia ou da execução de obras complexas, como aeroportos, diques, estradas e instalações industriais, não se deixa de denominar de empreitada o negócio realizado ou de empreiteiro o construtor dele incumbido[467].

O golpe mais vigoroso contra a qualificação do *engineering* como contrato atípico, porém, vem de estudo dedicado especificamente ao tipo legal do *appalto* e que identifica a existência uma "empreitada clássica", pela qual o empreiteiro somente se incumbiria da construção das obras, respondendo

---

[463] Cf. Rubino; Iudica, 2003, p. 71 e 74. Em tradução livre: "tangível manifestação da difusa tendência dos particulares de engendrar novos esquemas de empreitada com regras diversas daquelas delineadas pelo Código Civil".

[464] V. Rubino; Iudica, 2003, p. 74, cuja orientação foi já indicada no Capítulo 2, seção 2.6.

[465] Cf. Rubino; Iudica, 2003, p. 74.

[466] V. Rubino-Sammartano, 2006, p. 705.

[467] Cf. Rubino-Sammartano, 2006, p. 681, 706, 709 e 710-711.

A POLÊMICA DO CONTRATO EPC

o dono da obra pelas demais atividades acessórias e conexas[468]. Com a evolução dos tempos e por se encontrar o contrato de empreitada inserido em um setor marcado pelo rápido desenvolvimento por força de exigências econômicas e de inovações tecnológicas, haveria uma expansão do objeto de tal "empreitada clássica"[469], expansão essa inserida no âmbito de maior capacidade das empresas de fornecer serviços abrangentes e cuja principal consequência constitui a passagem da mera execução da obra à realização de toda operação econômica pelo empreiteiro[470]. O resultado é a perpetuação de uma das principais características da *locatio operis* romana, em que o dono da obra se mantinha estranho a terceiros (incluindo órgãos públicos e fornecedores), benefício garantido com a amplitude dos contratos de obra atuais[471]. Com a tendência à ampliação do objeto da empreitada, se alcançaria sua revitalização, viabilizada pela elasticidade do tipo, apto a superar os próprios limites impostos pela legislação e se adaptar às exigências e necessidades econômico-sociais mais atuais[472].

Nesse contexto, haveria uma forçosa recondução do *engineering* ao tipo da empreitada, pois nele as diversas atividades desempenhadas pelo contratado continuam enfeixadas, em uma estrutura unitária e funcional, em prol da execução de certa obra[473]. Nem o fato de o pagamento poder

---

[468] V. Marinelli, 1996, que, em sua obra *"Il Tipo e L'Appalto"*, aborda especificamente as características do tipo da empreitada e as confronta com as formas mais modernas de contratação de um empreendimento, como o *cost-plus* e o *engineering*. Sobre a empreitada chamada de clássica, *v.* na mesma obra, p. 63.

[469] V. Marinelli, 1996, p. 199 e 240.

[470] Cf. Marinelli, 1996, p. 240. Segundo o autor, a expansão do objeto, do conteúdo das prestações e do interesse "complessivo" estabelecido pelas partes se liga a um aumento de responsabilidade do empreiteiro, mas também a uma remuneração diferenciada, que dê cobertura ao risco empresarial e aos serviços conexos assumidos (*ibid.*, p. 206). Ao mesmo passo em que o dono da obra julga útil essa expansão do objeto, o empreiteiro pode com ela obter maiores lucros ante as prestações qualitativa e quantitativamente superiores de que se encarrega (*ibid.*, p. 63). Ainda de acordo com Marinelli, a tendência de expansão do objeto, hoje encontrada nas grandes obras, irá se evidenciar também nas empreitadas de menor relevância, na medida em que sempre mais, nessas obras, o uso de tecnologia sofisticada e a necessidade de conhecimentos integrados terão um peso maior (*ibid.*, p. 206).

[471] V. Marinelli, 1996, p. 206-207, que ressalta permanecer tradicionalmente imutável e firme a transferência da responsabilidade pelo resultado útil ao contratado, característica da *locatio operis* e da empreitada (*ibid.*, p. 207).

[472] Cf. Marinelli, 1996, p. 207.

[473] Cf. Marinelli, 1996, p. 79, para quem a amplitude das prestações não desnatura o contrato, podendo representar, no máximo, um coligamento negocial (*ibid.*, p. 73-74).

ser condicionado a elemento futuro ou a existência de riscos elevados justificariam a criação de um novo tipo, características essas reputadas marginais, sobretudo por inexistir qualquer perda da autonomia do contratado no *engineering*, cuja causa e estrutura não destoam daquelas da empreitada[474]. O *engineering*, encerrando também uma obrigação de resultado, não representaria em relação à empreitada clássica, assim, senão mera evolução, própria de uma economia moderna[475].

Completa esse quadro a doutrina italiana dedicada ao estudo dos contratos internacionais, que reputa ser a qualificação do *turnkey* no quadro legal da empreitada a mais linear e difundida entre os juristas daquele país, anotando, unicamente, que nos casos de chave na mão reduzido, em que não haja o fornecimento das obras civis, haveria compra e venda complexa[476].

Em síntese, na Itália, existem duas posições: uma, já conhecida dos estudiosos brasileiros, que classifica os contratos de obras complexas como novo tipo social *a latere* da empreitada, o *engineering*[477]; outra, menos divulgada, apesar de sufragada por estudos mais tradicionais do contrato de *appalto*, que não vê qualquer razão para deixar de integrar as operações cuja essência seja o *facere* de certa obra, contra o pagamento de um preço e com autonomia, no tipo legal da empreitada.

3.1.4 Espanha

A doutrina espanhola tem sido responsável pelas mais aprofundadas teses e artigos acerca do chave na mão, sobretudo pelo prisma internacional[478].

---

[474] Cf. Marinelli, 1996, p. 73-74, 80 e 86. Enfatiza o autor que a expansão do objeto do contrato, como se dá no *engineering*, não traz maior poder de controle pelo contratante, mas, sim, uma perda de influência nos projetos da obra e na sua execução, aspecto, porém, que não altera significativamente o esquema causal da empreitada (*ibid.*, p. 204).

[475] Cf. Marinelli, 1996, p. 86, devendo-se registrar que, em sua análise sobre o tipo da empreitada, conclui ser esse contrato tão amplo a ponto de abranger todas as obrigações de fazer às quais a lei disponha disciplina diversa (*id.*).

[476] V. Bortolotti, 2012, p. 274; e, no mesmo sentido, Calabresi, 2009, p. 21. Sobre os contratos *turnkey* sem obras civis, v., neste trabalho, Capítulo 1, seção 1.1.2, e Capítulo 2, seção 2.3.3, em especial nota 276.

[477] Cf. neste Capítulo, seção 3.2.3.

[478] A propósito, cf. os trabalhos já citados aqui de Hernandez Rodriguez, 2004; Reig Fabado, 2008; e Cebriá, 2013.

A POLÊMICA DO CONTRATO EPC

Neles, reporta-se ser a posição das cortes considerar o *llave en mano* mera empreitada (*arrendamiento de obra*) ou contrato misto com elementos de compra e venda quando não contiver obras civis[479]. A visão acadêmica, todavia, não se alinha com tais entendimentos.

Parte dos atuais estudos encampa, *in totum*, aquela orientação italiana do *engineering* e assim qualifica o *llave en mano*[480]. Dessa forma, o *turnkey* e o EPC, como modalidades de *engineering*, não poderiam ser abrangidos na empreitada, quer em função da multiplicidade de prestações com causa única e carência de tipo dominante, quer em razão da transferência de tecnologia, ainda que acessória, sem contar os elevados riscos e a presença da sociedade de engenharia[481]. Daí se reputarem esses contratos atípicos de conteúdo complexo[482].

Uma segunda orientação espanhola, em parte contrária à primeira, não concorda com o enquadramento no *contrato de ingeniería*, mas igualmente reputa o *llave en mano* e o EPC contratos atípicos, tanto pela multiplicidade de prestações sem dominância, como por entender que seus pressupostos de fato seriam muito diferentes daqueles para os quais os tipos legais foram criados[483]. E entre os juristas com essa segunda orientação, duas correntes

---

[479] Essas seriam as orientações do Tribunal Supremo, como indicam Reig Fabado, 2008, p. 79, e Cebriá, 2013, p. 1710, este último registrando, porém, a existência de decisões de província que se valem do conceito de *contratos de ingeniería*. Já quando se trate de contrato chave na mão de tipo reduzido, isto é, sem obras civis, denominado *contrato de instalación de planta industrial*, a orientação jurisprudencial é considerá-lo contrato misto, com elementos de compra e venda. Nesse sentido, *v.* Reig Fabado, 2008, p. 78, que cita decisão do Tribunal Supremo, mas indica que esta corte já havia decidido, em época anterior, se cuidar também de *arrendamiento de obra* (em especial, nota 152).

[480] Essa a orientação de Reig Fabado, 2008, p. 35 e ss.

[481] Cf. Reig Fabado, 2008, p. 57-65 e 68-75. Reconhece a autora, não obstante, que o *contrato de ingeniería* se coloca como gênero e não como tipo contratual, abarcando amplo espectro de modalidades (*ibid.*, p. 80).

[482] Cf. Reig Fabado, 2008, p. 68-75.

[483] *V.* Cebriá, 2013, p. 1688-1689, 1694 e 1711-1712, para quem o objeto do *contrato de ingeniería* tradicionalmente está limitado a atividades de concepção, podendo ir até o acompanhamento ou direção técnica das obras e mesmo incluir tecnologia, questões de impacto ambiental e outras condições para execução, mas não caberia se criar novo tipo, e passar a enquadrar como contratos de engenharia atividades como a execução de obras mediante uma qualificação que somente considere a presença de engenheiros e, não, o objeto contratual. O autor possui a opinião de serem estéreis as tentativas de unificar todas as atividades de *consulting, process* e *commercial engineering* em torno do trabalho do engenheiro (*ibid.*, p. 1712). De igual modo, Hernandez Rodriguez, 2004, p. 195-198. Segundo entende essa autora, com trabalhos

153

CONTRATOS CHAVE NA MÃO (*TURNKEY*) E EPC (*ENGINEERING, PROCUREMENT AND CONSTRUCTION*)

sobressaem: uma considera esses ajustes como atípicos puros, cumprindo dar total proeminência ao papel "*autonormativo*" das partes[484]; outra julga o chave na mão um contrato misto, sendo possível recorrer às regras das categorias legais que os integram para discipliná-los[485].

Assim, enquanto a jurisprudência espanhola guia-se no sentido de considerar o contrato *llave en mano* uma típica empreitada, os posicionamentos acadêmicos, ainda que sejam apontadas dissidências pontuais, seguem orientação diversa, considerando esse ajuste e o EPC atípicos puros ou mistos, em parte adotando a concepção italiana do *engineering*[486].

---

construtivos o contrato deixaria de ser de engenharia para se revelar ajuste complexo, de diversa natureza, pois guiado por interesses empresariais e, não, profissionais (*ibid.*, p. 192 e nota 109). Também não faria sentido relacionar o *llave en mano* ou o EPC entre os contratos de engenharia, porquanto serão em realidade celebrados com uma construtora; e se o forem com uma sociedade de engenheiros, tal sociedade ou estará consorciada com a construtora ou a subcontratará, vale dizer, não executará por si mesma as obras (*id.*).

[484] A propósito, Hernandes Rodriguez, 2004, p. 198, que julga impossível fragmentar ou hierarquizar elementos do *turnkey* e do EPC de modo a aplicar as normas dos tipos legais que o integram, pelo que somente admite a teoria da qualificação autônoma, afastando qualquer combinação ou absorção, próprias de uma qualificação múltipla ou global. Para a autora, igualmente, é necessário dar sempre proeminência ao papel *autonormativo* dos particulares (*id.*).

[485] Essa a orientação de Cebriá, 2013, p. 1688 e 1711-1712, para quem, ante a ausência de legislação específica, seria possível a aplicação das normas dos diversos tipos que formam o *llave en mano* e o EPC e, inclusive, por analogia, recorrer também a preceitos de direito público, ainda que se tenha de dar preferência para o regramento estabelecido entre as partes. Especialmente com relação àqueles contratos *llave en mano* de tipo reduzido, objeto específico do estudo desse autor, considera tratar-se de ajuste complexo de tipo misto, não consentindo reduzi-lo a mera compra e venda por conta das obrigações de projetar e instalar os equipamentos (*ibid.*, p. 1694-1695). Acredita Cebriá que a compra e venda de coisa futura possa ser aplicável porque a instalação industrial objeto do contrato ainda não existe, bem como que a construção e a venda de embarcações, regulada pelo Código Comercial Espanhol, reputam-se um referencial normativo, pois há a entrega de materiais e equipamentos necessários à operação do bem objeto do contrato, com a inclusão de itens essenciais não detalhados pelas partes (*ibid.*, p. 1695 e 1697). A opinião de Reig Fabado, 2013, p. 68-69, quanto à disciplina do EPC e do *llave en mano*, é de difícil apreensão, pois, embora atípico, efetua uma diferenciação entre misto e complexo, sem explicar o alcance dela. Segundo a autora, não possuiriam esses ajustes um tipo dominante, mas não nega que possam ser aplicadas normas dos tipos de formação, muito embora opine pela integração via normas transnacionais (*ibid.*, p. 69-70).

[486] Segundo Cebriá, 2013, p. 1705, nota 115, há doutrina espanhola que enquadra o *llave en mano* como *contrato de arrendamento*, apontando, contudo, um único trabalho nesse sentido.

A POLÊMICA DO CONTRATO EPC

3.1.5 Portugal

Constitui a experiência portuguesa caso assaz peculiar, pois, para contornar eventual falta de detalhamento do regime legal da empreitada, ao invés de recorrer a modelos sociais ou estrangeiros – onde se encaixam o *turnkey* e o EPC –, a praxe civil e empresarial lusa recorre ao modelo legal público, isto é, à aplicação subsidiária de normas de direito público[487].

A despeito disso e ainda que não se tenha notícia de estudos específicos sobre o *turnkey* e o EPC, não deixou a doutrina portuguesa de enfrentar o assunto, encontrando-se uma primeira análise em estudo relativo a contratos atípicos, que considera o "contrato de concepção-construção de chave na mão, socialmente típico e legalmente misto"[488]. O tipo da empreitada, porém, funcionaria como referência e modelo de integração, tendo as demais operações incluídas na avença função meramente complementar[489]. Esse mesmo estudo, todavia, não nega a delicadeza da conclusão alcançada, acrescendo que, no chave na mão, "o domínio do tipo da empreitada é tão importante que se pode duvidar se o contrato, em vez de misto, não é mesmo típico"[490].

A tal entendimento se contrapõe moderna e aprofundada doutrina portuguesa sobre a empreitada, que detectou o movimento de concentração na pessoa do empreiteiro das atividades antes desempenhadas pelo

---

[487] Cf. Lobo Xavier, Pedro Vieira da Gama; Ribeiro de Mesquita, Vasco Xavier da Gama Lobo. Aplicação de normas substantivas de direito público a contratos de empreitada de obra particular: um caso de fuga para o direito público?. **Revista Direito e Justiça**. Estudos dedicados ao Professor Doutor Bernardo da Gama Lobo Xavier, Lisboa: Ed. Universidade Católica, 2015, p. 256. Reportam os autores ser quase cláusula de estilo prever em ajuste de obra particular de grande envergadura a remissão, para os casos omissos, às disposições atinentes a contratos administrativos, que se adaptariam melhor à realidade das complexas empreitadas e conferiram maior segurança em comparação a eventual regime *ad hoc*, ante o conhecimento dessas regras pelos agentes econômicos e a jurisprudência consolidada a seu respeito, além de dar ao dono da obra uma tutela reforçada (*ibid.*, p. 256-257 e 263). Em igual sentido, Romano Martinez, 2013, p. 322. Extensamente sobre o assunto, ver Albuquerque; Assis Raimundo, 2013, p. 225 e nota 894, que descrevem a prática como uma alternativa ao movimento de substituição dos modelos legais por modelos sociais, vez que em Portugal a troca se dá de um modelo legal por outro.

[488] Cf. Pais de Vasconcelos, Pedro. **Contratos atípicos**. 2. ed. Coimbra: Almedina, 2009, p. 233.

[489] V. Pais de Vasconcelos, 2009, p. 233 e 235.

[490] Cf. Pais de Vasconcelos, 2009, p. 233.

CONTRATOS CHAVE NA MÃO (*TURNKEY*) E EPC (*ENGINEERING, PROCUREMENT AND CONSTRUCTION*)

dono da obra[491]. Tratar-se-ia de tendência de "simultânea simplificação externa e complexificação interna dos esquemas contratuais"[492]. Como resultado, haveria uma mudança do regime clássico da empreitada, em que o contratante projeta os trabalhos e contrata um empreiteiro de sua confiança, acompanhando e intervindo decisivamente para o resultado final, com ajustes independentes para aquisição dos bens móveis que equipam o imóvel[493].

Por essa tendência de simplificação externa e complexificação interna, utiliza-se um único instrumento contratual que confere ao dono da obra tudo quanto necessite, mediante a delegação a uma só entidade empreitante de todas as tarefas de implantação do empreendimento, "multiplicando-se" – especifica-se – "os chamados contratos de tipo 'chave na mão' e análogos"[494]. Estas modalidades contratuais complexas, a despeito das diferentes designações conferidas pela doutrina, como a de "contrato de engenharia – inspirado no de *engineering* anglo-saxônico", no entanto, continuariam a ser reconduzidas à empreitada, cuja "enganadora" simplicidade conceitual não a tornaria inadequada à enorme evolução social que a construção experiencia[495].

De elevada importância é a compreensão que essa doutrina lusa possui acerca da praxe atual, mesmo entre os países onde o direito é codificado, de adotar minutas-padrão. A justificativa para tanto estaria na busca dos agentes econômicos por modelos avançados de contratação ante a evolução social que a construção experimentou, levando, em Portugal, à remissão ao contrato de obra pública[496]. Isso não implicaria, contudo, serem atípicos os ajustes celebrados, mas, somente, a constatação de que o regime legal demanda reformas de modo a recuperar a centralidade porventura perdida[497].

Constata-se em Portugal, enfim, de um lado, a mesma orientação encontrada em outros países, de considerar os contratos chave na mão e EPC

---

[491] V. Albuquerque; Assis Raimundo, 2013, p. 151. Referida conclusão já foi reportada nesse trabalho no Capítulo 2, seção 2.6.
[492] Cf. Albuquerque; Assis Raimundo, 2013, p. 151.
[493] V. Albuquerque; Assis Raimundo, 2013, p. 151.
[494] Cf. Albuquerque; Assis Raimundo, 2013, p. 151.
[495] V. Albuquerque; Assis Raimundo, 2013, p. 151-152.
[496] Cf. Albuquerque; Assis Raimundo, 2013, p. 152.
[497] V. Albuquerque; Assis Raimundo, 2013, p. 152.

A POLÊMICA DO CONTRATO EPC

atípicos, ao mesmo tempo em que, de outro, encontramos relevante contribuição para a qualificação do *turnkey* e do EPC na empreitada, senão a mais relevante delas, na medida em que, pelo prisma do direito codificado, interpreta-se a evolução da construção sem deixar de considerar a abrangência deste tipo legal[498].

3.1.6 Argentina

Como última das perspectivas de direito estrangeiro, não se pode deixar sem registro tese recentemente publicada na Argentina acerca do contrato *llave en mano*, que, após ampla análise, seguiu a orientação italiana de o enquadrar no gênero contratos de engenharia, concluindo pela impossibilidade de reconduzi-lo *"en términos absolutos"* a algum dos tipos conhecidos[499].

Sob o gênero do *engineering*, com a variação e a amplitude de conteúdo que lhe são peculiares, consideram-se o *llave en mano* e o EPC – tratados indistintamente – um novo negócio, em que os agentes econômicos, numa *reductio ad unum*, combinariam diversas operações criando um contrato atípico misto[500]. Sugere-se, assim, a integração pelas normas da empreitada

---

[498] Ainda que não se trate de dado conclusivo, não se pode deixar de mencionar que a tradução oficial da *Fédération Internationale des Ingénieurs Conseils* para o seu modelo EPC-*turnkey*, designado em português de "Condições Contratuais para Projectos Chave na Mão", nomeia o contratante de "dono da obra" e o contratado de "empreiteiro", tal como faz a lei portuguesa – e também a brasileira – no tipo legal da empreitada (Fédération Internationale des Ingénieurs Conseils, Conditions of contract for EPC turnkey projects, *cit.*)

[499] V. Polotto, p. 156. Consoante indica esse autor, os contratos de engenharia se inserem dentro dos chamados contratos de empresa, de cooperação interempresarial, como um negócio complexo, em que ambas as partes são empresários (*ibid.*, p. 112 e 127). Especificamente quanto ao seu possível enquadramento à empreitada, muito embora se considere essa categoria legal *"comprensiva, amplia y generalizadora"* e até a dominante do negócio, abrangendo obras materiais e imateriais, endossa-se o posicionamento de ser ela inadequada para reger a evolução social do contrato de construção, haja vista as operações cada vez mais complexas, produto das profundas modificações dos mercados internacionais (*ibid.*, p. 48 e 135). Dela transbordariam a tecnologia e a colocação do *opus* em funcionamento, a exigir uma *"profunda reconsideración de los modelos organizativos y jurídicos"* (*id., ibid.*, p. 144, 149 e 153).

[500] Cf. Polotto, p. 30 e 131-132. O contrato chave na mão surgiria, assim, com um caráter complexo, advindo da combinação de distintos esquemas negociais, unitariamente considerados pelas partes, em que há união de elementos causais, ligando-se a um único nexo objetivo e funcional. Daí se concluir que há, no chave na mão, convenção unitária múltipla, com diferentes prestações, íntima e organicamente mescladas, reciprocamente condicionadas, formando uma individualidade autônoma (*id.*).

CONTRATOS CHAVE NA MÃO (*TURNKEY*) E EPC (*ENGINEERING, PROCUREMENT AND CONSTRUCTION*)

e depois por aquelas relativas aos demais contratos que formam o chave na mão, como a compra e venda, a transferência de tecnologia, podendo-se aplicar, também, regras do mandato, de concessões públicas ou associativas, tudo, porém, sem prejuízo das cláusulas contratuais, dadas as aspirações à autodisciplina e à completude absoluta que marcam esse negócio[501].

3.1.7 Direito Estrangeiro: Síntese

Do exame das orientações adotadas nos diversos países, especialmente naqueles de sistema romano-germânico, torna-se possível distinguir não só uma acesa controvérsia a respeito da qualificação dos contratos chave na mão e EPC, mas, sobretudo, duas grandes linhas de pensamento. Pela primeira, distingue-se, na empreitada, categoria com elasticidade e flexibilidade bastantes para enquadrar o *turnkey* e o EPC, independente de se julgar o seu regime legal insuficiente para fazer frente à complexidade atual da construção, o que justificaria a moderna tendência do *self-made law industry*, vale dizer, a autorregulação por meio de modelos sociais, seja via minutas-padrão hauridas da experiência internacional, seja por meio de modelos de associações de classe, ou até recorrendo a outros modelos legais, como os contratos de obra pública[502]. Não haveria, contudo, que se falar em novos tipos ou na necessidade de criar uma categoria à parte para os contratos de construção de obras complexas.

Por uma segunda linha de pensamento, elimina-se a possibilidade de reconduzir à empreitada os ajustes para construção de obras complexas, incluindo o chave na mão e o EPC, cujas prestações romperiam as fronteiras desse tipo legal e consubstanciariam um contrato atípico. Endossando tal posicionamento, encontram-se os estudos que reconhecem um novo gênero contratual, dos contratos de engenharia ou *engineering*, que não abrangeria a empreitada, a qual continuaria a subsistir sem se configurar uma de suas espécies.

A divergência entre essas orientações não encerra questão puramente técnica ou desprovida de maiores consequências. Ao contrário, há entre tais posições a grande diferença de conferir-se às partes, por uma delas,

---

[501] Cf. Polotto, 2009, p. 104, 135-136 e 149-150.
[502] Sobre a tendência de autorregulação da indústria da construção, ver, no Capítulo 2 deste trabalho, seção 2.1.2, *in fine*.

o tratamento legal, com isso *"offrendo"* – nas palavras de certa doutrina peninsular – *" forse una tutela maggiori a quei contraenti che non riuscirebbero a difendersi con sucesso da clausole que esulino dall'integrità del tipo e siano imposte dal contraente più forte"*[503]; enquanto pela outra, talvez mais liberal, aspira-se, com menor ou maior intensidade, pôr de lado as regras positivadas, sem que seja necessário valorar o comportamento de eventual alteração do tipo. Aqui, a tendência à autorregulação dos agentes econômicos se eleva a um patamar jurídico superior, de maior afastamento da disciplina legal.

Os tipos legais, já se alertou em estudo aprofundado sobre aquele da empreitada, têm a função de regular conflitos de interesse no modo entendido socialmente mais equânime, levando em conta o quanto resulta da prática dos negócios[504]. A tipicidade possui sua lógica e sua função bem definidas, que superam a mera exigência de sistematização e organização, realizando um pré-ordenado e racional equilíbrio de interesses entre as partes[505]. Assim o julgador recorre aos tipos, ou neles integra os contratos, não por pura tradição, mas por motivos de equidade substancial e de segurança jurídica[506].

A recondução do chave na mão e do EPC à empreitada possui a vantagem de permitir que as normas legais garantidoras do equilíbrio sejam aplicadas pela via direta e não pela via analógica, reduzindo os poderes do julgador, efeito idêntico àquele obtido ao dar essa mesma qualificação ao *engineering*[507]. A fuga do tipo, ao contrário, possui encartado em si o desejo de afastar o balanceamento de interesses positivado pelo legislador e conferir mais autonomia ao intérprete, que pelo juízo negativo da *eadem ratio* pode deixar de aplicar as regras codificadas que respondem a exigências de equidade.

---

[503] V. Cavallo Borgia, 1992, p. 128, devendo-se notar que a autora é contra a tipificação dos contratos de obra complexa como empreitada. No trecho citado, a autora sopesa os benefícios da recondução ao tipo legal e deliberadamente opta por considerar o *engineering* atípico puro de forma a que tenham as partes total liberdade para suas estipulações, sem qualquer balizamento ou limitação pelas regras típicas (*id.*). Em tradução livre: "oferecendo talvez uma tutela maior àqueles contratantes que não conseguiriam defender-se com sucesso de cláusulas que ressaiam da integridade do tipo e sejam impostas pelo contratante mais forte".

[504] Cf. Marinelli, 1996, p. 82.

[505] Cf. Marinelli, 1996, p. 209.

[506] Cf. Marinelli, 1996, p. 82.

[507] Cf. Marinelli, 1996, p. 83.

3.2 A Qualificação do EPC no Direito Brasileiro

Muito embora a civilística nacional não tenha detectado em toda sua extensão a universalidade da controvérsia sobre o enquadramento do *turnkey* e do EPC, reproduz-se em nosso país a mesma polêmica verificada no direito estrangeiro, sendo bastante similares, também, as conclusões alcançadas.

Parte da doutrina orienta-se por aquela linha de pensamento segundo a qual referidos ajustes integram-se ao tipo da empreitada, ao passo que outros os qualificam como contratos atípicos, não faltando entre nossos estudiosos quem, espelhando-se em uma das mencionadas concepções italianas, reconheça o gênero contratual do *engineering*, nele reconduzindo as formas mais modernas de contratação de obra.

3.2.1 Chave na Mão e EPC como Empreitada

A orientação de reconduzir o chave na mão ao tradicional tipo da empreitada aparenta ter sido dada, pela primeira vez, em parecer de um dos mais conceituados estudiosos do direito civil pátrio[508]. Com o objetivo específico de identificar a natureza de contrato designado de *turnkey*, analisou-se operação envolvendo todo um complexo de atividades para implantação de certo empreendimento, desde a "concepção de sua criação originária até a sua colocação em funcionamento com pessoal adequado"[509]. Dado que o conjunto global das diversas prestações encontrava-se enfeixado com finalidade única e as obras eram realizadas com independência, concluiu-se, cuidava-se a avença "tipicamente de empreitada, compreendendo a execução integral do empreendimento"[510].

Mais recentemente, essa orientação também parece ter sido adotada por quem, conhecendo a evolução histórica dos arranjos contratuais no *common law*, um contínuo progredir que se inicia no método tradicional, passa pelo *design-build* e chega ao EPC, nomeia-o de "empreitada integral

---

[508] Pereira, Caio Mario da Silva. **Contratos e obrigações – Pareceres**: de acordo com o Código Civil de 2002. Rio de Janeiro: Forense, 2011, p. 383 e ss.

[509] Pereira, 2011, p. 383.

[510] V. Pereira, 2011, p. 393. Ressalve-se que, pelos fatos descritos no parecer, não se pode saber se se cuidava de um de ajuste com aquele elemento distintivo de aleatoriedade que, segundo identificamos no presente trabalho, pode caracterizar o EPC.

de preço global e chave na mão"[511]. Reconhece essa doutrina, tal como se identificou no presente trabalho, que o EPC leva o *design-build* um passo adiante ao adicionar as responsabilidades pela montagem e comissionamento dos equipamentos, mas isso não impede que se nomeie de empreitada tal negócio[512].

A esse entendimento alinham-se também aqueles que enxergam no EPC a união da construção civil com os contratos de fornecimento e montagem eletromecânica para execução de obras multidisciplinares e complexas[513]. A abrangência daquelas atividades instrumentais, incluindo o projeto das obras, os equipamentos industriais, aliados às obras civis, bem como toda a reconfiguração de responsabilidades daí inerente, segundo essa orientação, não implica que se trate o EPC de outro contrato, senão de uma empreitada[514].

Entre a doutrina que reconduz o *turnkey* e o EPC ao modelo legal da empreitada, há, é verdade, quem chame atenção para a maleabilidade e os diversos conteúdos que este último ajuste pode adotar, exigindo sempre uma análise rigorosa para seu enquadramento, sem que isso impeça, contudo, ao menos em linha de princípio, sua qualificação no contrato de obra legalmente previsto[515]. Para essa doutrina, inclusive, o fato de o EPC decorrer de modelos originados da prática internacional não muda a relevante condição de que por ele se visa – e daí sua integração no tipo legal da empreitada – um resultado específico: a obra[516]. Embora não se deixe de registrar a circunstância de que o chave na mão confere a financiadores

---

[511] Cf. Bueno, 2012, p. 66.

[512] Cf. Bueno, 2012, p. 66.

[513] V. Marcondes, 2012, p. 126, devendo-se notar que o autor opõe duas categorias de execução de obra, a empreitada e a construção por administração. Para essa concepção e a eventual influência que sobre ela possuem as normas relativas à incorporação imobiliária, ver, neste trabalho, Capítulo 2, seção 2.1.2.

[514] Cf. Bueno, 2012, p. 67. No mesmo sentido, em parecer sobre o EPC, enquadra esse ajuste no tipo da empreitada Barros Leães, Luiz Gastão Paes de. O contrato EPC e o princípio do equilíbrio econômico. **Revista Brasileira de Direito Civil**, Rio de Janeiro, v. 3, n. 1, jan. 2015, p. 112-139. Disponível em: <https://www.ibdcivil.org.br/rbdc.php>. Acesso em: 17 nov. 2016.

[515] V. Olavo Baptista, 2011, p. 28. No mesmo sentido, Fachin, Luiz Edson. Responsabilidade contratual no sistema *Lump Sum Turn-Key*. In: _____ (Org.). **Soluções práticas**. São Paulo: RT, 2012, p. 396.

[516] Cf. Olavo Baptista, 2011, p. 26.

e donos de obra maior certeza quanto ao tempo e aos custos envolvidos, isso igualmente não influi em sua qualificação[517].

Essa linha de pensamento, tal como se constata da análise efetuada em relação ao contrato de empreitada neste trabalho, é concordante com a feição complexa e ampla deste modelo legal, que não se resume unicamente ao desempenho de atividades construtivas de obras civis, podendo, ao contrário, enfeixar numerosa gama de atividades instrumentais desempenhadas de forma interdependente com sentido unitário, para o fim de produzir o resultado objetivado: o *opus consummatum et perfectum*[518]. Perfila-se, ainda, à recente doutrina estrangeira que considera a empreitada um tipo elástico, capaz de acompanhar a evolução dos tempos, pois centrado não nas atividades instrumentais, mas na produção da obra, este, sim, seu núcleo essencial, que poderá ser imóvel ou móvel, com menor ou maior tecnologia, incluir ou não projetos, com materiais e equipamentos fornecidos pelo empreiteiro ou pelo dono da obra, tudo o que ficará sempre secundado pelo resultado final, que é a marca distintiva deste tipo legal.

Ao considerar o EPC e o *turnkey* como empreitada, é preciso reconhecer, estes contratos poderiam, para alguns, até se classificar como "típicos com cláusulas acessórias atípicas"[519]. Neles, os chamados elementos essenciais, *essentialia*, consideram-se somente os do tipo da empreitada – a criação de uma obra contra um preço – e, ainda que existam prestações de outras categorias, elas seriam subordinadas de tal forma à entrega da obra que seu acréscimo se reputaria insuficiente *"a far perdere al contratto la sua fisionomia, cioè, a rendere inoperante la sua causa tipica"*[520]. A eventual aplicação de regras de outros contratos será subsidiária e naquilo que não conflitar com as regras do tipo, recaindo sobre as atividades instrumentais da operação, as quais ficarão sempre em segundo plano em relação à prestação principal,

---

[517] Nesse sentido, Olavo Baptista, 2011, p. 26, identifica o uso do EPC em um regime de *project finance*, mas não deixa de qualificá-lo no tipo legal da empreitada.

[518] Sobre a complexidade da empreitada, ver Capítulo 2, seção 2.1.2, em especial nota 176.

[519] V. Pais de Vasconcelos, 2009, p. 222.

[520] Cf. Messineo, 1962, p. 96, sobre os contratos atípicos em geral, que esclarece haver nesses casos um desvio *"inessenziale"* dos efeitos do contrato. O contrato estaria, assim, em uma zona intermediária entre o típico e o atípico (*ibid.*, p. 96-97). Em tradução livre: "a fazer o contrato perder sua fisionomia, isto é, tornar inoperante a sua causa típica".

que é a entrega da obra[521]. Mas, de elevada importância notar, a incidência das normas da empreitada continua a ocorrer pela via direta[522].

A doutrina nacional que adota essa linha de pensamento, como regra, não enfrenta o agravamento de riscos – ou o elemento aleatório, pode-se dizer – que se insere no EPC para manter imutável o preço em caso de mudança da entidade objetiva da obra. Uma única exceção encontra-se em parecer publicado de renomado jurista, no sentido de que, ao assim fazê--lo, desfigurar-se-ia a matriz "essencialmente" comutativa da empreitada, convertendo o negócio em aleatório, por conta da "incerteza com relação à extensão das prestações", proceder vedado por força do "princípio do equilíbrio econômico do contrato", "um dos dogmas nucleares do direito contratual atual"[523].

É importante considerar que essa última orientação não segue na linha de que o contrato se tornaria atípico pela álea convencional, mas, ao contrário, parece julgar fora do poder de disposição das partes a inserção da aleatoriedade no tipo legal da empreitada. Supera, portanto, a mais restritiva doutrina do direito estrangeiro, que, como vimos, posicionou-se no sentido de que a aleatoriedade tornaria atípico o contrato, sem proibir, no entanto, o afastamento das regras comutativas do modelo legal[524]. Por outro lado, não se enfrenta o dado histórico de que a aleatoriedade sempre conviveu com a empreitada e com as demais regras do tipo, assim como o fato de que o direito brasileiro faculta às partes pactuar contratos aleatórios.

Todas essas questões, pertinentes e de indispensável solução, ficam, contudo, facilitadas quando se adota a linha de reconduzir o EPC à empreitada, uma visão fiel à abrangência deste tipo legal; e, ao contrário, restam obscurecidas quando se lance sobre o contrato o manto da atipicidade, desconsiderando as regras do tipo por princípio. Ao entender que o contrato

---

[521] Nesse sentido, ver Capítulo 1, seção 2.1.2.

[522] *V.* Messineo, 1962, p. 97, acerca dos contratos atípicos em geral. Ou seja, não será pela via analógica, como se dá com os contratos atípicos, ponto adiante discutido.

[523] *V.* Barros Leães, 2015, p. 122-124.

[524] Essa a orientação de Stefano Polidori, no direito italiano (cf. Capítulo 2, seção 2.5.3, nota 372). O entendimento que restringe a aleatoriedade, portanto, acaba por reputar cogente o caráter comutativo da empreitada e, indo além, pode levar ao extremo de se proibir contratos de obra com incerteza em relação à extensão da prestação. Nesse particular, não se pode desconsiderar, contudo, que a mudança da entidade objetiva da obra na empreitada em caso de alteração dos projetos, sem mudança no preço, mantém-se a regra em nosso ordenamento, que não a excluiu; somente a excepcionou (cf. Código Civil, art. 619).

CONTRATOS CHAVE NA MÃO (*TURNKEY*) E EPC (*ENGINEERING, PROCUREMENT AND CONSTRUCTION*)

EPC não é empreitada, deixa de fazer sentido perquirir se o regime atual do tipo, advindo da evolução que experimentou ao longo do tempo, passando de contrato acidentalmente aleatório para contrato comutativo, pode ou não, em que casos e com que limites, ser alterado pela vontade das partes[525].

Ao mesmo tempo, e talvez mais importante de tudo, a subsunção dos contratos *turnkey* e EPC no tipo da empreitada possui a grande vantagem de conferir às partes a segurança das regras do modelo legal, aplicáveis obrigatoriamente pelo intérprete para suprir as lacunas do regramento convencional e também naquilo que forem cogentes. O recurso a esse regramento, vale registrar, cuida-se de benefício do qual se não pode descurar, a ele se atribuindo, inclusive, todo o esforço de regrar os tipos contratuais no código.

A "tipicização", repetindo o alerta de notável doutrina dedicada ao estudo do tipo da empreitada, leva a efeito o racional equilíbrio de interesses entre as partes, no modo entendido socialmente mais equânime pelo legislador, tendo em conta o quanto resultou da prática dos negócios[526]. Assim, o juiz que recorre aos tipos, ou neles integra os contratos, o faz por motivos de equidade substancial e de segurança jurídica, maiormente garantidas quando a aplicação das regras típicas se dá pela via direta e não quando o julgador entendê-las desejáveis recorrendo à analogia[527].

3.2.2 Chave na Mão e EPC como Contratos Atípicos

Ao lado da orientação que integra o EPC e o *turnkey* na empreitada, apresentou-se em nosso país uma segunda linha de pensamento tão logo promulgado o Código Civil de 2002[528]. Segundo ela, as inovações da nova

---

[525] Em caso positivo, poderá então se verificar criteriosamente se há algum limite, restrição ou até requisitos para tanto, como poderiam se considerar aqueles já identificados pela doutrina pátria para celebração de todo e qualquer contrato aleatório, que exige previsão expressa, onerosidade da álea, assim como a exigência de que ambas as partes tenham risco de ganho ou perda, e até a necessária proporcionalidade e equivalência entre a álea e sua remuneração. Sobre a exigência de previsão expressa e onerosidade, *v.*, por todos, Greco Bandeira, 2010, p. 60 e ss. Quanto à incerteza do ganho ou a perda para ambas as partes, em realidade um corolário da onerosidade, reputando-se nulo o contrato em que somente uma das partes possa ganhar, cf. Gomes, 2008, p. 89. Acerca da equivalência e proporcionalidade, *v.* Chaves, 1984, p. 480.

[526] V. Marinelli, 1996, p. 82 e 209.

[527] V. Marinelli, 1996, p. 82.

[528] *V.* Nunes Pinto, 2002, itens 9 e 30.

A POLÊMICA DO CONTRATO EPC

codificação teriam conferido direitos adicionais ao empreiteiro, a tornar os contratos de empreitada mais onerosos e fora dos padrões do mercado internacional, pelo que o tipo legal não se adequaria mais quando a operação fosse um EPC[529].

Essa doutrina entendeu que a simples recondução do chave na mão e do EPC à empreitada seria "amesquinhar o escopo da relação jurídica", que, por força de sua maior complexidade, tornaria o contratado ao mesmo tempo construtor, montador e fornecedor de equipamentos[530]. Enquadrá-lo na empreitada pela "atividade preponderante" não corresponderia ao que existe na prática e desconsideraria os diversos papéis que desempenha o EPC[531]. A solução estaria em considerar o *turnkey* e o EPC "contratos atípicos mistos" já que englobavam obrigações encontradas em mais de um contrato típico[532].

Apesar de referidos ajustes conterem elementos das categorias codificadas, da empreitada e da compra e venda, concluiu essa orientação que as "disposições legais aplicáveis a esses contratos típicos se tornam imprestáveis para regular as relações decorrentes dos EPCs"[533]. Deveriam as partes, por isso, continuar a detalhar as cláusulas, que as regeriam de forma soberana, pois a favor delas "não operará a legislação codificada"[534].

Nesse cenário, preconiza-se uma enorme liberdade aos julgadores, que ficariam livres para determinar as normas do ordenamento, inspirados "na economia do contrato, nos usos, nas necessidades, nos negócios, na intenção das partes, implícita ou explícita, algumas vezes, também, nas regras aplicadas aos contratos vizinhos e invocados por analogia", levando

---

[529] Cf. Nunes Pinto, 2002, itens 7 e 32. Segundo explica, a flexibilidade do Código Civil de 1916 permitia a celebração de contratos EPC respaldados no tipo legal da empreitada, cuja distribuição de risco se adequava aos padrões internacionais. As considerações do autor foram apresentadas após 2 meses da publicação do Código Civil de 2002 e trazem uma crítica dirigida quase que exclusivamente aos novos dispositivos legais relativos à empreitada.

[530] Cf. Nunes Pinto, 2002, item 33. Para o autor, entretanto, nunca se havia dado atenção correta à natureza dos contratos EPC, pois as regras do Código de 1916 eram suficientemente flexíveis, e não tinham caráter cogente (*ibid.*, item 32). Não era somente a mudança de legislação, afirma, então, que levava ao entendimento de que o EPC não se enquadra no tipo da empreitada (*ibid.*, item 31).

[531] V. Nunes Pinto, 2002, item 33.

[532] Cf. Nunes Pinto, 2002, item 39.

[533] V. Nunes Pinto, 2002, item 42.

[534] Cf. Nunes Pinto, 2002, item 38.

CONTRATOS CHAVE NA MÃO (*TURNKEY*) E EPC (*ENGINEERING, PROCUREMENT AND CONSTRUCTION*)

em consideração "a ordem pública, os bons costumes e os princípios gerais de direito"[535].

Referida orientação foi seguida em parte pela melhor e mais aprofundada doutrina civil brasileira, a qual, conquanto possua uma visão abrangente acerca do contrato de empreitada, não deixou de considerar o EPC uma "variante atípica", quando praticado no contexto do *project finance*"[536]. Em outras palavras, por mais que o tipo da empreitada albergasse múltiplas atividades instrumentais, endossou-se a tese de que o EPC se reputaria contrato atípico.

De acordo com essa última vertente, a empreitada possuiria caráter genérico capaz de acolher "numerosas variantes, admitindo transformações, para afiná-lo à realidade e às necessidades das novas demandas econômicas", residindo sua causa em que "um constrói porque o outro paga e vice-versa"[537]. Todavia, no EPC, ao menos naquele celebrado no ambiente de projetos financiados, teríamos outro interesse efetivamente perseguido pelas partes, a saber, o de "determinação, alocação e mitigação de riscos que englobam não só o patrocinador do projeto como terceiros"[538]. Nisso haveria uma "diferença causal entre a empreitada típica", revelando um contrato atípico, com a consequência de que as normas de incidência dispositiva e supletiva seriam afastadas, mesmo implicitamente, para serem aplicadas "apenas nos limites da interpretação analógica (*eadem ratio*)"[539].

A essas orientações, soma-se hoje ainda uma terceira, defendida academicamente, segundo a qual o EPC possuiria uma causa diversa da empreitada, na medida em que este tipo legal não contaria com latitude suficiente para enquadrar contratos abrangendo a elaboração do projeto básico pelo empreiteiro ou contratos em que o empreiteiro se responsabilize pelo

[535] *V.* Nunes Pinto, 2002, itens 38 e 42.
[536] Cf. Martins Costa, 2014, p. 329.
[537] *V.* Martins Costa, 2014, p. 327-328 (para os dois trechos citados).
[538] *V.* Martins Costa, 2014, p. 329. Sobre o conceito de causa como interesse efetivamente perseguido pelas partes, cf. Massimo Bianca, 2000, p. 474.
[539] De acordo com Martins Costa, 2014, p. 329, os dispositivos legais de incidência dispositiva e supletiva podem ser afastados do modo explícito, quando as partes dispõem diferentemente, ou de modo implícito, quando há diferença causal entre a empreitada típica e a sua variante atípica, como se dá com o EPC no *project finance*. Por não se tratar de trabalho em que se discutiu a causa do EPC, mas o enquadramento de suposto contrato de aliança, a autora não indica se somente esse elemento retiraria a tipicidade do contrato.

projeto básico de autoria dono da obra[540]. Estas seriam características do *design-build*, e o tipo legal da empreitada teria sido pensado para ajustes do tipo *design-bid-build*. Defende-se, assim, uma visão estrita do contrato de empreitada. Prova disso seria que a administração pública, quando pretendeu responsabilizar o construtor pelo projeto básico das obras precisou criar um novo regime contratual, a contratação integrada. Como conclusão, entende que as normas integrantes do tipo social do EPC prevaleceriam sobre aquelas previstas para o tipo da empreitada, na medida em que com elas conflitassem[541].

Muito embora todas as orientações precedentemente mencionadas partam de pressupostos algo diferentes entre si, uma da multiplicidade de prestações a cargo do contratado, outra do caráter alocador e mitigador de riscos do EPC, e a terceira da assunção do projeto básico pelo construtor, não se pode deixar de verificar que chegam a idêntico resultado, qual seja, considera o EPC contrato atípico, com a consequência de que as normais legais relativas à empreitada seriam aplicadas somente por analogia, liberando o julgador de sua observância.

A consideração inicial que se pode efetuar, sobretudo quanto ao primeiro desses posicionamentos, consiste em que sua premissa fundamental reside na ideia de que a empreitada não abrangeria as diversas prestações objeto do EPC. Realmente, a operação econômica que teve o legislador em mente ao positivar as regras da empreitada foi a construção civil[542], mas, segundo demonstra a análise procedida neste trabalho, esse tipo legal comporta ampla gama de atividades instrumentais e também variadas espécies de obras entre seus possíveis resultados finais[543]. Tal concepção reduzida da empreitada, portanto, não considera que a execução de qualquer obra de alguma envergadura, desde sempre, torna o empreiteiro responsável por

---

[540] Sarra de Deus, Adriana Regina. **Contrato EPC (*engineering, procurement and construction*)**: determinação do regime jurídico. Dissertação (Mestrado – Programa de Pós Graduação em Direito Civil). 2018. 280 f. Dissetação (Mestrado) – Faculdade de Direito, Universidade de São Paulo, 2018, p.215. Sobre ser o *design-build* o contrato em que o projeto básico fica a cargo do empreiteiro, sendo um risco exclusivamente seu, *v.*, na obra da autora, p. 95-97 e 132. Acerca da melhor adequação das regras da empreitada ao *design-bid-build* e falta de disposições adequadas para o *design-build*, *ibid.*, p. 131. E quanto à contratação integrada ser uma tentativa de importar o método *desgin-build*, ibid. p. 149 e 216.

[541] *V.* Sarra de Deus, 2018, p. 261.

[542] Cf. Capítulo 2, seção 2.1.2.

[543] *V.* Capítulo 2.

CONTRATOS CHAVE NA MÃO (*TURNKEY*) E EPC (*ENGINEERING, PROCUREMENT AND CONSTRUCTION*)

uma multiplicidade de prestações, as quais, se contratadas isoladamente, levariam a que o ajuste se subsumisse em tipos diversos, como compra e venda, prestação de serviços, transporte, mandato, depósito, mas, quando reunidas e enfeixadas essas atividades para execução de uma obra, tipifica-se a empreitada[544]. É inegável que o empreiteiro, quando executa a obra, desempenhará diversos papéis. Contudo, enquanto visarem esses papéis ao fim unitário de execução de um *opus*, de empreitada se tratará.

Ao mesmo tempo, a condição de o empreiteiro fornecer equipamentos de elevada importância deve ser analisada tendo em conta que, quando esses bens forem infungíveis, sua fabricação consistirá, isoladamente, também na criação de um *opus* contra o pagamento de um preço, operação igualmente qualificada como empreitada, por maior relevância, quantitativa ou qualitativa, que possua o maquinário para o todo da obra[545]. A empreitada, ponto também já esmiuçado, não se limita a bens imóveis, podendo ter por objeto também os móveis, especialmente quando sua montagem e instalação fizerem parte da operação[546].

A rigor jurídico, para se qualificar o chave na mão como contrato misto, seria necessário alçar as demais prestações que o contratado se desincumbe à classe de principais, de tal forma que os elementos essenciais da operação superassem aqueles do tipo legal da empreitada (fazer certa obra contra o pagamento de um preço) e se encaixassem em diversos tipos[547]. No EPC, entretanto, não há diversas prestações principais e, sim, uma única, a obra, que, por mais complexa que seja, continua o resultado unitário perseguido por intermédio das atividades instrumentais desempenhadas. Os *essentialia*, assim, permanecem de um só tipo, e a importância das atividades instrumentais para o todo não desnatura a empreitada.

Particularmente, caso se empregue um contrato chave na mão e a prestação principal não seja a criação de certa obra, como pode se dar se o objeto contratual for limitado à aquisição com instalação de bens fungíveis, haverá maior dificuldade de qualificação, tal como descrito em relação à *impiantisica industriale eletromeccanica* e à *instalación de una planta industrial*,

---

[544] Cf. Capítulo 2, seção 2.1.2.
[545] V. Capítulo 2, seção 2.3.3.
[546] Cf. Capítulo 2, seção 2.1.2.
[547] Pais de Vasconcelos, 2009, p. 219.

A POLÊMICA DO CONTRATO EPC

podendo, a depender da situação concreta, sobressair de tal forma o *dare*, que resultará improvável divisar uma obra como prestação principal[548].

Já no tocante àquela segunda orientação, que identifica uma alteração da causa quando houver cláusulas de alocação de risco, no contexto de *project finance*, é preciso ponderar que nisso se encontra o traço da aleatoriedade que identificamos neste trabalho e que marca o EPC. Há razões para crer, porém, que o "*fondo del contratto*" não mudou, inexistindo uma verdadeira deformação da figura típica ou um "*schema nuovo e diverso*" dos já existentes[549]. Para tanto, teríamos de considerar a convenção sobre o risco, no EPC, como elemento essencial, substancial e parte dos fundamentos da operação, e, não, um aspecto particular, acidental, que, embora não negligenciável, seja acessório e sirva para melhor responder aos interesses das partes, tal como se dá, por exemplo, com qualquer outra convenção sobre o preço na empreitada[550].

Como vimos, há, ainda, profunda divergência sobre se qualquer aleatoriedade transformaria o contrato comutativo em atípico, pois a maioria das convenções sobre o risco fica de fora do sinalagma funcional e quando a álea ingressa somente com caráter acidental também não se teria aquele efeito "atipitizante"[551]. Inexistiria, por exemplo, contrato atípico pela introdução de aleatoriedade quando a convenção recaísse somente sobre a álea econômica ou quando a incerteza objeto do acordo fosse específica quanto a um elemento cuja lei distribui os riscos de forma diversa ou fosse uma incerteza de tipo não necessário ou não inteiramente dependente do fortuito.

Ao mesmo tempo, cumpre sempre levar em conta o dado histórico, no sentido de que a possibilidade de alteração da entidade objetiva e o risco econômico agravado estiveram previstos nos ordenamentos brasileiro, italiano e português por longa data e ainda hoje os encontramos no francês, ao menos com relação à alteração de projetos, convivendo com as demais

---

[548] Cf. Capítulo 2, seção 2.3.3. Esse seria, por exemplo, o emblemático caso discutido em Portugal referente ao contrato de instalação de elevadores, bens fungíveis, cuja falta de utilidade sem a instalação leva a numerosos questionamentos se sua subsunção se daria ou não no tipo da empreitada.

[549] As expressões são de Messineo, 1962, p. 97-98, que exige uma acentuada mudança da disciplina substancial com causa mista para se considerar atípico qualquer contrato.

[550] V. Roppo, 2009, p. 145-146, sobre as convenções que melhor atendem ao interesse das partes mas não tocam nos *essentialia negotti*, as quais, embora não primordiais, "não são transcuráveis".

[551] Cf. Capítulo 2, seção 2.5.4, *in fine*.

regras do tipo sem maiores incompatibilidades[552]. Dessa forma, ainda que as fronteiras entre o típico e o atípico não sejam firmes, já adjetivadas de "fluidas" e de quase "indetectáveis"[553], pode-se questionar se a reintrodução dessa mesma álea, agora de modo convencional e de maneira reduzida no EPC, desnature a empreitada, com a condição de afastar implicitamente as regras deste tipo legal[554].

Realmente, ao considerar atípico o EPC, a orientação que se baseia na alteração da causa do negócio também propõe um afastamento implícito das normas da empreitada sem precisar, contudo, quais deixariam de incidir, remanescendo essa questão a critério do julgador. Supera-se, assim, até aquela doutrina estrangeira que, ao entender incompatível eventual aleatoriedade na empreitada, somente põe de lado as regras específicas que garantem a comutatividade, reputando as demais incidentes pela via direta (*i.e.*, sem analogia)[555].

A esse propósito, a mais moderna doutrina relativa aos contratos atípicos não deixa de considerar que, naqueles mistos, conquanto o filtro da analogia deva ser sempre utilizado pelo julgador, não se derrogam as regras dos tipos que integram a convenção, ainda que não diretamente incidentes[556]. Diferente dos atípicos puros, os contratos mistos "não prescindem do concurso dos modelos regulativos típicos na procura da solução das questões suscitadas"[557]. Assim, dificilmente se poderia concordar com

---

[552] Cf. Capítulo 2, seção 2.5.2. Em outras palavras, tendo sempre se reputado o desejo dos contratantes em qualquer empreitada por preço global que fosse o mesmo certo e imutável, não existiriam no contrato chave na mão e no EPC os *"nouvi bisogni economici"* que levam à criação de contratos inominados (*v.* Messineo, 1962, p. 100).

[553] *V.* Pais de Vasconcelos, 2009, p. 185.

[554] *V.* Capítulo 2, seção 2.5.1.

[555] Cf. Capítulo 2, seção 2.5.3, *in fine*, e, em especial, nota 372.

[556] Sobre a necessidade de utilizar a analogia também nos contratos de tipo misto, *v.* Pais de Vasconcelos, 2009, p. 246-247.

[557] Pais de Vasconcelos, 2009, p. 218. Entendendo que as normas dos tipos de formação do contrato misto sejam aplicáveis, *v.* ainda Duclerc Verçosa, Haroldo Malheiros. **Contratos mercantis e a teoria geral dos contratos**: o Código Civil de 2002 e a crise do contrato. São Paulo: Quartier Latin, 2010, p. 195, que indica ser a tutela dos contratos mistos feita pela teoria da absorção ou da combinação, regendo-se, ou pela disciplina do tipo principal, ou pelas regras do tipo do qual pertença o elemento. Na doutrina estrangeira, Roppo, 2009, p. 137, registra que, nos contratos mistos, seja pela analogia, seja pela combinação, conforme o caso, será pela aplicação das normas dos tipos que se disciplinará o contrato. O jurista italiano Massimo Bianca, 2000, p. 480, aponta a também possibilidade de recurso à absorção ou à combinação e,

A POLÊMICA DO CONTRATO EPC

a primeira daquelas orientações que julga "imprestáveis para regular as relações decorrentes dos EPCs" as disposições legais das diversas operações que o integram, ao mesmo tempo em que considera esses ajustes atípicos mistos[558].

Para afastar todas as regras da empreitada, em última análise, teríamos de considerar o EPC um contrato atípico puro. Com isso, porém, chega-se ao arriscado desfecho de pôr de lado também eventuais regras cogentes, haja vista que, segundo o entendimento mais atual, pela estipulação de um contrato atípico puro se terá o efeito de afastar até os preceitos injuntivos do tipo, mantendo-se obrigatórios só aqueles imperativos de toda classe dos contratos[559]. A liberdade para as partes é imensa, não se pode negar, mas com a grave consequência de ser igualmente livre o juiz, que não estará adstrito à lei para julgar o caso concreto, senão ao que está previsto na convenção e nas normas gerais do direito contratual.

Por último, acerca daquela terceira orientação, pela qual a empreitada não poderia incluir a elaboração de projeto básico, verifica-se se tratar de concepção que também contraria os dados históricos disponíveis sobre esse tipo legal, e, ainda, se choca com sua função e com sua estrutura, que consistem precisamente na reunião de prestações das mais variadas para produção de uma obra, sua causa típica desde sempre[560]. Por outro lado, aquela terceira orientação baseia-se em que o *design-build* teria por essência tornar o construtor responsável pelo projeto básico, desconsiderando que esse modelo de contratação, surgido no *common law*, possui em sua

---

quando houver causa única nos contratos mistos, aconselha a analogia. Ainda na Itália, como vimos, exatamente para evitar a aplicação das regras do tipo da empreitada, como ocorreria se o *turnkey* fosse misto, é que Cavallo Borgia qualifica os contratos de *engineering* de atípicos puros, deixando ao inteiro critério do julgador recorrer a tais regras com o filtro da analogia (ver, neste Capítulo, seção 3.1.3, em especial nota 461).

[558] V. Nunes Pinto, 2002, item 42.

[559] Cf. Pais de Vasconcelos, 2009, p. 374, que explica: "[n]a concretização dos contratos atípicos puros, diferentemente, não há qualquer contributo de tipos contratuais. A referência a modelos contratuais típicos está fora e até contra a vontade contratual. Nos contratos atípicos puros, os preceitos injuntivos ou dispositivos da lei só são aplicáveis se referidos a todos os contratos – aos chamados 'contratos em geral' – ou a classes de contratos. Não são aplicáveis em princípio, nem sequer por analogia, as regulações legais impostas por referência a tipos".

[560] Cf. nesta obra, Capítulo 2, item 2.1.2, sobre as características básicas do contrato de empreitada. Em relação à possibilidade de a empreitada ter projetos entre as atividades do empreiteiro necessárias à entrega da obra, quer historicamente, quer nos dias atuais, *v.* Capitulo 2, item 2.2, extensamente.

CONTRATOS CHAVE NA MÃO (*TURNKEY*) E EPC (*ENGINEERING, PROCUREMENT AND CONSTRUCTION*)

origem diversos graus de assunção de escopo sobre os projetos, podendo o construtor tomar para si toda a concepção das obras ou somente o detalhamento de projetos já prontos, mas tudo sem responder por riscos de informações incompletas e incorretas que não sejam de sua autoria, um diferencial somente obtido pelo EPC[561].

O fato de a administração pública exigir previsão legal para não realizar projetos básicos e dar outro *nomen iuris* ao contrato que reserve esse encargo ao construtor, por sua vez, não deveria, dogmaticamente, influenciar os traços e notas do tipo legal da empreitada, sobretudo em sua acepção civil, que se centra no executar certa obra contra um preço[562]. De correto, detecta essa orientação que o tipo legal da empreitada possui regramento insuficiente para os modernos contratos de engenharia, mas este é um problema da defasagem das regras do tipo, que não limita sua abrangência, antes o inverso, não se podendo, contudo, por força de divergências com as normas definidas pelo legislador como socialmente equânimes, entende-las inadequadas quando não atendam às aspirações e anseios de um ou outro dos figurantes contratuais[563].

Em conclusão, por inexistir uma multiplicidade de prestações principais nas diversas atividades instrumentais, que continuam a ser desempenhadas objetivando uma obra, assim como por não se divisar no elemento aleatório introduzido uma verdadeira alteração da causa contratual, e tampouco se excluir da empreitada a elaboração de projetos, as orientações

[561] Com detalhes, veja-se acima, Capítulo 2, item 2.2.1, em especial nota 203.

[562] Relevante notar como Sarra de Deus, 2018, p. 149, descreve anais das discussões legislativas que levaram à consagração legal da contratação integrada e também defesas em juízo desse novo regime pela Advocacia Geral da União, nos quais se acredita que o *design-build* seria modalidade em que o projeto básico é *necessariamente* efetuado pelo empreiteiro, o que contraria a realidade envolvendo essa modalidade de contratação no *common law*, seu local de origem onde projeto com diferentes níveis de detalhamento podem ser transferidos ao construtor (*v.*, acima, Capítulo 2, item 2.2.1, em especial, nota 203). O fato de que, à administração pública brasileira, era vedado contratar sem projeto básico até que se criasse um novo regime alterando tal exigência não faz da empreitada civil um tipo contratual cujos limites impedem enquadrar a execução de certa obra contra um preço, com projetos elaborados pelo construtor, no tipo legal, sempre que, como todas as outras atividadades, for tal projeto meramente instrumental, sob pena até de se confundir os vetores da legalidade e liberdade que norteiam esses dois campos do direito (publico e privado).

[563] Cf., nesta obra, Capítulo 2, item 2.1.2, *in fine*, e Capítulo 3, itens 3.1.3, *in fine*, e 3.1.4, igualmente parte final. A falta de atualidade e até de acompanhamento das regras da empreitada é uma constante desse tipo legal ao longo da história.

A POLÊMICA DO CONTRATO EPC

que consideram o EPC um contrato atípico podem ter o efeito de afastar o novo regime legal da empreitada sem que se que perquira se isto seria ou não admissível, em que casos e em que condições. Poder-se-ia, desse modo, desobrigar os juízes de verificar a admissibilidade de tal derrogação, seus requisitos e seus limites.

Como já afirmou antiga doutrina peninsular em constatação dirigida ao juiz, mas em tudo aplicável aos intérpretes em geral, o julgador *"quando qualifica un contratto como inominato non lo fa per avere un punto di partenza per la construzione di una nuova disciplina, bensì soltanto per escludere l'applicazione di una determinata disciplina legislativa"*[564]. Em estudo específico sobre as novas formas de contratação de obra, já se alertou que, para setores cada vez mais amplos da realidade empresarial e, em geral, para o complexo mundo da economia e dos negócios, aparenta preferível elaborar e utilizar contratos atípicos a modificar aqueles típicos[565]. Opta-se por criar um arranjo de interesses alheio àquele predisposto pelo legislador e isso menos para disciplinar uma causa e uma função diferentes e mais para desvincular-se de um regramento cujo equilíbrio se reputa indesejado[566]. A aspiração de pôr de lado a lei, aliás – ostensiva entre parte da doutrina estrangeira –, não é nova em nosso País e parece já ter sido tentada quando se procurou enunciar, por regra, a disponibilidade das normas da empreitada especificamente com relação ao EPC – como se fosse possível essa seletividade da natureza dispositiva de certa norma –, prejulgando a possibilidade de afastar a comutatividade do tipo, mas sem a mesma intensidade do que as orientações que o pretendem atípico[567]. Realmente, ao menos

---

[564] De Nova, 1983, p. 29-30. Em tradução livre: [o juiz] "quando qualifica um contrato como inominado não o faz para ter um ponto de partida para construção de uma nova disciplina, mas ao contrário somente para excluir a aplicação de determinada disciplina legislativa".

[565] Cf. Marinelli, 1996, p. 208.

[566] Cf. Marinelli, 1996, p. 208 e 209.

[567] A orientação foi sufragada na Primeira Jornada de Direito Comercial, promovida pelo Centro de Estudos Judiciários (CEJ) do Conselho da Justiça Federal (CJF), em outubro de 2012, em Brasília. Os trabalhos, sob a presidência do ministro aposentado Ruy Rosado de Aguiar Júnior, foram coordenados por comissões científicas integradas por professores de direito, permanecendo a cargo de Fábio Ulhoa Coelho aquela relativa a obrigações empresariais, contratos e títulos de crédito. O enunciado em questão recebeu o n. 34 e a seguinte redação: "Com exceção da garantia contida no artigo 618 do Código Civil, os demais artigos referentes, em especial, ao contrato de empreitada (arts. 610 a 626) aplicar-se-ão somente de forma subsidiária às condições contratuais acordadas pelas partes de contratos complexos de

CONTRATOS CHAVE NA MÃO (*TURNKEY*) E EPC (*ENGINEERING, PROCUREMENT AND CONSTRUCTION*)

se considerou, quando de dita tentativa, aplicável subsidiariamente (*i.e.*, pela via direta) a disciplina legal. De forma mais ou menos declarada, em suma, de comum todas essas orientações possuem o objetivo de afastar do EPC as regras da empreitada com mais facilidade e liberdade ao julgador.

3.2.3 Chave na Mão como *Engineering*

A terceira via adotada pela doutrina nacional para qualificação do *turnkey* e do EPC possui um pouco das orientações de todas as anteriores e maior influência dos estudos estrangeiros, pois divisa, como se fez em outros países, um novo gênero contratual, o *engineering*.

A identificação do chamado contrato de *engineering* não é propriamente recente entre nossos estudiosos. No fim da década de 1970, a doutrina nacional já o apontava como uma das novas figuras contratuais e – tal qual a doutrina italiana que o limita a obras de engenharia pesada – indicava ser o seu objeto "obter-se uma indústria construída e instalada"[568].

Essa antiga doutrina não deixava de chamar atenção para o fato de que o termo *engineering* não correspondia a seu significado jurídico, não se limitando à elaboração de projetos, pois, por este contrato, ter-se-ia por objeto a "execução [do projeto], montagem de unidades industriais e até assistência técnica nos primeiros tempos do funcionamento"[569]. Mas não deixava de revelar, como fazem os estudos peninsulares até hoje, que o *engineering* podia restringir-se à fase de projetos, julgada sua fase marcante[570].

Não se utilizava, na época, a denominação chave na mão ou EPC. Todavia, pela abrangência das prestações a cargo do contratado, verifica-se que

---

engenharia e construção, tais como EPC, EPC-M e Aliança" (cf. Conselho da Justiça Federal, **I Jornada de Direito Comercial**, 2012, Brasília: Centro de Estudos Judiciários, 2013. 61 p.).

[568] Nesse sentido, Gomes, Orlando. **Contratos**. 6. ed. 2ª tiragem. Rio de Janeiro: Forense, 1978, p. 572. Identifica a menção ao *engineering* também nessa obra, mesmo em sua primeira tiragem de 1977, Lopes Enei, 2012, p. 125.

[569] *V.* Gomes, 1978, p. 572. Segundo vimos no início desse trabalho, *engineering contract*, na sua acepção anglo-saxã, não quer dizer contrato de engenharia, no sentido de atividade de projetar, mas contrato de execução de obras pesadas, em oposição ao *building contract* (ver Capítulo 1, seção 1.2.1).

[570] Cf. Gomes, 1978, p. 572.

A POLÊMICA DO CONTRATO EPC

já se estava muito próximo dessas modalidades[571]. Em função "da justaposição de prestações características de vários contratos típicos", acreditava-se tratar de contrato atípico misto, com o registro de que havia autores a considerá-lo uma empreitada especial[572].

Posteriormente, na década de 1990, é publicado então o que se considera o primeiro estudo brasileiro exclusivamente dedicado ao *engineering*[573]. Situando, ainda, seu objeto na construção de grandes obras e instalações industriais, dizia-se que esse contrato teria aparecido no período do desenvolvimento da infraestrutura nacional (1970 em diante), durante o qual foram construídas grandes hidrelétricas, aeroportos e reequipados os portos[574]. Tratava-se, como tivemos a oportunidade de verificar, exatamente da época de consagração do *design-build* e do uso internacional do *turnkey*, termo este último que já aparece mencionado como "modalidade" de *engineering*[575].

Enfatizava essa doutrina, como diferencial do *engineering*, a associação entre obras civis e fornecimento de equipamentos eletromecânicos[576] e, sob tal perspectiva, se o reputava um negócio jurídico complexo, por reunir diversos contratos, como empreitadas parciais, serviços, transporte, entre outros, o que o tornaria atípico[577]. Como modalidade do *engineering*, ainda que não se faça menção individualizada, deduz-se que o *turnkey*, para essa orientação, teria a mesma qualificação de contrato atípico complexo (*i.e.*, misto). Conquanto a estrutura do contrato de *engineering* tivesse a sua base legal na empreitada, o Código Civil não conteria regras suficientes

---

[571] Nesse sentido Gomes, 1978, p. 573, fala de um tipo completo de *engineering* que incluía "dirigir a construção" das instalações, no qual seria o contratado remunerado por um percentual sobre o custo da obra (*id.*).

[572] Cf. Gomes, 1978, p. 573.

[573] Cf. Couto e Silva, Clóvis. Contrato de "engineering". **Revista de Informação Legislativa**, Brasília, v. 115, n. 29, jul./set.,1992, p. 509.

[574] *V.* Couto e Silva, 1992, p. 511.

[575] Cf. Couto e Silva, 1992, p. 514. Sobre o desenvolvimento do *design-build* e do chave na mão na década de 1970, *v.* Capítulo 1, seções 1.2.4 e 1.3.5.

[576] *V.* Couto e Silva, 1992, p. 509, para quem o emprego de conhecimentos unicamente da engenharia civil era típico dos contratos de construção, termo que se opunha aos "contratos de engenharia", cujo espectro seria mais amplo, englobando o fornecimento e a montagem de equipamentos industriais. O autor é categórico e chega a afirmar que o contrato de *engineering* se "desprendeu da empreitada" (*ibid.*, p. 516).

[577] Cf. Couto e Silva, 1992, p. 516.

CONTRATOS CHAVE NA MÃO (*TURNKEY*) E EPC (*ENGINEERING, PROCUREMENT AND CONSTRUCTION*)

para regê-lo, uma falha da maioria das legislações[578]. Nada obstante, para solução dos problemas, essa mesma doutrina recorre a muitas das normas típicas da empreitada[579].

Referidos estudos mais antigos, portanto, consideravam o *engineering* um contrato de obras de engenharia pesada, nele inserindo o *turnkey*, mas deixavam de entendê-lo reconduzível à empreitada, seja pela justaposição de prestações de outros tipos, seja em função da insuficiência das regras dessa categoria legal. O EPC, surgido somente na década de 1990, evidentemente, ainda não era sequer considerado.

A doutrina do *engineering*, se se pode assim designá-la, não recebeu contribuições significativas após mencionado estudo do começo dos anos '90 até que duas recentes teses acadêmicas adotaram o gênero e procuraram nele situar os ajustes *turnkey* e também o EPC[580]. Com um viés empresarial, ambas enxergam no *engineering* um "produto da modernidade", derivado das exigências complexas do período seguinte ao pós-guerra[581]. Constituiriam contratos (já tratados no plural) resultantes da transformação organizacional por que passaram a engenharia e a arquitetura e que chegam até nós em decorrência da globalização[582]. Além disso, teriam como marca distintiva a autorregulação, isto é, minutas altamente detalhadas e ditas *self-contained*, por influência da prática internacional, para se ter a menor integração possível pelo ordenamento[583].

---

[578] *V.* Couto e Silva, 1992, p. 512 e 525-526.

[579] Cf. Couto e Silva, 1992, p. 512 e ss.

[580] São os trabalhos já mencionados de Alcântara Gil, 2007 ("A Onerosidade Excessiva em Contratos de *Engineering*") e de Uema do Carmo, 2012 ("Contratos de Construção de Grandes Obras"), ambos teses de doutoramento defendidas na Faculdade de Direito da Universidade de São Paulo com foco nos aspectos empresariais e não propriamente civis desses ajustes, abrangendo, por exemplo, análise econômica e a complexidade empresarial inerente aos negócios atualmente praticados.

[581] Nesse sentido, Alcântara Gil, 2007, p. 8, indica que o *engineering* teria se originado no segundo pós-guerra ante as exigências complexas e diversificadas existentes nesse período e passa a ser encontrado especialmente no período em que se construíram grandes obras de infraestrutura. Uema do Carmo, 2012, p. 30, cita entre os fatores que levam aos contratos não tipificados, como os de *engineering*, "o crescimento industrial, a migração das populações para as cidades" e o "desenvolvimento tecnológico acelerado".

[582] Cf. Alcântara Gil, 2007, p. 12-13. Por conta da extensão das prestações, o autor prefere falar em contratos de *engineering*, no plural, como o faz parte da doutrina peninsular (*ibid.*, p. 49-50). No mesmo sentido, Uema do Carmo, 2012, p. 32.

[583] *V.* Alcântara Gil, 2007, p. 13-16.

A POLÊMICA DO CONTRATO EPC

Em correta análise, identificam essas recentes teses o movimento que torna empresarial a atividade construtiva no início do século XX, mas não se vai além de considerar o *engineering* um genuíno contrato de empresa[584]. Mesmo que se descreva brevemente a evolução dos arranjos contratuais, deixa-se de constatar como a marca empresarial leva à concentração de atividades na pessoa do construtor e à diminuição de importância do projetista, com a criação de métodos alternativos ao tradicional, como o *design-build*, o *turnkey* e o EPC[585].

Para conceituar o *engineering*, essas orientações acadêmicas recorrem a definições da doutrina italiana, extremamente amplas, concluindo que esse contrato pode abranger desde projetos de engenharia e arquitetura à construção propriamente dita, bem como o fornecimento de equipamentos e a colocação em funcionamento da planta industrial[586]. Três seriam os elementos necessários para identificar o contrato de *engineering*: (i) complexidade, (ii) risco e (iii) qualificação da parte, os quais podem estar presentes em menor ou maior grau de intensidade durante a contratação e a execução do contrato[587]. Com essa amplitude, entende-se, então, que o EPC seria uma das modalidades de *engineering*[588].

Tais teses acadêmicas, contudo, possuem grande diferença entre si quanto ao enquadramento dos contratos de engenharia e também no

---

[584] Cf. Alcântara Gil, 2007, p. 12. Acerca do caráter empresarial que assume a atividade construtiva, com o construtor coordenando os fatores de produção, ver Capítulo 1, seção 1.2.3.

[585] A propósito, Uema do Carmo, 2012, p. 99-100, faz uma descrição dos arranjos contratuais, mas não verifica o movimento de concentração de atividades na pessoa do construtor como uma marca da indústria da construção moderna.

[586] Cf. Uema do Carmo, 2012, p. 30; e Alcântara Gil, 2007, p. 25 e ss.

[587] *V.* Alcântara Gil, 2007, p. 27-28. A complexidade seria tanto do conteúdo contratual, que pode envolver os mais diferentes tipos de prestação, como da operação em si, ou seja, da própria obra, que abrangeria diversas disciplinas e subdisciplinas e muitas variáveis na realização dos trabalhos (*ibid.*, p. 6 e 29). O risco, por sua vez, surge como decorrência dessa multiplicidade de elementos das obras e da longa duração dos contratos (*ibid.*, p. 39-41). A presença do engenheiro ou da firma de engenharia, por último, seria seu último traço distintivo (*ibid.*, p. 27 e ss.). No mesmo sentido, Carmo, 2012, p. 169, que adiciona a esses critérios o pertencimento a certa rede de contratos e a centralidade ou não da avença nessa mesma rede.

[588] Segundo Uema do Carmo, 2012, p. 47, o EPC seria um tipo de *"commercial engineering"*. Igualmente, Alcântara Gil, 2007, p. 36 e ss., relaciona o EPC entre as possíveis modalidades de *engineering*. Segundo o autor, os contratos EPC voltam-se à implantação de projetos envolvendo novas tecnologias, o que qualifica como "projetos de desenvolvimento" em oposição aos "projetos *status quo*", entendidos aqueles triviais e similares aos já desenvolvidos (*id.*).

CONTRATOS CHAVE NA MÃO (*TURNKEY*) E EPC (*ENGINEERING, PROCUREMENT AND CONSTRUCTION*)

tocante ao tipo de obra que faria parte de um contrato de *engineering*. Para a primeira, fiel à doutrina italiana e aos estudos nacionais até então existentes relativos ao *engineering*, este seria um contrato para "obras de engenharia de grande porte"[589]. Não obstante, reconhece-se ser o tipo legal da empreitada em nosso ordenamento amplo e sem uma noção definida pelo legislador, pelo que se poderiam integrar nele os mais novos e complexos contratos de construção de obra[590]. Com atenção ao que se passa na Itália, onde existe doutrina que procura integrar o *engineering* à empreitada, segue-se essa linha de pensamento[591].

Dita orientação, não se pode deixar de considerar, alinha-se com aquela da doutrina brasileira exposta anteriormente, que verifica no EPC uma empreitada *tout court*, distinguindo-se somente por reconhecer um novo gênero de contratos para grandes obras. Indo adiante, reconduz à empreitada também os trabalhos de levantamentos e projetos, que constituem parte do chamado *consulting engineering*, o que, todavia, é controverso[592].

Para a segunda daquelas teses, por sua vez, o *engineering* deveria ser tratado como categoria a abranger a integralidade dos contratos de construção[593]. Diferente de todas as considerações até então existentes, não mais estaria o contrato de engenharia limitado a obras industriais ou de infraestrutura, mas, mediante um amálgama das definições da doutrina italiana com o termo *construction contract*, do *common law*, cria-se uma nova classe de contratos: os contratos de construção[594]. Essa categoria, diversamente da forma como sempre se classificou o contrato de construção em

---

[589] Alcântara Gil, 2007, p. 9.

[590] Essa a posição de Alcântara Gil, p. 48 e 50-54, para quem, em vista da elasticidade do contrato de empreitada, notadamente pela inexistência de definição legal e por seu objeto consistir tão somente na entrega de uma obra, seria possível nele reconduzir o EPC.

[591] Segundo indica Alcântara Gil, 2007, p. 49, nota 108, acerva da doutrina italiana, "parece tomar força a corrente que considera os contratos *engineering* sujeitos à disciplina da empreitada".

[592] Cf. Alcântara Gil, 2007, p. 51, para quem a referência a projeto nas normas relativas à empreitada, constantes do Código Civil, dariam "amplitude e referência à engenheira". Ver sobre o assunto Capítulo 2, seção 2.2.4, onde se relata a discussão existente acerca de se considerar empreitada o contrato para obras puramente imateriais ou intelectuais.

[593] Cf. Uema do Carmo, 2012, p. 30.

[594] Nesse sentido, Uema do Carmo. 2012, p. 16, registra que "sob o gênero 'contratos de construção' ou 'contratos de *engineering*'" – tratados como sinônimos, portanto – "podem ser enquadrados diversos tipos de contrato que tenham por objeto a prestação, mediata ou imediata de uma obra".

A POLÊMICA DO CONTRATO EPC

nosso país, com foco nas atividades executivas da obra, engloba agora todo e qualquer ajuste, desde projetos até os trabalhos materiais propriamente ditos[595]. E, o mais relevante a se notar: como classe ordenadora de todos os contratos ligados a uma obra, o *engineering*, algo inédito, passa a ter a empreitada como uma de suas modalidades, contrariando toda a doutrina estrangeira e nacional, que nunca fizera essa inclusão, jamais julgando a empreitada abrangida pelo *engineering*[596].

O EPC, nessa nova orientação, por incluir "uma multiplicidade de objetos e prestações típicas e atípicas", representaria o "somatório de um ou mais contratos típicos, como a empreitada, o fornecimento, a prestação de serviços, a agência ou representação, o mandato, a comissão, a compra e venda, entre outros"[597]. Dessa forma, seria atípico e se reconhece sua "raiz no contrato de empreitada, mas com as contribuições fundamentais dos modelos internacionais e do desenvolvimento da praxe"[598].

Contra a primeira tese, essa segunda orientação acadêmica recente julga que os contratos de *engineering* não poderiam ser reconduzidos à empreitada, seja porque excederia ao tipo legal a variedade de objetos e de prestações amplas que aquele gênero comporta, seja porque seus traços específicos – complexidade, riscos e presença da empresa de engenharia – não poderiam ser incluídos no contrato de obra previsto no ordenamento civil[599].

A doutrina nacional do *engineering* indicada nesta seção, influenciada pelos estudos italianos, chega às mesmas conclusões da orientação relatada na seção anterior ao qualificar o *turnkey* e o EPC como contratos atípicos e por razões muito similares, pelo que não inspira maiores observações além

---

[595] Como explicado no Capítulo 2, seção 2.1.2, parte da doutrina, sob a influência do direito público e da Lei de Incorporações, entendia que a empreitada fazia parte de um gênero, o contrato de construção, que poderia ser ajustado por administração. O contrato de construção abrangeria, assim, a empreitada e o contrato por administração, mas sempre atividades de execução material da obra.

[596] V. Uema do Carmo, 2012, p. 16, para quem no gênero *engineering* se incluiriam a prestação de serviços e a empreitada, assim como o EPC e a aliança.

[597] Cf. Uema do Carmo, 2012, p. 47. Estranhamente, a autora diferença o contrato EPC da empreitada integral, muito embora deixe de fazer qualquer menção às distinções entre uma modalidade e outra (*ibid.*, p. 169).

[598] V. Uema do Carmo, 2012, p. 173.

[599] Cf. Uema do Carmo, 2012, p. 47.

CONTRATOS CHAVE NA MÃO (*TURNKEY*) E EPC (*ENGINEERING, PROCUREMENT AND CONSTRUCTION*)

daquelas já efetuadas, sobretudo no que tange à pluralidade de atividades desempenhadas pelo contratado.

É importante mencionar, de todo modo, que as teses mais recentes que tratam do *engineering,* tirante a que simplesmente reconduz esses contratos à empreitada, deixam de notar que os traços marcantes desse novo gênero estão todos presentes naquele modelo legal, que possui, por sua própria natureza, a complexidade e a assunção de riscos como elementos típicos e em nada desvirtua a operação ter ou não uma empresa de engenharia ou arquitetura a executar as obras[600]. Em realidade, o fato de a empreitada abranger ditas peculiaridades do *engineering* parece sugerir a prescindibilidade desse "novo" gênero.

3.2.4 Da Prescindibilidade do Conceito de *Engineering*

Por intermédio de estudo sobre a evolução dos arranjos contratuais e do próprio contrato de empreitada, evidencia-se que muitas das características supostamente particulares do *engineering* derivam, em realidade, dos avanços que a construção, como um todo, experimentou nos últimos anos, possíveis de se apresentar em todos os contratos de obra, a tornar prescindível este gênero.

De uma análise do *common law,* resta claro que o termo anglo-saxão *engineering contract* não quer significar contrato de projeto ou ajuste centrado no projeto e que também possa ter a execução da obra por objeto[601]. A expressão *engineering contract,* no *common law* significa contrato de construção pesada, industrial ou de infraestrutura, em oposição ao *building contract,* para construção imobiliária[602]. Ambos os tipos de contrato são parte da categoria maior *construction contract,* mas objeto da mesma disciplina legal[603].

---

[600] Cf. Capítulo 2, seção 2.1.2, e, ainda, seção 2.4. A empreitada, como visto, por mais que possa conter uma amplitude muito grande de obras como objeto, em sua feição legal, sempre visou regular a obra de engenharia ou arquitetura, tanto em nosso como em outros ordenamentos do sistema romano-germânico.

[601] Acerca da compreensão italiana centrada nos projetos, ver neste Capítulo, seção 3.1.3. Sobre o entendimento brasileiro de que o *engineering* compreende sempre projetos, ver seção 3.2.3.

[602] *V.* Capítulo 1, seção 1.2.1.

[603] Cf. Capítulo 1, seção 1.2.1 e, neste Capítulo, seção 3.1.1.

A POLÊMICA DO CONTRATO EPC

O reconhecimento dos contratos de *engineering* isolados da empreitada, na Itália, que tanto influenciou nossos juristas, curiosamente não foi marcado por estudos do *common law*, talvez por isso não se tenha dado ênfase ao fato de que, no direito anglo-americano, o "contrato de engenharia" não é tratado com regime diferente em comparação ao contrato de *building*[604].

A complexidade e os maiores riscos hoje observados nos contratos de construção, por sua vez, não são uma particularidade dos contratos de *engineering*, isto é, dos contratos para construção de obras de engenharia pesada, nem no *common law*, nem em nosso país. Derivam, ao contrário, da evolução social da própria atividade econômica da construção e da forma como as obras são contratadas, isto é, dos arranjos de contratação, que passaram do método tradicional ao *design-build* e ao EPC, arranjos estes, todos, igualmente aplicáveis aos *engineering* e aos *building contracts*[605].

Da mesma forma, não é uma particularidade do contrato de *engineering* a regulação contratual por minutas-padrão, de associações de classe internacionais ou locais. Nos países de *common law*, os modelos são uma tradição e se encontram presentes tanto nos contratos de obra imobiliária (*building*) como nos contratos de construção pesada (*engineering*)[606]. E, nos países de sistema romano-germânico, o imobilismo do modelo legal leva à tendência, já detectada pela doutrina, de sua substituição por modelos sociais, como se dá na França, na Alemanha e em Portugal, neste último caso, valendo-se de regras de direito público[607]. Em outras palavras, a adoção de modelos está igualmente presente na empreitada.

---

[604] Assim, por exemplo, Cavallo Borgia, 1992, p. 27, autora da única monografia sobre o assunto, cita, como fontes, em uma única passagem, as obras belgas de Hansenne e de Brabant e as obras francesas de Hubert, de Costet, de Burst e de Boon e Goffin, agregando a elas tão só uma obra inglesa (*Hudson on Building Contract*) e duas americanas, de Abbett e de Marsh, com edições datadas entre os anos 1963 a 1981, já não tão atuais quando da publicação do trabalho da autora, época de grande transformação da indústria da construção anglo-saxã, como vimos no Capítulo 1 deste trabalho. Igualmente, Alpa; Fusaro, 2008, p. 172, 173 e 175, apoiam suas considerações sempre em doutrina italiana e, no máximo, em doutrina francesa e belga. Galgano, 2004, p. 123 e ss., por sua vez, não faz sequer menção a qualquer doutrina do *common law* e nem internacional. Siccheiro, 1991, p. 29, limita-se a citar doutrina belga e nenhuma outra fonte senão a própria doutrina italiana.

[605] Cf. neste Capítulo, seção 3.1.1, em especial nota 425.

[606] Ver nesse Capítulo, seção 3.1.1.

[607] V. Capítulo 2, seção 2.1.2, *in fine*.

CONTRATOS CHAVE NA MÃO (*TURNKEY*) E EPC (*ENGINEERING, PROCUREMENT AND CONSTRUCTION*)

É ainda questionável que os contratos de "engenharia pura" (*consulting*) incluídos no gênero *engineering*, quando a obrigação principal não constitua a implantação global de um empreendimento, possam ser regulados pelas mesmas regras aplicáveis ao contrato de execução da obra.

Em última análise, a maior complexidade, os maiores riscos e a presença de modelos detalhados de contratação, tidos como marcas do *engineering* e que o diferenciariam do contrato de empreitada, dele não decorrem, nem são uma exclusividade sua, mas derivam, isto sim, da evolução da construção como um todo. Diante disso, parece inexistir justificativa para se reconhecer no *engineering* um tipo ou categoria jurídica que mereça alguma distinção significativa da empreitada.

A complexidade da operação e o fato de o tipo da empreitada se encontrar defasado em comparação aos avanços que a construção experimentou nos últimos anos, ao menos enquanto os elementos essenciais de eventual contrato continuem a execução de determinado *opus* contra um preço, com autonomia e independência, não ensejam a constituição de um novo tipo contratual, ainda que possam recomendar a reforma do modelo legal.

3.2.5 Síntese da Qualificação no Direito Brasileiro

Tal como ocorre em outros países de sistema romano-germânico, grassa entre os intérpretes brasileiros grande polêmica acerca da qualificação dos contratos chave na mão e EPC. Com poucos estudos específicos disponíveis e ante a dificuldade de acesso generalizado às aprofundadas e clássicas análises sobre a empreitada, somente uma parcela de nossos doutrinadores atenta para todo o potencial desse tipo, um contrato complexo por natureza e com elasticidade para abrigar em seu seio uma multiplicidade de atividades instrumentais, interdependentes, indivisíveis e enfeixadas com o fim único de executar certa obra, capaz, portanto, de revitalizar-se e de enquadrar as formas mais modernas de execução de obra, como o *turnkey* e o EPC.

Contra esse enquadramento, parte da doutrina, por vezes sem sequer levar em consideração a evolução dos arranjos contratuais, entende que a empreitada não comportaria as múltiplas atividades próprias de uma obra complexa ou o agravamento dos riscos contratuais característicos do EPC, havendo até quem, para isso, recorra ao conceito do *engineering*, como fazem estudos internacionais, ainda que muitas vezes sem verificar sua origem e

A POLÊMICA DO CONTRATO EPC

alcance. Para essa parcela da doutrina, o novo regime legal da empreitada, com sua feição impregnada de comutatividade, seria incompatível com modelos de contratação mais atuais, moldados pelas forças do mercado, quando não para atender a instituições financeiras, e muitas vezes com a elaboração dirigida por engenheiros[608].

Com fundamento em uma suposta incompatibilidade das regras típicas da empreitada, acaba-se por reservar ao julgador um salvo-conduto para decidir com base na economia do contrato, nos usos, nas necessidades, nos negócios, na intenção das partes, implícita ou explícita, e até para afastar as regras típicas da empreitada sem cláusula expressa nesse sentido[609].

Com isso, confere-se ao julgador o poder de mais facilmente decidir quais regras julga derrogadas e quais considera adequadas ao negócio – em realidade, o certo seria até dizer o poder de afastar, por princípio, todas as regras do tipo e depois escolher quais consente em aplicar –, o que pode contribuir para maior insegurança das partes acerca das normas que regem sua relação. Tudo isso sem que haja na doutrina uma discussão aprofundada sobre se, quando e com que limites pode ser afastado o regime legal da empreitada trazido pela nova codificação civil.

Nesse ponto, nunca é demais lembrar que a solução posta pelo legislador, a chamada justa regra do caso médio, pode muito bem ser indesejada porque superada e obsoleta pelos desenvolvimentos e pelas mudanças operadas no cenário econômico-social, mas também em função do superior poder de barganha de quem vise desviar-se do modelo legal a fim de obter vantagens que a lei procurou repartir de modo equitativo[610]. A recondução de um contrato concreto a certo tipo legal, reitere-se, possui lógica e funções bem definidas, que superam a mera exigência de sistematização e

---

[608] Como vimos o modelo mais importante de EPC existente, preparado pela FIDIC – Fédération Internationale des Ingénieurs Conseils contou só com um jurista entre sua primeira comissão redatora de 1999, não se podendo dizer que a mais recente versão de 2017 se considere um texto preparado por juristas, ainda que conte com maior participação de advogados nas comissões revisoras (*v.* Capítulo 1, seção 1.4.2, em especial nota 116).

[609] Cf., neste Capítulo, seções 3.2.2. Cumpre recordar que essa é a aspiração, como indicado neste Capítulo, seção, 3.1.3, de parte da doutrina italiana, como, por exemplo, temos em Galgano, que diz não haver aplicação, no *engineering*, da revisão contratual para os casos imprevisíveis mesmo se nada for dito no contrato. Entre nós, defende o afastamento das regras da empreitada que preveem a mesma revisão do preço implicitamente, isto é, sem cláusula expressa, aqueles que julgam o EPC um contrato atípico (ver seção 3.2.2).

[610] *V.* Roppo, 2009, p. 149.

CONTRATOS CHAVE NA MÃO (*TURNKEY*) E EPC (*ENGINEERING, PROCUREMENT AND CONSTRUCTION*)

organização[611]. Deve-se ter atenção, assim, para que a criação de contratos atípicos pelo complexo mundo dos negócios sirva para verdadeiramente disciplinar estruturas e causas contratuais diversas, e não como fuga deliberada das regras consagradas em lei por serem socialmente equânimes, em detrimento da equidade substancial e da segurança jurídica.

[611] Cf. Marinelli, 1996, p. 209.

Considerações Finais

Iniciou-se este estudo diante da dificuldade de conceituação do EPC, haja vista a multiplicidade de termos adotados para designá-lo. Por meio de digressão histórica, constatou tratar-se esse moderno ajuste de produto da evolução do contrato de construção, que, ao longo dos séculos, reúne mais e mais atribuições no construtor e retira de cena o profissional autônomo, o arquiteto, o engenheiro e o mestre de obras, que saem da posição de *masterbuilders* e *mastermasons* para se tornarem empregados do empreiteiro. Este último, em contrapartida, deixa de ser mero artífice para converter-se em empresário, responsável pelos meios de produção e por contrair elevados riscos ligados à implantação de empreendimentos consideráveis.

Após a compreensão dos desenvolvimentos que levaram ao EPC e isoladas as características que o diferenciam do contrato de obras tradicional ou clássico, no qual o construtor mais não faz do que executar trabalhos projetados por terceiros, foi possível apurar que, em nosso ordenamento, o tipo legal da empreitada possui abrangência e elasticidade para enquadrar o EPC. Essencialmente centrada na obrigação de atingir certo resultado materializável – a obra –, com autonomia, contra o pagamento de um preço, a empreitada conta com quadro complexivo apto a integrar os traços característicos do EPC.

Nem a elaboração do projeto, nem o fornecimento de equipamentos ou de tecnologia impedem a recondução do EPC à empreitada. Complexo por natureza, esse tipo legal regula atividades diversas, interdependentes, que até poderiam ser enquadradas em outras categorias legais caso não tivessem por resultado final a obra. Quando, porém, essas mesmas atividades estiverem enfeixadas de forma indivisível com fim unitário de implantar certo empreendimento – a prestação principal do contrato – de empreitada se tratará.

Reputar-se o EPC um instrumento produtivo igualmente não ultrapassa os limites do modelo legal da empreitada, haja vista a unificação do direito privado. A eventual aleatoriedade e o agravamento de riscos próprios do EPC também não evitam seu enquadramento na empreitada.

Até passado recente, a empreitada era considerada contrato acidentalmente aleatório e, ainda hoje, em países onde se continua a exigir do construtor que assuma modificações da obra sem remuneração adicional, não se deixa de reputar a execução de certo empreendimento contra um preço fixo empreitada *tout court*. O tipo da empreitada não seria avesso, assim, a incertezas quanto à entidade objetiva da prestação, condição em parte mantida no modelo legal brasileiro. Não por outra razão, parcela da doutrina, no extremo, até admite a empreitada aleatória.

Especificamente no tocante à introdução de álea convencional na empreitada, impõe-se ter presente que parte dos estudos especializados é contrária à transformação do negócio típico em atípico por força dessa operação. Para os que pensam o oposto, deve-se lembrar que, no EPC, parte dos riscos assumidos pelo empreiteiro afeta somente a álea normal (econômica) do contrato, incapaz, portanto, de alterar seu sinalagma funcional. Além disso, mesmo nos casos de EPC que tragam incerteza quanto à entidade objetiva da prestação, se esta for específica, contornável e não necessária, também não desfigurará a causa típica decisiva da operação, que continuará a ser a execução de uma obra contra um preço.

Pelo estudo de direito estrangeiro realizado, observa-se que a qualificação dos contratos chave na mão e EPC é tema de acesa polêmica, somente inexistindo controvérsias a respeito nos países de *common law*, onde o EPC, assim como todo e qualquer outro arranjo para executar certa obra, integra indiscriminadamente a categoria dos contratos de construção. Nos países de sistema romano-germânico, por sua vez, os posicionamentos doutrinários são sempre discordantes.

Entre os estudos estrangeiros, constatam-se duas grandes linhas de pensamento. Uma que identifica na empreitada tipo com flexibilidade para acompanhar a evolução dos contratos de obra, inclusive ante a complexificação interna e a inalterabilidade do preço, pois sua operação essencial continua a mesma, pese embora o relativo imobilismo da legislação civil, o qual justifica a tendência de substituir o modelo legal por modelos sociais e a designação de *self-made law industry* conferida ao setor da construção.

CONSIDERAÇÕES FINAIS

A segunda linha de pensamento no direito estrangeiro é marcada por visão mais restrita e julga a empreitada incapaz de fazer frente à alteração do regime clássico de contratação. Adotam-na também aqueles que reconhecem o gênero dos contratos de *engineering*. A doutrina que segue essa última linha deixa ostensivo seu propósito ao intencionalmente considerar os contratos de construção modernos atípicos puros para, assim, afastar o influxo das normas dos tipos legais. Nessa ordem de ideias, a atipicidade visaria menos construir uma nova disciplina e mais afastar regras, por esse ou aquele motivo, indesejadas.

Finalmente, no ponto decisivo deste trabalho, pela análise das orientações brasileiras, verifica-se que parte de nossos estudiosos entende que o EPC é subsumível no tipo da empreitada. Os *essentialia* continuam os mesmos, circunstância inalterada pela união de diversas prestações complexas para executar certa obra. Como grande vantagem dessa orientação, temos a incidência pela via direta das regras típicas, conferindo às partes a segurança da lei. O julgador, assim, deveria obrigatoriamente seguir o modelo legal, salvo pacto em sentido contrário, cabendo aos intérpretes determinar os limites para tanto, se algum existir.

Uma segunda parcela da doutrina brasileira julga as novas regras positivadas para empreitada em 2002 (Código Civil) incompatíveis com os modelos internacionais de contratação. Ao lado disso, o EPC não poderia ser reconduzido a esse tipo legal, quer por incluir uma multiplicidade de prestações, quer por conter, como causa objetiva, a alocação e a mitigação de riscos. Por ambos os motivos, seria o EPC atípico e as normas legais da empreitada inadequadas para regulá-lo ou até derrogadas, mesmo sem disposição expressa das partes. Ao julgador caberia decidir se e quando, por analogia, aplicá-las. Por essa forma de pensar, atinge-se o resultado de afastar o regramento legal típico sem a necessidade de maiores questionamentos ou justificativas – como pretende parte da doutrina estrangeira – e sem levar em conta se existem ou não requisitos para pôr de lado o modelo legal, por exemplo, no que tange às regras que asseguram sua feição comutativa.

Ao lado dessas duas orientações, uma terceira opta por adotar o gênero do *engineering* e nele incluir o EPC. Para esses, o chave na mão e o EPC reputar-se-iam contratos atípicos, com um único posicionamento isolado reconduzindo-os à empreitada. O prejuízo dessa terceira orientação é valer-se de categoria estrangeira cujas características podem apresentar-se não só em contratos de construção pesada, como naqueles de empreendimentos imobiliários, inexistindo razões para, contrariando as nossas tradições, tipificar os contratos de construção pela classe de obra, o que, do ponto de vista da disciplina jurídica, igualmente não se faz nem no *common law*, de onde provém o conceito do *engineering*.

Em conclusão, pelo presente trabalho, foi possível realizar uma primeira aproximação ao chave na mão e ao EPC e sugerir sua recondução ao tipo da empreitada, com o benefício de conferir linhas integrativas conhecidas aos intérpretes e, ao mesmo tempo, fornecer uma base para futuros estudos acerca da derrogação ou aplicação das normas da empreitada nos contratos *turnkey* e EPC, estudos esses que não podem descurar da evolução que o tipo legal experimentou, rente aos princípios que regem a codificação civil atual. Esse talvez possa parecer o caminho mais difícil, em oposição àquele de considerar o chave na mão e o EPC contratos atípicos e afastar-se, sem outros questionamentos, das regras típicas da empreitada e sua feição eminentemente comutativa. Mas, sempre com reverência àqueles que entendem de diverso modo, pode ser o único caminho que leve em conta a abrangência do tipo da empreitada e os avanços laboriosamente alcançados quanto ao seu regramento através dos séculos pelos brilhantes estudiosos do direito privado que nos precederam.

REFERÊNCIAS

ABELLO, Luigi. Appalto. In: D'AMELIO, Mariano (Coord.). *Nuovo Digesto Italiano*. Torino: UTET, 1937. v. I.

ALBUQUERQUE, Pedro de; ASSIS RAIMUNDO, Miguel. Direito das obrigações: *Contratos em Especial – Contrato de Empreitada*. 2. ed. Coimbra: Almedina, 2013.

ALCÂNTARA GIL, Fabio Coutinho de. *A onerosidade excessiva em contratos de engineering*. 2007. 143 f. Tese (Doutorado em Direito), Universidade de São Paulo, São Paulo, 2007.

ALMEIDA PAIVA, Alfredo de. *Aspectos do contrato de empreitada*. 2. ed. Rio de Janeiro: Forense, 1997.

ALMEIDA PRADO, Maurício Curvelo de. *Contrato internacional de transferência de tecnologia: patente e know-how*. Porto Alegre: Livraria do Advogado, 1997.

ALPA, Guido; FUSARO, Andrea. *I contratto di engineering*. In: RESCIGNO, Pietro (Org.). Trattato di Diritto Privato: Obligazioni e Contratti. 2. ed. Torino: UTET, 2008. v. 11, t. 3.

ANCONA LOPEZ, Teresa. *Comentários ao Código Civil: parte especial: das várias espécies de contrato*. JUNQUEIRA DE AZEVEDO, Antônio (Coord.). São Paulo: Saraiva, 2003. v. 7.

ANDRIGHI, Nancy; BENETI, Sidnei; ANDRIGHI, Vera. *Comentários ao novo Código Civil: das várias espécies de contratos, do empréstimo, da prestação de serviço, da empreitada, do depósito*. Rio de Janeiro: Forense, 2008. v. IX.

ASCARELLI, Tullio. *O desenvolvimento histórico do direito comercial e o significado da unificação de direito privado*. Revista de Direito Mercantil. v. 114. p. 237-252, abril-junho 1999.

ASENSIO, Pedro A. de Miguel. *Contratos internacionales sobre propiedad industrial*. 2. ed. Madrid: Civitas, 2000.

ASSIS, Araken de; ANDRADE, Ronaldo Alves de; PESSOA ALVES, Francisco Glauber. *Comentários ao Código Civil Brasileiro: do direito das obrigações (arts. 421 a 578)*. ALVIM, Arruda; ALVIM, Thereza (Coords.). Rio de Janeiro: Forense, 2007. v. 5.

BAILEY, Julian. *Construction Law*. London: Informa Law, 2011.

BARROS LEÃES, Luiz Gastão Paes de. *O contrato EPC e o princípio do equilíbrio econômico*. Revista Brasileira de Direito Civil, Rio de Janeiro, v. 3, n. 1, jan. 2015, p. 112-139. Disponível em: <https://www.ibdcivil.org.br/rbdc.php>. Acesso em: 17 nov. 2016.

BAYARD, Josephine. *Le contrat de louage d'ovrage au XVIIIe siècle: aux origines du contrat d'entreprise: le contrat de louage d'ovrage de domat ao Code Civil*. Saarbrücken: Éditions Universitaires Européennes, 2014.

BESSONE, Darcy. *Do contrato: teoria geral*. 3. ed. Rio de Janeiro: Forense, 1987.

_____. *Da comercialidade da empreitada de construção*. Revista dos Tribunais, São Paulo, v. 652, p. 7-13, 1990.

BLAKENEY, Michael. *Legal aspects of the transfer of technology to developing countries*. Oxford: Esc Publishing, 1989.

BOON, Jean-Albert; GOFFIN, René. *Les contrats "clé en main"*. 2. ed. Paris: Masson, 1987.

BORTOLOTTI, Fabio. *Il contratto internazionale: manuale teorico-pratico*. Milano: CEDAM, 2012.

BRABANT, André. *Le contrat international de construction*. Bruxelles: Bruylant, 1981.

BRITO PEREIRA, Jorge de. *O conceito de obra no contrato de empreitada*. Revista da Ordem dos Advogados, Lisboa, v. 54, n. 2, p. 569-622, 1994.

BRUNER, Philip L.; O'CONNOR, Patrick J. Jr. *Bruner & O'Connor on Construction Law*. Minneapolis: West Law, 2002. v. 1, 2.

BUENO, Julio César. *Melhores práticas em empreendimentos de infraestrutura: sistemas contratuais complexos e tendências num ambiente de negócios globalizado*. In: TOLEDO DA SILVA, Leonardo da et al. (Org.). Direito e infraestrutura. São Paulo: Saraiva, 2012. p. 61-78.

BUNNI, Nael G. The FIDIC *Forms of Contract*. 3. ed. Oxford: Blackwell, 2005, p. 488

CALABRESI, Carlotta. *La risoluzione dele controversie nei contratti internazionalli di appalto: il dispute board*. 2009. 208 f. Tese (Doutorado em Direito), Università' Degli Studi di Firenze, Firenze, 2009.

CAPALDO, Giusepina. *Contratto e alea*. Milano: Giuffré, 2004.

CAVALLO BORGIA, Rosella. *Il contrato di engineering*. Padova: CEDAM, 1992.

CAYOL, Amandine. *Le contrat d'ouvrage*. Paris, IRJS, 2012.

CAZALET, Bruno de; REECE, Rupert. *The new FIDIC EPC BOT contract*. Project Finance International, London, v. 180, n. 1, nov. 1999. Disponível em: <http://fidic.org/sites/default/files/The%20new%20FIDIC%20EPC%20BOT%20contract.pdf>. Acesso em: 17 nov. 2016.

CEBRIÁ, Luis Hernando. *Una aproximación a los contratos de instalación industrial "llave em mano": marco de la contratación contemporánea*. Anuário de Derecho Civil, Madrid, v. 56, n. 4, p. 1665-1712, set. 2013.

CHAVES, Antônio. *Tratado de direito civil*. 3. ed. São Paulo: Revista dos Tribunais, 1984. v. 2, t. 1.

COMMITTEE ON CONSTRUCTION LAW. *Association of the Bar of New York. Alternative methods of public procurement*. The Record, New York, v. 48, n. 2, p. 275-286, mar. 2003.

COMPARATO, Fabio Konder. *As empreitadas de construção imobiliária e o art. 138 do Código Comercial*. Revista de Direito Mercantil, Industrial, Econômico e Financeiro, São Paulo, v. 56, p. 121-129, out. 1984.

CONSELHO DA JUSTIÇA FEDERAL, *I Jornada de Direito Comercial*, 2012, Brasília: Centro de Estudos Judiciários (CEJ), 2013. 61 p.

CORRIAS, Paoloefisio. *Appalto ed engineering*. In: LUMINOSO, Angelo (Org.). Codice dell'appalto privato. Milano: Giuffrè, 2010. p. 80-87.

COSTA SENA, *Da empreitada no direito civil*. Rio de Janeiro: Gráphica São Jorge, 1935.

COULSON, Peter. *Coulson on construction adjudication*. 2. ed. Oxford: Oxford University Press, 2011.

COUTO E SILVA, Clóvis. *Contrato de "engineering"*. Revista de Informação Legislativa, Brasília, v. 115, n. 29, p. 509-526, jul./set.1992.

CUNHA GONÇALVES, Luiz da. *Tratado de Direito Civil: em comentário ao Código Civil Português*. Coimbra: Coimbra Editora, 1933. v. VII.

CUSHMAN, Robert; LOULAKIS, Michael C. *Design build handbook*. 2. ed. New York: Aspen Law and Business, 2001.

REFERÊNCIAS

DE NOVA, Giorgio. *Il tipo contratuale*. In: BONELLI, Franco et al. (Org.). Tipicità e atipicità nei contratti. Milano: Giuffrè, 1983. p. 29-37.

_____. *Il tipo contrattuale*. (nova tiragem da edição de 1974). Napoli: Edizioni Scientifique Italiane, 2014.

DUCLERC VERÇOSA, Haroldo Malheiros. *Contratos mercantis e a teoria geral dos contratos: o Código Civil de 2002 e a crise do contrato*. São Paulo: Quartier Latin, 2010.

_____. *Curso de direito comercial: fundamentos da teoria geral dos contratos*. São Paulo: Malheiros, 2011. v. 4, t. I.

DUNCAN WALLACE, Ian. *Construction contracts: principles and policies in tort and contract*. London: Sweet & Maxwell, 1986.

FACHIN, Luiz Edson. *Responsabilidade contratual no sistema Lump Sum Turn-Key*. In: _____ (Org.). Soluções práticas. São Paulo: RT, 2012.

FÉDÉRATION INTERNATIONALE DES INGÉNIEURS CONSEILS – FIDIC (Ed.). *Conditions of contract for EPC turnkey projects*. Disponível em: <http://fidic.org/books/epcturnkey-contract--1st-ed-1999-silver-book>. Acesso em: 24 out. 2016.

FÉDÉRATION INTERNATIONALE DES INGÉNIEURS CONSEILS – FIDIC (Ed.). *Introductory note to EPC turnkey*. Disponível em: <http://fidic.org/books/epcturnkey-contract-1st-ed-1999-silver--book-general-conditions-training--purposes-only#introductorynote to first edition>. Acesso em: 20 dez. 2016.

FÉDÉRATION INTERNATIONALE DES INGÉNIEURS CONSEILS – FIDIC (Ed.). *Conditions of contract for construction for building and engineering works designed by the employer*. Disponível em: <http://fidic.org/node/149>. Acesso em: 24 out. 2016.

FÉDÉRATION INTERNATIONALE DES INGÉNIEURS CONSEILS – FIDIC (Ed.). *EPC/Turnkey Contract 2nd Ed (2017 Silver Book)*. Disponível em: <http://fidic.org/books/epcturnkey--contract-2nd-ed-2017-silver-book>. Acesso em: 27 fev. 2018

FÉDÉRATION INTERNATIONALE DES INGÉNIEURS CONSEILS – FIDIC (Ed.). *Construction Contract 2nd Ed (2017 Red Book)*. Disponível em: <http://fidic.org/books/epcturnkey-contract-2nd--ed-2017-silver-book>. Acesso em: 27 fev. 2018

FÉDÉRATION INTERNATIONALE DES INGÉNIEURS CONSEILS – FIDIC (Ed.). *The FIDIC Contracts Guide: Construction, Plant and Design Build EPC/Turnkey Contracts*. Lausanne, 2000.

FERNANDEZ, Francisco Lucas. *Comentarios al Código Civil y Compilaciones Forales: artículos 1.583 a 1.603 del Código Civil*. Madrid: Edersa, 1986. v. 2, t. XX.

FERNY HOUGH, Richard. *Is the contractor responsible for design?* 1990. Society of Construction Law. Paper 18. Disponível em: <https://www.scl.org.uk/papers/contractor-responsible-design>. Acesso em: 18 jul. 2015.

FLORES, Nilton César da Silva. *Da cláusula de sigilo nos contratos internacionais de transferência de tecnologia – know-how*. 342 f. Tese (Doutorado em Direito) – Universidade Federal de Santa Catarina, Florianópolis, 2006.

FORGIONI, Paula A. *Teoria dos contratos empresariais*. 2. ed. São Paulo: RT, 2011.

FRANÇA. *Code Civil*. Disponível em: <https://www.legifrance.gouv.fr/affichCode.do?cidTexte=LEGITEXT000006070721>. Acesso em: 15 dez. 2016.

GALGANO, Francesco. *Diritto civile e commerciale*. 4. ed. Padova: CEDAM, 2004. v. II, t. 2.

GAMBINI, Marialuisa. *L'execuzione del contrato*. In: CUFFARO, Vincenzo (Org.). *I contratti di appalto privato*. Torino: Utet, 2011.

GHIRONI, Andrea. *L'obbigazioni di compiere l'opera o il servizio: sua indivisibilitá*. In: LUMINOSO, Angelo (Org.). Codice dell'appalto privato. Milano: Giuffrè, 2010.

GIANDOMENICO, Giovanni di. *I contratti speciali: I contratti aleatori*. In: Tratatto de diritto privato direto da Mario Bessone. Torino: G Gianppichelli, 2005, v. XIV.

GOMES, Orlando. *Contratos*. Atualizada por JUNQUEIRA DE AZEVEDO, Antônio; CRESCENZO MARINO, Francisco Paulo de. Rio de Janeiro: Forense, 2008.

_____. *Contratos*. 6. ed. 2ª tiragem. Rio de Janeiro: Forense, 1978.

GÓMEZ, Luis Alberto et al. *Contratos EPC turnkey*. Florianópolis: Visual Books, 2006.

GRECO BANDERIA, Paula. *Contratos aleatórios no direito brasileiro*. Rio de Janeiro: Renovar, 2010.

GROSSHANS, Annemarie. *An introduction to German Construction Law*. Construction Law Journal, London, v. 27, n. 8, p. 570-591, 2007.

HACKETT, Jeremy. *Design and build: uses and abuses*. London: Llp, 1998.

HALE, Darren R. et al. *Empirical Comparison of Design/Build and Design/Bid/ Build Project Delivery Methods*. Journal of Construction Engineering and Management, [s.l.], v. 135, n. 7, p. 579-587, jul. 2009. American Society of Civil Engineers (ASCE). Disponível em: <http://dx.doi.org/10.1061/(asce) co.1943-7862.0000017>. Acesso em: 17 nov. 2016.

HENCHIE, Nick. *The Orgalime turnkey contract for industrial works: an alternative to Fidic's silver book?* The International Construction Law Review (ICLR), Lon-don, v. 21, n. 1, p. 67-82, jan. 2004. Disponível em: <http://docslide.us/documents/article-differences-fidicorgalime.html>. Acesso em: 17 nov. 2016.

HERNANDEZ RODRIGUEZ, Aurora. *Los contractos internacionales de construcción "llave en mano"*. Cuadernos de Derecho Transnacional, Madrid, v. 1, n. 6, p. 161-235, mar. 2004.

HOSIE, Jonathan. *Turnkey contracting under the FIDIC Silver Book: what do owners want? what do they get?* 2007. Disponível em: <http://fidic.org/sites/default/files/ hosie06.pdf>. Acesso em: 29 set. 2016.

HUBERT, Alfred. *Le contrat d'ingénierie-conseil*. Paris: Masson, 1984.

HUSE, Joseph A. *Understanding and negotiating turnkey and EPC contracts*. 3. ed. Londres: Sweet & Maxwell, 2013.

INTERNATIONAL CHAMBER OF COMMERCE (Ed). *ICC model contract for the turnkey supply of an industrial plant*. Disponível em: <http://store.iccwbo.org/ icc-model-contract-for-the-turnkey-supply-of-an-industrial-plant>. Acesso em: 17 nov. 2016.

INTERNATIONAL CHAMBER OF COMMERCE (Ed.). *ICC model turnkey contract for major projects*. Disponível em: <http:// store.iccwbo.org/icc-model-turnkey-contract-for-major-projects>. Acesso em: 17 nov. 2016.

ITÁLIA. *Codice Civile 1865*. Disponível em: <http://www.notaio-busani.it/download/docs/CC1865_400.pdf>. Acesso em: 15 dez. 2016.

ITALIA. *Codice Civile 1942*. Disponível em: <http://www.normattiva.it/uri-res/ N2Ls?urn:nir:stato:decreto.regio:1942-03-16;262!vig=>. Acesso em: 15 dez. 2016.

JAEGER, Axel-Volkmar; HÖK Götz-Sebastian. *Fidic – A guide for practioners*. Heidelberg: Springer, 2010.

KEATING, Donald; FURST, Stephen; RAMSEY, Vivian. *Keating on building contracts*. 7. ed. London: Sweet & Maxwell, 2001.

KELLEY, Gail S. *Construction Law: an introduction for engineers, architects and contractors*. New Jersey: Wiley & Sons, 2013.

KONCHAR, M. D.; SANVIDO, V. E. *A comparison of US and UK project delivery systems*. In: CIB W55 & W65 JOINT TRIENNIAL SYMPOSIUM, 1., 1999, Cape Town. Customer Satisfaction: A focus for research & practice. Cape Town: Bowen, P. & Hindle, R, 1999. Disponível em: <http://www.irbnet.de/daten/iconda/CIB3495.pdf>. Acesso em: 23 jan. 2017.

LABARTHE, Françoise; NOBLOT, Cyrill. Le contrat d'entreprise. In: GHESTIN, Jacques (Coord.). *Traité de droit civil*. Paris: LGDJ, 2008.

LE GOFF, Pierrick. *New standard for international turnkey contracts: the FIDIC Silver Book*. Revue de Droit des Affaires Internationales, London, v. 2, n. 2, p. 151-159, fev. 2000. Disponível em: <http://fidic.org/sites/default/files/New%20Standard%20for%20International%20Turnkey%20Contracts.pdf>. Acesso em: 17 nov. 2016.

LE TOURNEAU, Philippe. *L'ingénierie, les transferts de technologie et maîtrise industrielle: contrats internationaux, contrats clés en main, co-traitance, sous-traitance, joint-venture*. 2. ed. Paris: Lexis-Nexis, 2016.

LENIHAN, Martin; REDMOND, John. *To "b" our "d" & "b"? design and build in the 90s*. Society of Construction Law, paper 39, 1994. Disponível em: <https://www.scl.org.uk/papers/b-or-d-b-design-and-build-90s>. Acesso em: 18 jul. 2015.

LIMA, Pires; VARELA, Antunes. *Código Civil anotado: (artigos 762.º a 1250.º)*. 4. ed. Coimbra: Coimbra Editora, 1997. v. II.

LOBO XAVIER, Pedro Vieira da Gama; RIBEIRO DE MESQUITA, Vasco Xavier da Gama Lobo. *Aplicação de normas substantivas de direito público a contratos de empreitada de obra particular: um caso de fuga para o direito público?*. Revista Direito e Justiça. Estudos dedicados ao Professor Doutor Bernardo da Gama Lobo Xavier, Lisboa, Ed. Universidade Católica, 2015.

LOOTS, Phil; HENCHIE, Nick. *Worlds apart: EPC and EPCM contracts: risk issues and allocation*. 2007. Disponível em: <http://fidic.org/sites/default/files/epcm_loots_2007.pdf>. Acesso em: 14 nov. 2016.

LOOTS, Philip. *A wolf in sheep's clothing? Meeting the needs of the employer? Or sorting the wheat from the chaff*. 2001. Row and Mawe "Construction and Engineering International Bulletin", outubro 2001, Fascículo 3. Disponível em: <http://fidic.org/sites/default/files/AWOLFINSHEEPLoots.pdf>. Acesso em: 30 set. 2016.

LOPES ENEI, José Virgílio. *A atividade de construção em grandes projetos de infraestrutura no Brasil e o contrato de aliança: evolução ou utopia?* In: TOLEDO DA SILVA, Leonardo da et al. (Org.). Direito e infraestrutura. São Paulo: Saraiva, 2012. p. 101-120.

LUPTON, Sarah. *Corner and Lupton's design liability in the construction industry*. 5. ed. Oxford: Wiley Blackwell, 2013.

MAINSTONE, Rowland. *Reflections on related histories of construction and design*. In: HUERTA, Santiago (Ed.). Proceedings of the First International Congress on Construction History. Madrid: Instituto Juan de Herrera, 2003. p. 49-59. Disponível em: <http://www.sedhc.es/biblioteca/actas/CIHC1_006_Mainstone%20R.pdf>. Acesso em: 17 ago. 2016.

MARCONDES, Fernando. *Peculiaridades a serem consideradas pelos árbitros na análise e interpretação dos contratos de construção.* In: LEMES, Selma Ferreira; BALBINO, Inez (Coord.). Arbitragem: temas contemporâneos. São Paulo: Quartier Latin, 2012. p. 119-138.

MARINELLI, Fabrizio. *Il tipo e l'appalto.* Padova: Cedam, 1996.

MARTINS COSTA, Judith. *Contrato de construção. "Contratos-aliança". Interpretação contratual. Cláusulas de exclusão e de limitação do dever de indenizar. Parecer.* Revista de Direito Civil Contemporâneo, São Paulo, v. 1, p. 315-351, out.-dez. 2014.

MASCARELLO, Carmela. *Il contrato di appalto.* Milano: Giuffré, 2002.

MASSIMO BIANCA, C. *Diritto civile: il contrato.* Milano: Giuffré, 2000. v. III.

MEIRELLES, Hely Lopes. *Licitação e contrato administrativo.* 5. ed. São Paulo: RT, 1983.

_____. *Direito de construir.* 11. ed., atual. ABREU DALLARI, Adilson et al. São Paulo: Malheiros, 2013.

MESSINEO, Francesco. Contrato inominato: In: CALASSO, Francesco (Coord.). *Enciclopedia del Diritto.* Varese: Giuffrè, 1962. v. 10.

MIRANDA CARVALHO, E. V. de. *Contrato de empreitada.* Rio de Janeiro: Freitas Bastos, 1953.

MOORE, Shawn D. *A comparison of project delivery systems on united states federal construction projects.* 1998. 119 f. Dissertação (Mestrado em Engenharia) – The Pennsylvania State University, Pennsylvania, 1998.

MOREIRA ALVES, José Carlos. *A unificação do direito privado brasileiro.* In: JUNQUEIRA DE AZEVEDO, Antônio; TAVEIRA TÔRRES, Heleno; CARBONE, Paulo (Coords.). Princípios do novo Código Civil brasileiro e outros temas:

homenagem a Tulio Ascarelli. 2. ed. São Paulo: Quartier Latin, 2010.

MOSCARINI, Lucio Valerio. *Il contratto di appalto e le figure affini.* In: CUFFARO, Vincenzo (Org.). I contratti di appalto privato. Torino: Utet, 2011. p. 5-57.

NICOLÒ, Rosario. Alea. In: CALASSO, Francesco (Coord.). *Enciclopedia del Diritto.* Varese: Giuffrè, 1958. v. I.

NISBET, James. *Fair and reasonable: Building Contracts from 1550 – A synopsis.* London: Stoke Publications, 1993.

_____. *A Turbulent transition: building contracts 1980 to 2001.* London: Stoke Publications, 2003.

NUNES PINTO, José Emilio. *O contrato de EPC para construção de grandes obras de engenharia e o novo Código Civil.* Revista Jus Navigandi, Teresina, ano 7, n. 55, 1 mar. 2002. Disponível em: <https://jus.com.br/artigos/2806>. Acesso em: 22 out. 2015.

OLAVO BAPTISTA, Luiz. *Contratos de engenharia e construção.* In: _____; PRADO, Maurício Almeida (Coords.). *Construção civil e Direito.* São Paulo: Lex Magister, 2011. p. 13-42.

ORGANISME DELIAISON DES INDUSTRIES MÈTALLIQUES EUROPÉENNES – ORGALIME. *Introduction to the Orgalime turnkey contract for industrial works, [s.d.].* Disponível em: <http://www.orgalime.org/sites/default/files/TurnkeyContractIntro-English>. Acesso em: 1 ago. 2016.

PAIS DE VASCONCELOS, Pedro. *Contratos atípicos.* 2. ed. Coimbra: Almedina, 2009.

PENNASILICO, Mauro. *Il corrispectivo.* In: CUFFARO, Vincenzo. I contratti di appalto privato. Torino: Utet, 2011.

PEREIRA, Caio Mario da Silva. *Contratos e obrigações – Pareceres: de acordo com o Código Civil de 2002.* Rio de Janeiro: Forense, 2011.

PEREIRA RIBEIRO, Marcia Carla; ESPÍNDOLA BARROS, Marcelle Franco. *Contratos de transferência de tecnologia: custos de transação versus desenvolvimento*. Revista de Informação Legislativa, Brasília, ano 51, n. 204, p. 43-65, out./dez. 2014.

PETEFFI DA SILVA, Rafael. *Responsabilidade civil pela perda de uma chance: uma análise do direito comparado e brasileiro*. 3. ed. São Paulo: Atlas, 2013.

PETERSON, Jason H. *The big dig disaster: was design-build the answer?* Suffolk University Law Review, Boston, v. 40, n. 4, p. 909-930, maio 2007.

PICKAVANCE, James. *A practical guide to construction adjudication*. Oxford: Wiley Blackwell, 2016.

PINESI, Paulo Henrique Signori. *O regime jurídico do contrato de EPC (engineering, procurement and construction) no financiamento de projetos (project finance)*. 2015. 120 f. Dissertação (Mestrado em Direito), Universidade de São Paulo, São Paulo, 2015.

POLIDORI, Stefano. *Principio di proporzionalità e disciplina dell'appalto*. Rassegna del diritto civile, Napoli, v. 3, p. 686-723, 2004.

_____. *Aleatorietà e commutatività nell'appalto*. In: PERLINGIERI, Pietro; POLIDORI, Stefano (Coords.). Domenico Rubino (I Maestri del diritto civile). Napoli: Edizioni Scientifiche Italiane, 2009. v. 2 p. 777-802.

POLOTTO, Ernesto R. B. *Los contratos de construcción bajo la modalidad "llave en mano"*. Buenos Aires: Ábaco Rodolfo Depalma, 2009.

PONTES DE MIRANDA, Francisco Cavalcanti. *Tratado de direito privado*. 3. ed. São Paulo: RT, 1984. v. 44.

PORTUGAL. *Código Civil Português (Actualizado até à Lei 59/99, de 30/06)*. Decreto-lei n. 47 344, de 25 de Novembro de 1966.

POWELL, Chistopher. *Who did what: division of labour construction-related firms*. In: HUERTA, Santiago (Ed.). Proceedings of the First International Congress on Construction History. Madrid: Instituto Juan de Herrera, 2003. p. 1649-1657. Disponível em: <http://www.sedhc.es/biblioteca/actas/CIHC1_154_Powell%20Ch.pdf>. Acesso em: 17 ago. 2016.

PRITCHARD, Nigel; SCRIVEN, John. *EPC contracts and major projects: a guide to construction contracts and other projects*. 2. ed. London: Sweet & Maxwell, 2011.

REIG FABADO, Isabel. *El contrato internacional de ingeniería*. Valencia: Tirant lo Blanch, 2008.

ROCHA CORRÊA, Daniel. *Contratos de transferência de tecnologia: controle de práticas abusivas e cláusulas restritivas*. Belo Horizonte: Movimento Editorial da Faculdade de Direito da UFMG, 2005.

ROMANO MARTINEZ, Pedro. *Direito das obrigações: parte especial: contratos*. 2. ed. Lisboa: Almedina, 2003.

ROPPO. Enzo. *O contrato*. Coimbra: Almedina, 2009.

RUBINO, Domenico. *L'appalto*. 4. ed. Torino: UTET, 1980.

_____; IUDICA, Giovanni. *Commentario del Codice Civile Scialoja-Branca: obbligazioni: dell'appalto*. Bologna: Zanichelli Editore, 2007. v. 4.

RUBINO-SAMMARTANO, Mauro. *Appalti di opere e contratti di servizi (in diritto privato)*. 2. ed. Padova: Cedam, 2006.

SALEM, Mahmoud; SANSON-HERMITE, Marie-Angèle. *Les contrats "cle en main" e les contrats "produit en main": technologie et vente de développement*. Paris: Libraeries Techniques, 1979.

SANDBERG, Agne. *A contractor's view on FIDIC conditions of contract for EPC turnkey projects*. The International Construction Law Review (ICLR), London, v. 16, n. 1, jan. 1999. Disponível em: <http://oldwebsite.fidic.org/resources/contracts/icla_v16/sandberg.html>. Acesso em: 17 nov. 2016.

SANTIS, Stanislao de. *Il progetto nel contrato di appalto.* Rivista Trimestrale degli Appalti, Santarcangelo di Romagna, v. 3, 2007.

SARRA DE DEUS, Adriana Regina. *Contrato EPC (engineering, procurement and construction): determinação do regime jurídico.* Dissertação (Mestrado – Programa de Pós Graduação em Direito Civil). 2018. 280 f. Dissetação (Mestrado) – Faculdade de Direito, Universidade de São Paulo, 2018.

SCHNEIDER, Michael E. *Turnkey contracts: concept, liabilities, claims.* The International Construction Law Review (ICLR), Londres, v. 3, n. 4, p. 338-359, jul. 1986.

SEBESTYÉN, Gyula. *Construction – Craft to Industry.* London: E&Fn Spon., 1988.

SERPA LOPES, Miguel Maria de. *Curso de direito civil.* 4. ed., atualizada por José Serpa Santa Maria. Rio de Janeiro: Freitas Bastos, 1993. v. 4.

SHERWOOD, Robert M. *Propriedade intelectual e desenvolvimento econômico (Intellectual Property and Economic Development).* Tradução de Heloísa de Arruda Villela. São Paulo: Edusp, 1992.

SICCHIERO, Gianluca. *L'engineering, La Joint Venture, I Contratti di Informática, I Contratti Atipici di Garanzia.* In: BIGIAVI, Walter (Org.). Giurisprudenza sistemática di diritto civile e commerciale. Torino: UTET, 1991.

SITT, Willian Britton. *Corporate practice of engineering.* The Business Lawyer, Chicago, v. 14, n. 4, p. 969-988, jul. 1959.

SOLE RESINA, Judith. *Arrendamiento de obras o servicios.* Valencia: Tirant Lo Blanch, 1997.

STOLFI, Mario. Appalto. In: CALASSO, Francesco (Coord.). *Enciclopedia del Diritto.* Varese: Giuffrè, 1958. v. II.

SWEET, Justin; SCHNEIER, Marc M. *Legal aspects of architecture, engineering and construction process.* 9. ed. Stamford: Cengage Learning, 2013.

TOLEDO DA SILVA, Leonardo. *Os contratos EPC e os pleitos de reequilíbrio econômico contratual.* In: _____ et al. (Org.). Direito e Infraestrutura. São Paulo: Saraiva, 2012. p. 19-60.

_____. *Contratos de aliança: Direito empresarial e ambiente cooperativo.* 2014. 384 f. Tese (Doutorado em Direito), Universidade de São Paulo, São Paulo, 2014.

UNITED STATES DEPARTMENT OF COMMERCE. *North American Industry Classification System.* Disponível em: <http://www.census.gov/cgi-bin/sssd/naics/naicsrch?chart_code=23&search=2012 NAICSSearch>. Acesso em: 2 jan. 2017.

UEMA DO CARMO, Lie. *Contratos de construção de grandes obras.* 2012. 279 f. Tese (Doutorado em Direito), Universidade de São Paulo, São Paulo, 2012.

UFF, John. *Construction Law.* 11. ed. London: Sweet & Maxwell, 2013.

UGAS, Anna Paola. *Variazioni concordate del progetto:* In: LUMINOSO, Angelo (Org.). Codice dell'appalto privato. Milano: Giuffrè, 2010.

UNITED KINGDOM STATISTICS AUTHORITY. *Office for National Statistics.* UK Standard Industrial Classification (SIC) 2007. Disponível em: <http://www.neighbourhood.statistics.gov.uk/HTMLDocs/SIC/data/SICmetadata.html?sic=Fxxxxx&from=F41xxx>. Acesso em: 2 jan. 2016.

VENTURA RIBEIRO, Renato. *Direito de retenção no contrato de empreitada.* Revista de Direito Mercantil, Industrial, Econômico e Financeiro, São Paulo, v. 141, jan. 1999.

VIANA, Marco Aurélio S. *Contrato de construção e responsabilidade civil: teoria e prática*. 2. ed. São Paulo: Forense, 1981.

VIVANTE, Cesare. *Trattato di diritto commerciale*. 4. ed. Milano: Francesco Vallardi, 1911. v. I.

VON BAR, Christian; CLIVE, Eric (Ed.). *Principles, definitions and model rules of European Private Law: Draft Common Frame of Reference (DCFR)*. Oxford: Oxford University Press, 2010.

WADE, Christopher. *The Silver Book – the reality*. International Construction Law Review, London, v. 18, n. 3, jan. 2001. Disponível em: <http://fidic.org/sites/default/files/THE%20SILVER%20BOOK%20Reply.pdf>. Acesso em: 17 nov. 2016.

WERMIEL, Sara E. *Norcross, Fuller, and the rise of the general contractor in the United States in the nineteenth century*. In: MALCOLM DUNKELD (Ed.). Proceedings of the Second International Congress on Construction History. Cambridge: Construction History Society, 2006. p. 3297-3313. Disponível em: <http://www.arct.cam.ac.uk/Downloads/ichs/vol-3-3297-3314-wermiel.pdf>. Acesso em: 7 ago. 2016.

WICHERN, Stephen. *Protecting design-build owners through design liability coverage, independent construction managers, and quality control procedures*. Transportation Law Journal, Denver, v. 32, n. 1, p. 35-56, jan. 2004.

WILLIS, Alfred. *Design-build and building efficiency in the early twentieth century United States*. In: HUERTA, Santiago (Ed.). Proceedings of the First International Congress on Construction History, Madrid, Instituto Juan de Herrera, 2003. p. 2119-2126. Disponível em: <http://www.sedhc.es/biblioteca/actas/CIHC1_198_WillisA.pdf>. Acesso em: 17 ago. 2016.

WÖSS, Herfired. *The ICC model turnkey for major projects*. Construction Law International. London, v. 3, n. 2, p. 6-11, jun. 2008. Disponível em: <http://www.woessetpartners.com/backoffice/manager/pdf/32.pdf>. Acesso em: 17 nov. 2016.

YOUNG, Stephen et al. *International market entry and development: strategies and management*. Hertfordshire: Harvester Wheatsheaf, 1989.

ZANCHIM, Kleber Luiz. *Contratos empresariais: categoria – interface com contratos de consumo e paritários – revisão judicial*. São Paulo: Quartier Latin, 2012.

ZUDDAS, Goffredo. *Gestione a proprio rischio*. In: LUMINOSO, Angelo (Org.). Codice dell'appalto privato. Milano: Giufrrè, 2010.